当年，你带着梦想离开家乡闯荡外面的世界。现在，让我们来寻找你，把你的精彩带回故乡。

行进中国 · 精彩故事
全媒体大型人物故事寻访系列丛书

4

Chongqing Flyers

逐梦他乡重庆人

燕平　主编

重庆大学出版社

图书在版编目（CIP）数据

逐梦他乡重庆人／燕平主编．— 重庆：重庆大学出版社，2017.2
（全媒体大型人物故事寻访系列丛书；4）
ISBN 978-7-5689-0414-8

Ⅰ.①逐… Ⅱ.①燕… Ⅲ.①人物-生平事迹—重庆市
Ⅳ.①K820.871.9

中国版本图书馆CIP数据核字（2017）第031643号

逐梦他乡重庆人

燕平 主编

策　　划：重报图书　重庆日报报业集团图书出版有限责任公司

责任编辑:许月桥　　　版式设计:何海林

责任校对:邹　忌　　　责任印制:邱　瑶

*

重庆大学出版社出版发行
出版人:易树平
社址:重庆市沙坪坝区大学城西路21号
邮编:401331
电话:(023) 88617190 88617185（中小学）
传真:(023) 88617186 88617166
网址:http://www.cqup.com.cn
邮箱:fxk@cqup.com.cn（营销中心）
全国新华书店经销
重庆共创印务有限公司印刷

*

开本:787mm×1092mm　1/16　印张:28.25　字数:465千
2017年2月第1版　2017年2月第1次印刷
ISBN 978-7-5689-0414-8　定价:68.00元

"逐梦他乡重庆人"系列丛书编辑委员会

序 >>>

梦有多远 路就有多长

每个人都怀揣梦想。梦想，是远方的灯塔，让心灵不再彷徨，让勇者更加坚强。

有这么一群重庆人，为了追寻心中的梦想，毅然冲出峡谷，远赴他乡。他们一路披荆斩棘，拼搏奋斗，在他乡绽放出人生的别样精彩。

他们骨子里流淌着远古巴人的血液：英勇无畏、耿直善良、重情重义、吃苦耐劳……他们将巴渝精神传播到大江南北、世界各地，架起重庆与外界交流沟通的桥梁。他们是现代重庆人的名片，是重庆的骄傲！

这个群体还在扩大。直辖以来，有 10 多万重庆人在世界各地创业发展，300 多家重庆法人企业在外投资兴业。

为落实好"用中国人和中国家庭的精彩故事阐述'中国梦'"的要求，根据中宣部关于全国新闻战线开展"走转改"大型主题采访活动"行进中国·精彩故事"的部署，重庆市委宣传部、市政府新闻办、市外经贸委、市外侨办联合主办，重庆日报报业集团和重庆广电集团（总台）联合承办了"逐梦他乡重庆人"全媒体大型人物故事寻访活动。

这次全媒体采访大行动从 2015 年 2 月启动，持续两年半时间，在全球采访报道 520 位逐梦他乡的重庆人。从 2015 年 6 月 18 日开始，"逐梦他乡重庆人"的精彩故事，已通过全媒体介质进行多渠道、全方位呈现和传播。

此次寻访的"逐梦他乡重庆人"中，既有成功人士，也有平民英雄：著名的革命家、作家马识途，著名电影表演艺术家王晓棠，英雄飞行员戴明盟，运动健将李雪芮，首席飞机制造专家蒲永伟，普通的古筝女孩唐天娇，想把重庆小面卖到全世界的张紫渝……更多的追梦者，或正在启程，或行至中途，或已攀登上了人生高峰；他们的逐梦历程，都是我们最值得珍惜的精神财富。

寻访逐梦他乡重庆人，讲述他们难忘的奋斗故事，既是为了表达这座城市对他们的敬意，更是旨在激发家乡人民不懈奋斗、追求进步的精神动力。

"实现中华民族伟大复兴，就是中华民族近代以来最伟大的梦想。"2012年11月29日，习近平总书记在国家博物馆参观《复兴之路》展览时，深情阐释"中国梦"。

"中国梦"如同一把钥匙，不仅打开了中华民族伟大复兴的新境界，更开启了人人筑梦、追梦、圆梦的新时代。在以习近平同志为总书记的党中央坚强领导下，"中国梦"正在华夏大地一步步变为现实。

毫无疑问，当一部分重庆人远离家乡追逐人生梦想时，重庆这座奋发的城市，也在只争朝夕地践行着自己的梦想。在重庆，我们用"科学发展、富民兴渝"为这个梦想命名，以"务实进取、开拓创新"的态度，用"低调务实、少说多干"的精神，践行追逐"重庆梦"的责任、担当与作为：全市经济保持平稳较快增长，质量效益不断提升，改革开放纵深推进，民生持续改善，社会保持稳定，"十二五"目标任务圆满完成。重庆的发展引来世人瞩目，已然成为众多海内外有志之士的逐梦热土。

"逐梦他乡重庆人"报道，在重庆乃至全国都引起巨大反响和共鸣。上级领导给予批示表扬，广大读者纷纷来函来电谈感想，提供采访线索；相关报道已被新华网、人民网、新浪网等媒体大量转载；微博中"逐梦他乡重庆人"话题，点击量超过6500万人次。可以说，逐梦他乡重庆人的打拼经历，就是追寻"中国梦"的具体体现。他们的故事，就是一个个活生生的励志教材。这，正是我们推出《逐梦他乡重庆人》全媒体大型人物故事寻访系列丛书的意义所在。

　　中共重庆市委四届七次全会描绘了重庆"十三五"时期经济社会发展的美好蓝图。围绕"科学发展、富民兴渝"总任务，确保如期全面建成小康社会。我们再次踏上逐梦的新征程。"重庆梦""重庆人之梦"正伴随着重庆经济社会各项事业大发展而无限延伸……

　　蓝图不可能一蹴而就，梦想不可能一夜成真。我们坚信，未来五年乃至更长一段时间，逐梦他乡重庆人的故事，必将凝聚起一往无前的磅礴力量，激励3000多万干事创业的重庆人，追逐梦想、同心戮力、砥砺前行！

燕平

2015 年 12 月 25 日

目录 >>>
CONTENTS

1

4

逐梦他乡重庆人 >>>

重庆人开放的心态让我在他乡交到了朋友，愿继续为大家服务。

张辉建

重庆大足人。早年曾在老家做搬运工，1996 年北上兰州，从事五金和小百货经营。如今，他已是 10 余家玩具企业在西北多省区的销售代理，在业界被称为西北"玩具大王"。

张辉建：从大山里走出来的"玩具大王"

□ 谢鹏飞

20世纪90年代，在大足做了10多年苦力的张辉建决定出去闯一闯。1996年9月，他跟随老乡北上兰州。此后20年，他以此为中心，打造了一个辐射甘肃、新疆等地的玩具销售网络。

从未想过放弃

张辉建出生在重庆大足区三驱镇，谈及对老家的印象，张辉建只用一个"穷"字来概括。"我记得那时村里都是弯弯曲曲的泥泞小路，一到下雨天就湿湿滑滑的，一路走下来满脚的泥，上学的路上经常摔跤！"

"初中毕业在家休息一年后，我就干起了扛包工，这一干就是8年，每天都要扛50～100千克的大包到仓库，每天都很累。为了生存，累也要坚持，那时我的体重也就50千克，扛起比自己还重的大包，走起路来摇摇晃晃。"

就这样，张辉建度过了8年的扛包生涯，后来他又到铸造厂端了3年的铁水。张辉建坦率地说："扛了8年的包，家人很担心我的身体。后来我在朋友的介绍下去了铸造厂端铁水，每天端着30千克滚烫的铁水十分辛苦，稍不留神就会被烫伤，烫伤手脚是常有的事。但是为了养家，为了生存，只能坚持。现在想想，正是那时候养成了吃苦耐劳的精神，才能在后来的创业生涯中克服重重困难，成功创业。"

从小商贩做起

1996年，张辉建决定走出去闯一闯。"觉得到了这个年纪应该出去闯一闯，看看外面是不是有更好的机会，毕竟打工不是一辈子的事情。"

张辉建在朋友的介绍下来到了兰州，刚到兰州的他人生地不熟，吃尽了苦头。"刚开始摆摊卖五金，我每天都要起早贪黑，北方的天气太冷，脸和手都起了冻疮。"回想起刚到兰州的创业经历，张辉建用"苦不堪言"来形容。

"那时候年轻，遇到困难也想过回家，现在想想都不知道是怎么坚持过来的，后来看到周围一些商贩卖玩具比卖五金赚钱，就转行卖玩具。"就这样，玩具大亨与玩具事业有了第一次接触。

转行卖玩具迎来转机

张辉建一直坚持着自己的梦想，因为他觉得只要坚持，总会有收获。转行做玩具商贩后，张辉建不断地努力，慢慢将事业做大做强。

2002年，有了一定积蓄和资源的张辉建将自己的玩具事业带进了商场与超市。张辉建一直强调员工是最大的资源，有了他们的付出与努力，企业才能蒸蒸日上。"现在我身边多数都是跟了我十几年的老员工，我会不断地激励他们，也很感激他们的付出与努力！"

2002 年至今，张辉建不断拓展着自己的玩具事业，如今的他有了自己的公司，并将生意做到了陕西、青海、宁夏、新疆、甘肃，现在拉萨等地都有他的玩具生意。

未来几年想把生意做到重庆

"想家想的是什么？当然是想家乡菜的味道，现在我们家里还一直坚持吃家乡菜，两天不吃就觉得难受。"在外漂泊多年，成功打造玩具王国的张辉建有着浓浓的思乡情。每次回重庆探亲或者出差到重庆，他一定要吃重庆的麻辣小面。

"挣了钱就要回报社会。"这是张辉建的信念。在兰州的大足老乡多达 4000 人，作为其中发展较好的大足人，张辉建于 2010 年发起成立了兰州大足商会，被大家推选为首任会长。

近年来，他帮老乡们筹措了数百万元的贷款，还为近百人担保办理了小额信用贷款，解决了不少人的创业资金瓶颈。张辉建说，开放的心态让他交到了朋友，即使以后商会换届，他仍愿意继续为大家服务。

此外，因在重庆和甘肃两地间的招商引资、经济交流、劳务合作等方面的贡献，2012 年张辉建当选兰州市第十三届政协委员，2013 年获评重庆市首届"外出创业十大新闻人物"。

如今的张辉建，已完全融入兰州。然而，他最想念的还是家乡的味道和家乡的人。"现在正联系老家的朋友，打算下一步把生意做回重庆。"已经 52 岁的张辉建最大的愿望就是把玩具生意做回老家，利用主城批发市场外迁的机遇参与其中。

一直通过媒体报道等途径关注老家变化的他，知道家乡已经发展得越来越好，他也想为家乡的发展作贡献，目前他已经联系家乡政府，正在落实给村民安装天然气的事。另外，他也一直关注家乡的教育事业，打算回去给村里建个小学和幼儿园，让家乡的孩子有更好的教育环境。

张辉建说："重庆现在变化太大了，未来还会发展得更好，作为重庆人我深感自豪，也希望自己的家乡变得越来越好。"

做任何事都应该先做人，做人目光要长远一点，不要太计较一时的得失。

邓叶蓝

重庆合川人。毕业于重庆师范大学，现居香港。2008 年起以重庆市外商投资促进中心投资顾问的身份常驻香港，现为香港投资界知名人士、跨界作家，著有《请叫我女王》《花墨染》等畅销小说。

邓叶蓝：从投资达人到作家

□ 黄宇

27 岁那年，邓叶蓝独挑大梁为公司谈下业务，从此一跃成为香港金融界和房地产界的投资达人。事业高涨时，她重拾写作，一连出版多部人气小说，实现了小时候的作家梦，并进军影视娱乐界。现在，投身于渝港两地间经贸及文化交流 10 多年，她的骨子里仍有着火辣热血的重庆人性格。在积极致力于拓展两地合作商机的同时，她也让香港青年企业家感受到了重庆独特的文化魅力。

从小就有小说作家梦

未见邓叶蓝以前，只知道她是香港投资界的资深人士、美女作家，详细了解后才知道，这位重庆女孩不仅人生经历丰富，行事风格也处处透露着干练。

20 世纪 80 年代初，邓叶蓝生于重庆合川。小时候，她唯一的爱好就是看书，作为家里的宝贝，父母也尽量满足她的要求，常常给她讲故事或者买书给她看。

"一般人到别人家里就是几个小孩一起玩，而我会跑去人家的书柜边，躲起来看书。"邓叶蓝记得，小时候大人们只要发现她不见了，就会到书店里找，"一找一个准，我肯定趴在椅子上看书。"

上了高中后，邓叶蓝的爱好发展为写小说。那时金庸、梁羽生的武侠小说风靡全国，邓叶蓝也深陷其中不能自拔。她翻遍了学校图书馆，寻找资料自己写书。"一直写到高考前，同学们都忙着复习，我还在到处找资料,用手抄本写出了一个三生三世的武侠纯爱故事,足足好几万字。"那时,身边的同学们都是她的忠实读者。"前后写了两世,同学们都看哭了。"邓叶蓝说,由于高考的原因,小说未能完结。

1998年,邓叶蓝考入重庆师范大学艺术设计系学画画,作家梦就此告一段落。大学毕业后,邓叶蓝进入香港理文造纸集团任职董事长秘书。2007年,刚刚27岁的邓叶蓝晋升为公关经理,代表集团参与竞争"三亚海棠湾开发建设招标会",从看地、招标书、策划、中标、建酒店,全部亲自负责。

接到项目时,邓叶蓝很茫然,但又不敢辜负老板对她的信任。没有退路的她一咬牙,从国土、房管等部门跑起,最终在百家竞争企业中成功竞拍到海南三亚海棠湾开发区3号地并参与开发及建设。谈到这段经历时,她形容自己胸口贴了"勇"字。

"干练、守信、和气、才貌双全",是业界人士给予邓叶蓝的评价。

实现人生三级跳成"跨界女王"

2008年起,邓叶蓝以重庆市外商投资促进中心投资顾问的身份常驻香港,同年邓叶蓝在香港创办了叶焰地产投资顾问有限公司,从此活跃于香港金融界。

2009年,邓叶蓝偶然回重庆度假,却阴差阳错参加了2009重庆小姐大赛,并进入十强。"当时学了礼仪、茶道、形体、演技,也算是一种经历。"邓叶蓝说,现在在香港,朋友介绍她都会称她为"重庆小姐","算是在香港做了重庆妹子的代言人吧。"

同年,邓叶蓝重拾创作,开始酝酿创作《玄·梦·缘》系列小说三部曲,并于2011年以叶蓝为笔名出版首部长篇小说《花墨染》。初尝写作并收获大批"粉丝"的邓叶蓝,毫无保留地展现着自己的自信、美丽和才气,实现了人生的三级跳,被粉丝赋予"跨界女王"的美誉。

"那段时间为了写作废寝忘食,妈妈时常都找不到我,只能靠大喊'作家吃饭啦'来引起我的注意。"邓叶蓝说,"有时写得投入,还会哭、会笑,很享受写作的过程,体验故事中的人生,最快每天能写一万多字。"

勇于突破自我的邓叶蓝于2011年底在北京成立"叶蓝影视策划工作室",开始致力于影视剧策划等工作。2012年8月,叶蓝携新书《请叫我女王》在北京举行了盛大的首发式,并举办同名电视剧《请叫我女王》的剧本签约仪式,标志着叶蓝工作室正式踏足影视娱乐界。

虽然在短短时间内集金融投资人、作家、影视剧策划等身份于一身,邓叶蓝最喜欢的还是作家这个身份。"成为作家是我小时候的情结,写作也是我的情感宣泄渠道。投资只是谋生工具,帮我活在这个世上。"

投身渝港两地经贸文化交流

目前,邓叶蓝身兼重庆青年联合会委员、港渝经贸商会副会长、渝港青年交流促进会常务副主席、香港菁英会会员、香港青年联合会会董及重庆市外商投资促进中心投资顾问数职,正积极投身于渝港两地间经贸及文化交流,致力拓展两地合作的商机。在她的协调组织下,近年有不少金融、慈善、体育界的青年企业家组团到重庆交流投资、开设办事点等。

"重庆火锅、夜景,我的香港朋友们都很喜欢。"邓叶蓝说。在她的带动下,她的香港朋友吃火锅比她还能吃辣。如今在香港,邓叶蓝还保留着重庆人的特质。"我现在都还保留着请客吃饭的习惯,每次都主动买单,这些性格里的直爽、乐观,估计这一生都不会变了。"邓叶蓝说起这些时,笑得很大声。

邓叶蓝怀孕5个月的时候,父母从合川赶来香港陪她,还带来合川羊肉米粉、红油豆瓣、花椒、海椒等。邓叶蓝说,自己最喜欢吃合川羊肉米粉,羊肉不能带新鲜的,只好切成小块用油爆炒后再带来。"朋友只要知道父母来了,都要来吃羊肉米粉,几天就吃完了。"

家乡的一草一木是我灵感的源泉，我愿用我的设计，把它的
美展现给世界。

王红江

重庆开州人。1989 年考入上海同济大学，现任上海视觉艺术学院设计学院副院长，
曾设计了"船长一号"等仿古船，2008 年荣获"影响上海设计的 100 位设计师"
称号。

王红江：设计出黄浦江上第一艘仿古游船

□ 刘艳

到上海游黄浦江，不少人都会乘船游览，但你知道吗？黄浦江上第一艘仿古游船的主要设计师是个重庆人，他叫王红江。多年在外打拼，王红江一直关注着家乡的水上旅游发展，他愿为重庆设计史多极具特色的游船。

除夕帮人画图纸挣钱

2016年4月21日上午，上海视觉艺术学院的办公室里，王红江坐在桌前，手握画笔，正和学生交流着设计图，十分专注。

已经44岁的王红江出生在重庆开州一个教师家庭，1989年考入同济大学建筑系学习室内设计。

"初到大学，学的又是建筑专业，没有学过画画的我感到压力很大，甚至有些自卑。"王红江记得，为了赶上其他同学，他拼命地学习绘图，其他人画两个小时，他要给自己多加两个小时，甚至到晚上还接着画。终于，经过一年多的努力，王红江的绘图水平大大提升。

"小时候家里条件并不宽裕。"为了给家里减轻负担，王红江开始帮人设计、画图纸挣钱。有时为了赶时间，寝室熄灯后，他就跑到学校通宵亮灯的第四食堂继续画，"当时的想法很简单，就是想看看能不能养活自己。"

王红江还记得，读大三时，为了赶图纸，春节他没有回家过年。大年三十的时候，他和另外一个同学在寝室里加班画效果图。那年春节，他靠帮人设计、画图纸，挣了三四千元，大部分都寄回家里，"虽然辛苦，但很自豪可以养活自己了。"

毕业时，成绩优异的王红江本有机会到广东一家公司做设计，但他放弃了。原来，当时上海交通大学成立了设计系，并向外招聘教师，王红江带上自己的作品毛遂自荐，最终打动对方，成为一名教师。他说，父母的影响让他一直觉得教师工作很伟大，也希望自己能成为老师。

荣获"影响上海设计的100位设计师"称号

作为教设计的老师，王红江总爱四处走走，留心观察身边的设计。王红江说，他在欧洲背包旅游时，住在青年旅馆，国外旅店的设计给他留下了深刻印象。

回到上海，正值上海长江轮船公司的船员招待所要改造，找到王红江做设计。他建议将其改造为青年旅馆，这也成为当时上海的第二家青年旅馆，"效果非常好，很多老外到上海都要到这里来住。"

通过青年旅馆项目，王红江的设计得到了大众的肯定。2002年，上海长江轮船公司的交通艇要进行改造，再次找到了王红江。"这条船从外观来看比较陈旧，改造难度大。"王红江说，骨子里重庆人不服输的精神，让他想尝试挑战，便和同事一起接下了。

为了做好设计，王红江和同事泡在图书馆里查资料，还去拜访造船专家、船史专家，仅设计稿就画了半年，改了9遍。"最初是想把船翻新，但效果图出来后，发现这样的设计和其他船并没有多大区别，少了特点。"于是他们不停地否定方案，再修改、再否定。王红江说，后来他们从古代的帆船获得灵感，不再局限于交通船本来的样子，认为可以在船上加桅杆、加帆。最终，经过9次改稿，交通船被设计成了仿古船。

如何把设计变为现实也是一个问题。为了让木头合理地包裹船身，王红江跑到工厂里，与工人们一起研究。经过一年多的时间，这艘名为"船长一号"的仿古船亮相黄浦江，成为黄浦江上的第一艘仿古船，吸引了不少游人乘坐。

此后，王红江和团队还先后设计了多艘船长系列的仿古船，每一艘都有不同的主题，成为黄浦江上一道独特的风景。2005年，王红江又参与了"南海神·广州日报号"珠江仿古船设计，这是珠江上的第一艘仿古船。

不仅设计仿古船，王红江还先后主持设计了上海东方卫视开放式演播厅，云南电视台、江苏卫视等新闻中心的装修设计。

因设计出色，2008 年，王红江获评由上海工业设计协会、上海设计创意中心颁发的"影响上海设计的 100 位设计师"称号。

建言两江游船设计融入山城特色

如今，王红江已在上海工作了 20 多年。"我大哥曾是货轮上的水手，当年我也是坐船到上海求学的。"对于船，王红江有着特别的感情。参与过多艘仿古船设计的他一直关注着家乡的水上旅游。他说，与黄浦江、珠江上的游船类似，重庆也有两江游船。他建议，两江游船还可从文化角度再挖掘，在设计上更突出山城特色。

"重庆不仅有两江游，还有三峡游，旅游资源丰富。"2015 年暑假，王红江带着老婆、孩子回重庆，特意乘坐"黄金 8 号"游轮，从重庆出发，游览长江三峡。沿途，他特别留意游轮的服务，还有沿线线路的设计。

他认为，三峡游沿线的旅游风光是独一无二的，但游轮的体验项目还有提升空间，建议可以从服务、游客体验方面来提升，把游轮和岸上景点作统一规划，甚至每艘船的设计、布置都可以打造自己的特色，以吸引游客。有机会他愿意参与研讨重庆游船的设计，为打造两江上的独特风景出力。

（左）

吃苦是人生必经的一个过程。儿时的艰辛，为我树立了幸福生活需要靠自己的双手来创造的意识。

吴桂平

重庆奉节人。20世纪90年代初，吴桂平参军入伍来到甘肃兰州。退伍后，他选择留在兰州，从基础的工程员做起，如今他创办的甘肃瑜珑建筑工程设备租赁有限公司，已发展成为当地知名的建筑设备租赁企业。

吴桂平：退役军人成为建筑大佬

□ 谢鹏飞

在甘肃兰州，问及当地知名的建筑商人，多半会提到吴桂平。这位离乡二十几载，在兰州开拓建筑王国的汉子，是一位地道的重庆人。年过四十的他在实现梦想的同时，不忘乡邻，用实际行动为父老乡亲作贡献。如今，家乡有200多名年轻人也来到兰州发展，并得到他的帮助和支持。

在部队锻炼3年

1970年7月2日，吴桂平出生在重庆奉节一个并不太富裕的家庭里，家里共有5兄妹，因为最小，家里人都格外宠爱他。"有什么好吃的都让给我吃。"吴桂平记得那时家里的大米不多，哥哥姐姐们都把大米饭让给他吃。

懂事的吴桂平秉承了农村人能吃苦、肯吃苦的性格，这为他日后参军打下了基础。

"我们的家教挺严格。"吴桂平还记得小时候，父亲教育自己和哥哥姐姐们，自己的事情自己做。甚至，每到打谷子的季节，小孩子也要上阵帮助大人。"那时候，我也就十几岁吧，父亲把地分成几份，我和哥哥姐姐一人一份，就自己干。天热的时候，5分钟衣服就湿透了。"

吴桂平说，很感谢父亲能让自己在那么小的时候就感受到生活的艰辛，明白幸福生活要靠自己的双手来创造。

1990年，吴桂平应征入伍，从重庆菜园坝火车站踏上北去兰州的火车，去圆儿时的参军梦。

进入新兵连 3 个月后，由于军事素质过硬，吴桂平在众多新兵中脱颖而出，被选作首长勤务兵，就这样在军营度过了从军生活的第一年。由于吃苦耐劳、勤于学习，入伍第二年他被选作优等兵，获得在部队学习汽车驾驶技术的机会。

"多学一点东西，总是有益的，当兵不仅要报效祖国，更要坚持自身学习，只有这样才能做好人、当好兵。"就这样，吴桂平在部队一干就是 3 年，通过战友的介绍，他认识了后来的妻子。

退伍后创办建筑公司

正所谓"铁打的营盘，流水的兵"，吴桂平在部队干了 3 年，退役后，他被分配到甘肃省兰州市房屋建筑工程公司。在这里，他第一次与建筑行业有了"亲密接触"。

"还记得刚入公司时，连最基本的图纸都看不懂，只能从基础学起。"吴桂平跟在工程师和技术员身后一点点地学习，遇到不懂的地方就向同事请教，自己也坚持每天看资料。"现在想想，那时候每天没日没夜地看书，真的太累了。"学习的过程很艰辛，军人出身的吴桂平凭借着不怕苦、不怕累的精神坚持了 3 年，最终掌握了丰富的建筑知识。

想给家人创造更好的生活条件，积累经验之后，吴桂平萌生了创业的打算，得到了家人的全力支持。吴桂平认为有想法就要敢于行动，1997 年他在兰州成立了自己的公司，主要从事防火建筑工程。

依靠之前积累的人脉，本着宁愿他人负我、我不负他人的责任心努力打拼，公司发展得顺风顺水，成立第一年就接了几个项目。

"做事要先学会做人，凡事讲究诚信。"虽然在刚开始创业时，有时会出现资金短缺的情况，但 10 来年里，吴桂平从来没有拖欠员工的工资。"还记得创业第一年，到了年底很多项目没有结账，没有钱发工资。为了不拖欠农民工工资，只得到处去借。"当时很多朋友伸出了援手，现在想想真的很感谢他们，没有他们的帮忙就没有现在的我。"身为公司老板，他常常用自己的亲身经历教育周围的年轻人。

时光辗转，10 多年过去了，吴桂平的事业版图越来越大，在业界小有名气。由于从事防火建筑工程，吴桂平长期与建筑设备租赁公司打交道，他慢慢地发现建筑设备租赁行业是一个"香饽饽"，市场前景好，利润颇高。敢闯敢拼的吴桂平开始在朋友和家人的帮助下投资建筑设备租赁行业，虽然前期投资很大，但后期的获利也颇丰，获得了不错的收益。吴桂平在建筑设备租赁这条道路上越走越远，发展得越来越好。

帮助 200 多名年轻人赴兰州发展

在异地打拼多年，44 岁的吴桂平时常挂念着自己的家乡："18 岁就出来了，很想家，最想的是儿时吃的汤圆以及腊猪蹄，很怀念儿时父母慈爱，兄妹关爱的生活。"

除了思念，吴桂平还不忘乡邻，用实际行动为家乡父老乡亲奉献。在他的帮助下，不仅自家兄妹 5 人全部走出山村，家乡 200 多名年轻人也来到兰州发展。现在的吴桂平想得最多的就是怎样给家乡多出力，每年他都会设宴款待来自重庆的招商考察团，尽可能地为考察团提供帮助。

吴桂平用"性格豪爽，吃苦耐劳"来形容重庆人的特点，这也是支撑他多年艰苦创业，最终获得成功的重要条件。

现在的吴桂平已经获得事业上的成功，有了属于自己的建筑王国。他希望年老后，回老家奉节买个房子颐养天年。"现在重庆发展得越来越好，老家村村通了公路，希望重庆越来越好！"

作为校长，要为学校铺设可持续发展的"轨道"，要为孩子的幸福人生奠基。

余晓灵

重庆丰都人。中学高级教师，国家二级心理咨询师，北京市第十九中学校长。

余晓灵：从小学代课老师到中学校长

□ 林楠

在教育岗位上潜心耕耘 40 多年，余晓灵不断调整自己的人生目标，每上一个台阶都保持重新出发的动力，全心全意投身于教育工作中。从代课老师到参加高考，考入师范院校深造；从普通教师到县教委主任、地区教科所所长，再到中学校长，余晓灵不断地充实自己。在余晓灵 42 岁时，他已经拥有旁人羡慕的生活，但是，他选择放弃一切，只身闯荡北京。如今，成为北京市第十九中学校长的余晓灵始终坚守信念：学校应该为孩子一生的幸福奠基。

从小学代课老师到地区教科所所长

走进北京市第十九中学校长办公室，首先映入眼帘的是办公桌上堆砌如山的书籍和两个硕大的书柜。一旁的茶几上也叠放着许多书籍。

余晓灵戴着无框眼镜，穿着白色衬衣，说话的时候语调平缓，笑容温和。正是这样一个看起来平凡而谦虚的人，倾注了所有的心血，将大半生的精力放在教育事业上。余晓灵说："记者、音乐家都是我曾经的梦想，但最后我还是选择了当老师，因为'人类灵魂的工程师'这几个字的分量对于我来说压力很大，也给了我极大的动力。"

1956 年，余晓灵出生在重庆市丰都县的一个普通家庭。1972 年，余晓灵初中毕业，并不宽裕的家庭无法供他继续读书。因为父母都是小学老师，从小耳濡目染，16 岁的他第一次走上讲台，成了村小的代课教师。余晓灵永远忘不了那些孩子渴求知识的眼神，这段代课经历对他后来从事教育事业产生很大的影响。

1978 年，仅有初中文化的余晓灵决定参加高考。"我一直没有放弃自己的理想，总觉得有一种动力在驱使我前行。"他把自己反锁在房间里，日复一日地埋头苦读。身在教育岗位上的余晓灵很清楚自己要的是什么——只有知识才是自己的"武器"，只有读书才能开辟更宽的天地。

那一年丰都全县有 2400 多个文科考生，上线的只有 8 人，余晓灵就是其中一个。从涪陵师专（现长江师范学院）毕业后，他顺利进入丰都教师进修学校，专职培训小学教师。

接下来的 10 多年里，余晓灵的事业顺风顺水。从教师成为进修学校领导，丰都县教委副主任、主任，再到教科所所长。"我还是想回归校园。"余晓灵说，"总想和学生们在一起，一起见证学校为学生们一生的幸福奠基。"

42 岁赴京闯出一片天

1995 年余晓灵成为涪陵实验中学的校长。在那 3 年多里,余晓灵大展拳脚,他创立了"教工之家",让学校不单是教职工工作的地方,更是给了教职工归宿感的家园。他将自己在文体上的爱好带到校园,组织了学校篮球队、足球队及管乐队,促进学生全面而有个性地发展。他卓有成效地管理学校,使涪陵实验中学成为省级重点中学。

经过努力,余晓灵有了妻儿,有了一套宽敞明亮的房子,也得到周围人对他的尊敬。他大可以就这样继续干下去,一直做到退休,就可以安安稳稳地享清福了。但余晓灵骨子里天生的那股倔强,让他无法停止对理想的追求。42 岁,在所有人都认为他已经志得意满的时候,他放下了一切,再次扬帆起航。"世界有多大,心就有多大,我决定去北京。"当时,北京十一学校面向全国招聘管理人员,余晓灵义无反顾地踏上了赴京的道路。

"刚到北京确实是举目无亲,落差大得很!"余晓灵回忆道,"我在涪陵是校长,到北京十一学校是校长助理兼办公室主任。住的是十几平方米的筒子楼。没有卫生间,洗澡都要到几百米远的洗澡房,做饭也是集体厨房,炒好一个菜还要端 70 多米才能到房间吃。"

"不过我早有思想准备,这些和我之前经历过的那些苦日子相比,都不算什么。"余晓灵很快就适应了生活,并在工作上做出了显著成绩,得到了大家的认可。

余晓灵做事专注、讲求效率,这在他后来到北京市第十九中学任校长的过程中,体现得淋漓尽致。2008 年,余晓灵带领干部教师制订了学校 8 年发展规划,并以"咬定青山不放松"的精神,落实规划抓到底。

余晓灵在校主政这 8 年,带领全校师生紧紧围绕办学目标,努力践行"为孩子幸福人生奠基"的办学理念,脚踏实地做了大量工作,促进了学生发展、教师发展,还促进学校办学品质的大幅度提升。学校先后从海淀区示范高中提升到北京市优质高中,从海淀区教科研先进学校提升到北京市教科研先进学校,从海淀区心理健康教育示范校提升到全国心理健康教育特色学校,从海淀区德育特色学校提升到全国未成年人思想道德建设先进单位。

学校办公室一位同事这样评价余晓灵:"他给我的感觉是有点火辣辣的劲儿,他来了之后通过'头脑风暴法'集思广益,为学校发展殚精竭虑。

余晓灵　从小学代课老师到中学校长

他也是一个热爱生活的人，闲余时拉拉小提琴，工作上有声有色，生活上有滋有味。"

真诚是家乡给予的最大财富

余晓灵回首过往的 40 多年，对每一所他就职的学校都亲力亲为。余晓灵从来不曾对自己做的任何一件事后悔："无愧自己，无愧家乡，无愧那么多的学生和并肩作战的同事。"

"我觉得我身上有重庆人那种不服输、不认命的倔强。"正是这种倔强，促使着他不断前行。在前行的路上，他始终坚守着重庆人真诚和耿直的做人信条，"我们重庆人的真诚是最可贵的，这是我从家乡学到的最大财富。"

在北京奋斗了 18 年，余晓灵一直保持着积极乐观的心态。他说，这是家乡在他身上烙下的最珍贵的印记。"家乡意味着，我的亲情、友情、爱情，所有的情愫都是在那里产生的。"作为一个重庆人，如何在更大的天地创造价值回馈故乡？余晓灵用他的拼搏找到了答案，他说："我想，我没给家乡丢脸。"

对家乡始终魂牵梦绕，毕竟那里才是我的根。

顾雄

重庆沙坪坝人。现为加拿大不列颠哥伦比亚大学艺术系终身教授，加拿大温哥华
文化艺术委员会成员，曾被《温哥华太阳报》评为100名最有影响力的华人之一，
2010年起成为加拿大总督文化奖的5位评委之一。

顾雄：重庆教授逐梦加拿大艺术圈

□ 肖子琦

他曾经是四川美术学院颇具才情的讲师，却连续 3 年和家人挤在加拿大租来的地下室里；他执笔能创作出趣味横生的艺术作品，却有着一段当垃圾工、洗车工的辛酸过往。如今，他在异国完成了从漂荡到扎根的艰难蜕变，但内心仍然充盈着满满的乡情。他就是身在他乡心系家乡的重庆男人——加拿大不列颠哥伦比亚大学艺术系教授顾雄。

为了追逐艺术梦大胆移民

第一眼看到顾雄，丝毫感觉不到他是一个已经步入花甲之年的老人。身高 1.84 米的他儒雅斯文，一头蓬松的自然卷发，说起话来脸上随时展露着开怀的笑容，更像一个充满着艺术气息的中年男子。

1953 年，顾雄出生在重庆沙坪坝。在经历了 4 年知青生涯后，二十出头的顾雄到了四川一家工厂当工人。这样的生活对于顾雄而言，似乎太过平淡乏味。从小热爱艺术的他，内心始终有着一颗"不安分"的种子。

国家恢复高考。当时已 25 岁的顾雄拿起书本备战高考，只为心中那个早已发芽的艺术梦。

梦想永远是最强的动力。顾雄顺利考入四川美术学院版画专业，指导老师是著名艺术家江碧波，这让顾雄的天分得到了很好的发挥。读书期间，受作家沈从文作品的影响，顾雄结合自己在大巴山的知青经历，创作了系列版画《边城》，在校内一炮而红。

1985 年，顾雄研究生毕业后留校当起了讲师。第二年，加拿大班芙艺术中心学院院长到四川美术学院签订中加艺术交流协议，看到顾雄的作品后非常喜欢，当即发出邀请。

1989年9月，顾雄以访问学者的身份来到加拿大阿尔伯塔省班芙艺术中心学院进修，安心从事艺术创作。国外开放而创新的艺术氛围让他激动不已，为了追逐自己的艺术梦想，一年的进修时间结束后，顾雄作出了一个大胆的决定：移民。

"当时对加拿大这个国家其实一无所知，只知道这里天气很冷，出了个白求恩。"顾雄说，申请移民后，他搬到了温哥华，"因为这里华人非常多，有山有水，和家乡重庆很像。"

在垃圾中寻得艺术灵感

为了梦想义无反顾地奔赴到一个未知的地方，并没有想象中的顺利。顾雄突然意识到，自己首先要面对生存问题——填饱了肚子，才谈得上艺术。更为现实的是，妻子和女儿也即将到温哥华与他团聚，养家这份沉重的担子让顾雄感到不知所措。

当时，有不少国内画家到了温哥华之后，为了赚钱，去当街头艺人给游客画像。顾雄也想效仿，但导师及时扼杀了他的这个念头。"如果你走上街头以画头像来谋生，那么你终究会与主流社会脱节，会被文化所忽略。"导师的一席话点醒了顾雄，他选择了打工谋生，先找到生存的根基，慢慢站稳自己的脚跟。

那时，顾雄每天要打3份工，早上5点到10点在按摩学校洗床单，中午11点到下午5点在加油站帮人洗车，晚上6点到12点在披萨店做帮工。

一家人挤在每月租金300加元的地下室，过着每天只能睡三四个小时的生活，这个满脑子艺术的男人已顾不及谈梦想。但他的执着，却让上帝主动为他开了一扇窗。

一次在加油站洗车，顾雄偶遇了进修时认识的一位加拿大作曲家。对方看到穿着脏兮兮工作服的顾雄时，目瞪口呆。在了解到顾雄的境遇后，这位热心的作曲家说要为顾雄介绍一份UBC（不列颠哥伦比亚大学）学生自助餐厅的工作，每小时10加币，工作有保障。

　　那时，顾雄远远没想到，自己以后会在这所全球排名前 30 位的著名学府任教。学校当时为他提供的工作，只是一名餐厅清洁工。

　　当顾雄穿上工作服走进餐厅的一刹那，他的脸一下子涨得通红。看着自己手上的擦桌布，看着门口等待他拎走的垃圾袋，顾雄第一次对自己的选择产生了质疑。

　　为了追寻艺术梦想而来，怎么就成了一名清洁工？顾雄说，当时他开始自省，自己是否走了一条盲目而错误的路。然而，顾雄还是很快冷静了下来："做什么职业不重要，关键是要重新站起来，让别人认识到我的才能，这样我的文化身份才可以得到新的界定。"

　　那时，他每天都要接触被挤压清除的垃圾，他突然意识到，自己现在的生活不就是这样吗？只有经得起磨炼，才能获得新的生命。

　　功夫不负有心人，顾雄从天天接触的垃圾中得到灵感，创作了很多以垃圾为题材的美术作品。那些堆积如山的餐具，成袋的易拉罐在他的笔下都变成有寓意的艺术品，反映了新移民眼里的加拿大。

　　1991年，顾雄在温哥华举办了第一个个人画展，主题为"顾雄的世界"，展出了 50 余幅"垃圾画"。由于角度特别、引人深思而大获成功，当地媒体纷纷进行报道，顾雄终于获得了当地艺术界的认可。

多年打拼获得回报

尽管个人画展获得了成功，但并不意味着顾雄能够一跃升为教授。要想在这所有着百年历史的知名大学成为教授，必须得在加拿大有足够的教学经历。

语言不通永远是阻碍前进的一道关卡。1992年，顾雄开始边工作边学英语，利用晚上和周末到附近的大学开设美术专业课，当临时老师。他的素描、版画、艺术理论课很受学生的喜爱。值得欣喜的是，那时顾雄的艺术水准和成就已得到校方认可。1998年，UBC艺术系招收版画技术员，顾雄受聘协助教学工作。

2000年，顾雄已经在业界小有名气，美国、加拿大的5所大学向他伸出橄榄枝，争相聘请他。

多年的打拼终于得到回报。2005年，顾雄被UBC聘为终身副教授，5年后又被聘为终身教授，这样的晋升速度在这所以严谨著称的加拿大知名学府是极为罕见的。"华人要想在一个领域获得成功，就必须用事实证明你的能力，这样才能获得认可和尊重。"顾雄说。

如今，顾雄已是加拿大的文化名人。他被《温哥华太阳报》评为100名最有影响力的华人之一，从2010年起，当选加拿大总督文化奖的5位评委之一，同时担任温哥华文化艺术委员会成员。

他把乡愁刻进灵魂

"此心安处是吾乡。"顾雄曾用苏轼的这句词形容自己的异国生活。尽管在加拿大已经安定甚至功成名就，但这个重庆男人对家乡始终魂牵梦绕，"毕竟那里才是我的根。"因为深深的怀乡情绪，顾雄的作品也多是从中国人的角度去审视这个世界。

"我每年都要回几次重庆，家乡变了很多，很多变化使我欢欣鼓舞。"顾雄说，现在的重庆繁华而富有现代化潮流气息，对外来文化更加包容。

虽然平静地描述着家乡的变化，但顾雄骨子里对家乡的深爱却溢于言表"现在我和太太在家里也说重庆话，做重庆菜。"顾雄说。不仅如此，他还鼓励女儿在周末上中文学校，"汉语的魅力和文化是无穷的，不能丢掉。"

现在，顾雄经常回到国内举办画展、讲座。他坦言，自己在东西方文化之间找到了契合点，因而游刃有余。他希望通过绘画作品来展现他最关注的文化冲突，成为东西方文化交流的使者。

在顾雄位于 UBC 的工作室里，大巴山的水井照片、当知青时穿过的草鞋等，充满着山城特色的物品被他放置在醒目一角，静静地提醒着他根在何方。这个曾大喊着"怀乡情绪把我击溃"的男人，如今正用一言一行将乡愁刻进灵魂。

我面临过很大的压力，既然承诺要做，就一定要成功。每上一个台阶，我就感觉像登上珠穆朗玛峰一样。

刘玲玲

重庆渝中人。四川外语学院本科毕业，2001 年离开中央电视台赴英国读书。她是世界杯上首个中国新闻官，现任郭川远洋极限航海事业的经纪人和项目总监。

刘玲玲：世界杯上的新闻官

□ 张亦筑

　　刘玲玲作为项目总监，帮助中国职业航海英雄郭川完成了 138 天单人不间断环球航行以及"中国·青岛"号北冰洋东北航线航行，为中国航海界创下两项世界纪录。

不是足球迷的新闻官

　　刘玲玲坦言，自己并不是球迷，却与足球结下了不解之缘。

　　20 世纪 90 年代在中央电视台体育频道工作时，刘玲玲整天制作体育节目，虽然不是球迷，但开始关注到体育产业的巨大价值。

　　2001 年，她离开中央电视台，前往英国利物浦大学攻读足球产业 MBA——这也是全球第一个足球产业的 MBA。刚报到不久，刘玲玲就申请到在国际足联的实习机会。

　　"每届世界杯，媒体管理都很重要。由于赛场分散，全球参与采访的媒体记者多达上万人。"刘玲玲说，国际足球联合会为此组建了一支高素质的媒体管理团队为记者服务。

　　2002 年，中国队第一次进入了世界杯决赛圈，国际足球联合会发现自己的新闻官队伍中居然没有懂中文的人，甚至没有一个亚洲人。作为一个足球产业 MBA 出身、有媒体经验且熟悉中国媒体的新闻官，刘玲玲自然是绝佳人选，于是，她成为了国际足联媒体部招募的第一位来自亚洲的新闻官。

　　"新闻官要把国际足球联合会和赛事委员会对媒体的要求烂熟于心，

然后传达给参赛球员、媒体记者。事无巨细，只要跟新闻相关，都要负责。"她说。

四年后她来到 2006 年德国世界杯赛场，负责两个比赛场馆的新闻协调工作，其中一个是半决赛。在这届世界杯决赛期间，她以自己的经验和能力成了国际足球新闻传播界里人脉最广的人之一。多年来，不论是男足世界杯、女足世界杯，还是亚洲杯，都能看到她的身影。

2014 年之前，刘玲玲是国际足球联合会新闻官中唯一的中国人，但她却说："新闻官的名头虽然响亮，但我只是一个临时工。国际足球联合会的工作只是我的兼职，我的全职工作是做国际体育产业。"

一边是大海一边是学业

2002 年从利物浦大学毕业之后，刘玲玲在一家瑞典公司工作了一年便决定创业。在 2005 年的 8 月 8 日成立了自己的咨询公司"喜悦成长"。2010 年刘玲玲再次来到英国文垂大学攻读体育产业经济博士学位。一年后，一个偶然的机会让她接触到了航海事业，也认识了正在准备单人不间断环球航行的中国航海家郭川。

"在一次环球帆船赛的晚宴上，我和郭川谈了一个多小时。"刘玲玲称。两人一拍即合，开始运作后来震惊了整个航海界的单人不间断环球航行。她说："郭川知道我这辈子从来没有碰过帆船，但是他说因为我的'气场'和决心而把信任票投给了我。"

"作为郭川的经理人和项目总监，我要负责组建团队、找赞助商，以及整个过程中的宣传推广。这份新工作耗费了我很多精力，而我同时还要面对博士学业的压力。"

刘玲玲说："要这样一心两用最需要的是执着。我是个很执着的人，一旦承诺要做就一定要成功。"

郭川一个人在海上的 138 天里，刘玲玲在岸上也一直处于"海上模式"，牵挂着郭川在海上的一举一动。她回忆道："那段时间，我一醒来就是打开计算机查看跟踪器和航行的信息，睡不着就写论文。"海上的情况千变万化，刘玲玲每天都要和郭川电话沟通，传递气象信息，了解海上航行情况，

刘玲玲 世界杯上的新闻官

并在岸上协调解决问题。

"尽管过程很艰辛，但收获非常大。每上一步台阶，都像登上珠穆朗玛峰一样，让我感到很兴奋。"她说。

郭川创下第一个世界纪录之后的两年，他们又投入到"中国·青岛"号北冰洋东北航线航行的项目中。一边运作项目，一边兼顾学习任务，刘玲玲还曾在法国的船队母港，坐在船舷上敲着键盘写论文。

2015 年 9 月，郭川带着船队完成了北冰洋航行，刘玲玲也完成了自己的博士论文答辩。

相信以后和重庆的联系会越来越多

在丈夫和儿子的眼里，刘玲玲是家里的"精神领袖"。不过，在她心里，却对丈夫和儿子充满愧疚：一年大约有一半的时间都在外，陪家人的时间非常少。她说，儿子刚到英国时只有 12 岁，要适应新环境会面临不少困难，再加上青春期有很多困惑，她却力不从心，大多时候都是丈夫在陪伴和解惑。

不过，只要在家，刘玲玲就很喜欢研究菜谱，下厨做饭。她家的书架上，就放着很多不同国家的菜谱。

"老公也是重庆人，所以我们一家都爱吃辣，就算是做披萨，我都一定会放些红辣椒。"刘玲玲认为，这样才感觉有家乡的味道。

对于重庆体育产业的发展，她想做的有很多。

2005 年，刘玲玲创立北京喜悦成长体育管理咨询有限公司，随着人脉、资源、经验的逐渐积累，如今她也开始将业务拓展到西南地区。

2015 年年初，她将英国阿森纳足球夏令营的教练带到重庆、成都两地，推介阿森纳足球夏令营项目，后来有 20 多个孩子前往英国参加了夏令营，其中包括来自重庆的足球小将。

此外，刘玲玲还有意将国外的优质体育资源引回家乡，发展社区体育项目。"相信以后和重庆的联系会越来越多。"

对我而言，故乡就是养育我的地方；不仅养育了我的身，更养育了我的心。

蒋明海

重庆梁平人。19 岁参军来到广西，转业后自主创业，以建筑业起家，现为广西名洋集团董事长。

蒋明海：爱读四大名著的老总

□ 李力

他从小喜爱读书，初中时就读完了四大名著。从梁平走出来的蒋明海，从四大名著中找到了指引自己工作、生活的法宝，一路拼搏，建立了年产值达 20 多亿元的集团公司。

立志走出贫困的家乡

蒋明海 1965 年出生于重庆梁平龙门镇，全家以务农为生。两岁时，在四川宜宾当兵的父亲不幸早逝，母亲带着他改嫁给当地一个农民，家里的 5 个兄弟姐妹中他排行老大。

虽然重新组建了家庭，可蒋明海的生活也还算顺遂。然而，天有不测风云，在蒋明海 14 岁时，继父意外身亡。家里失去了主要经济来源，生活变得异常窘迫。读初中的蒋明海不得不辍学回家，一边干农活一边跟随姑父学习医术。

"小时候我喜欢读书，尤其喜欢读《水浒传》这类的名著，初中就把四大名著读完了。我读《水浒传》，从里面的人物身上得到了不少为人处事方面的启发，懂得了环境造就人，人的优点、缺点要从不同的角度去理解，对人、对事应该包容，不斤斤计较。而当时，在家庭屡次遭受变故后，我越发觉得只有走出去才能改变人生。这也是读书带给我的启发。"蒋明海说。

19 岁到广西参军

意识到要发展必须走出去的蒋明海，参军成为了他的选择。1984 年
10 月，19 岁的他来到了广西南宁，成为一名雷达兵。

刚进部队，因为学习过医术，蒋明海被招进了卫生队，成为一名卫生员。
随后，广州空军集中培训卫生人才，刚结束新兵训练的蒋明海有幸参加了
军地两用人才培训，一年多时间，学习了中医、解剖学等医学知识。"学
习机会来之不易，我非常珍惜，只想以优异的成绩来回报部队和我的家人。"
广州的繁华让蒋明海大开眼界，辛苦学习之余，他最喜欢的就是乘坐公共
汽车浏览这座城市。

1985 年回到广西部队后，蒋明海先后被分配到百色、田阳等地区的县
医院工作，开始以军医身份给老百姓看病。"在部队时的想法很简单，就
希望能学好医术留在大城市当一辈子医生。"蒋明海说。不过，1989 年，
他因为转业时未获取助理军医的职称，与医生这个职业失之交臂。

职业的转变带来商机

转业后被分配到广西滇黔桂石油勘探局工作的蒋明海，干过老本行，
当过单位保卫，还在单位厨房掌过大勺，凭着勤奋好学，他的厨艺大长，
空闲时间可以接下一些餐饮业务，创业的想法一天比一天更清晰。

1991 年，蒋明海和战友在南宁合伙开了一家理发馆，开始了第一次创
业。虽然不会剪头发，但是精通中医的他负责给客人按摩，精湛的技术慢
慢受到顾客的肯定。不久后，理发馆就小有名气，很快就在南宁开了 3 家店。
一年下来，蒋明海已经成了人人羡慕的万元户了。赚到第一桶金的蒋明海，
那段时间忙得不亦乐乎，但他并不满足。

1992 年，国家推行房改，装修行业一片欣欣向荣，蒋明海看到了其中
的商机，迅速投入资金，订购了一批有机涂料发往成都，准备在装修市场
上大展拳脚。可事与愿违，产品几乎无人问津，市场反应冷淡。为了打开
僵局，蒋明海便自己骑着自行车到工地上挨家挨户推销，一个多月过去了，

产品还是没有卖出去。

就在蒋明海为销路感到焦虑时，偶然从朋友那里得知四川省化工厅需要装修，正在寻找合适的工程队。他找上门毛遂自荐，最终自己的产品和技术团队得到四川省化工厅的认可，用上了自己的装饰涂料。在四川打开局面的同时，蒋明海也接到了更多的装修业务，半年时间他就创造了近百万元的利润。

一笔一笔的生意做下来，蒋明海在四川的市场不断壮大。于是，他决定逐步放弃南宁已经比较稳固的理发馆生意，返回四川转行投身建筑装饰行业。至此，蒋明海正式开始了属于自己的装修事业，因为口碑和业绩，他组建的工程队逐渐受到中铁二局、中国建筑装饰等大企业的青睐，与各大装修公司建立了紧密合作，得到了行业的认可。

"大企业在经营与管理上都有许多过人之处，与他们合作不仅利益有保障，更能学到许多知识，这为我后来建立自己的公司打下了坚实的基础。"蒋明海身上不仅有着爱学习的品质，更有军人踏实肯干的特点，业务踏踏实实地做，资本、人脉随着时间也就逐步累积了起来。

2001年，蒋明海成立新意楼宇配套工程公司，2005年，成立了总承包建筑公司，2006年正式挂牌成立名洋建设有限公司。2012年，在广西南宁招商引资政策的刺激下，蒋明海返回南宁成立了名洋集团，并逐步由建筑行业转型服务业，旗下的名洋国际酒店2015年利润首次突破400万元。

从名著中学会做人做事的老总很念旧

经商20多年来，除了勤奋和诚信以外，从四大名著中学习和领悟到的精髓，一直指引着蒋明海。一次，在成都的一个项目，资金出现了400多万元的漏洞，为按时完工，他四处借款。

"那时，有人劝我一走了之，但我认为既然承包了工程就一定要尽责。"为了筹集资金，他连续一个月都没睡好觉。得益于众多朋友伸出援手，工程得以顺利进行。蒋明海说，"读《西游记》我的感悟很深，人生其实就像取经一样，需要经历许多磨难，要想成功，最重要的就是信心。"

如今，事业有成的蒋明海就像不辞艰辛西行取经的僧人，取得真经不忘投身慈善事业。他在南宁成立的名洋爱心基金，去年共筹集了 10 多万元善款，为 100 多名贫困大学生颁发了奖学金。

19 岁就离开家乡的蒋明海，无论在哪里创业，在哪里奋斗，成功或是失意时，最眷恋的就是家乡重庆，还有养育和陪伴过自己的亲人。"对我而言，故乡不仅养育了我的身，更养育了我的心。"蒋明海说。

"小时候，家里经济条件不好，继父总是对我们说'再忍忍，好日子就快来了'。"长大后自己创业，每次遇上困难，就会想起继父的话和亲人的鼓励，也正是这些来自亲人的激励，让蒋明海一次次走出低谷，最终走向成功。目前，蒋明海正积极通过重庆市工商联的帮扶，在重庆寻找新项目。未来，他将把事业的重心逐步转移到重庆，在重庆这片故土再造就一番事业。

虽然在南非出生，但我童年美好的记忆都在重庆，长大后想
回重庆发展。

王婧薇

重庆沙坪坝人。2002 年出生在南非，在重庆接受基础教育至 11 岁才回到南非父
母身边。如今在约翰内斯堡上学的她，精通英文和中文，因主持和歌唱才艺突出，
成了南非华人圈内的小明星。

王婧薇：重庆女孩成约翰内斯堡华人圈"小明星"

□ 伊永军

她在南非出生，父母为了让她学好母语不忘本，把她送回重庆。小学五年级时，她又前往南非学习、生活。家乡的山山水水赋予了她自强、上进的品格。她不仅克服了语言、文化差异等障碍，还在主持、唱歌方面崭露头角，成为约翰内斯堡华人圈的"小明星"。王婧薇，这个14岁的重庆女孩希望能回到国内读大学，毕业后留在重庆，为家乡的发展贡献力量。

学好母语最重要

2016年8月的一个下午，重庆已是骄阳似火的盛夏，处于南半球的南非则是冬季，身着棉袄仍感到丝丝寒意。在约翰内斯堡一家私立女校的教室里，10多名不同肤色的学生正聚精会神地听老师讲解数学题。

王婧薇是这个班上唯一的中国人，在一众金发碧眼或是黑皮肤的同学中格外显眼。课堂上，她和同学们一起互动，用娴熟的英语回答老师的问题。下课了，她和大伙一起去学校的餐厅吃汉堡、炸鸡，讨论着彼此感兴趣的话题。来南非3年了，王婧薇已经适应了这里的学习和生活。

王婧薇的父母都是重庆人，20世纪90年代就在南非做生意。2002年，王婧薇在南非出生，但从小就被父母送回老家江津，和外公外婆生活在一起。父亲王伟说，这样做为的是让女儿从小就接受最正宗的国语教育，无论今后在哪里，都不能忘本，学好自己的母语才是最重要的。

2013年，读到小学五年级时，王婧薇被父母接回了南非。由于英语不好，刚来时她害怕与同学交流，喜欢独处。

"当语言不通，和同学无法交流时，很无助。那时的我时常会想家，想外公、外婆。"王婧薇说，有时真想打电话向外公、外婆哭诉，但是每当电话接通，听到二老的声音，她又忍住了："外公、外婆年纪大了，知道我在这边不开心，他们会担心，我通常都是报喜不报忧。"

王婧薇很庆幸自己从小在重庆长大，家乡赋予了她要强、上进的性格。"以前在老家上学时，如果考不好，我就会督促自己更加努力。只要努力了，不信成绩上不去。"

凭着这股不服输的劲头，王婧薇的英语水平逐渐提高。刚来南非时，她的英语常常不及格，到了六年级，英语成绩达到了优秀。

语言问题解决了，听其他课程的困难也就迎刃而解，尤其是她的数学成绩，在同年级学生中名列前茅。

她成为当地华人圈"小明星"

王婧薇原本就性格开朗，喜欢主持和唱歌，在重庆上学时就经常主持班上的活动。到了南非后，她逐渐适应，融入当地文化圈，特长充分地展现出来。

2014年，南非华人圈要举办活动，希望能找一个年龄小点的女孩来主持。有人推荐了王婧薇，这也成为王婧薇在南非约翰内斯堡华人圈的首秀，其大方、从容的主持风格得到众人认可，颇受好评。

之后，王婧薇在当地各种晚会、仪式上亮相的机会越来越多，很多活动都会慕名找她主持。2014年，王婧薇受邀主持南非华人妇女节晚会，这也成为她主持的第一个大型活动。

同年6月，南非华裔青少年中文歌曲大赛在约翰内斯堡举行，王婧薇成为主持人。她登上了更大的舞台，向众人展现她的主持才华，成了当地有一定知名度的"小明星"。

不过，对王婧薇而言，主持只是她的特长之一，在唱歌方面她也颇具天赋。2015年，南非华裔青少年中文歌曲大赛再次举行时，她拒绝了主办方让她当主持人的邀请，以选手身份参加比赛。那次比赛，王婧薇一展美妙歌喉，获得网络投票近9万票，摘得"最佳网络人气奖"。

2015 年，南非重庆商会正式成立，王婧薇的父亲王伟担任商会的常务副会长。在商会里，大家都知道王伟有这么一个多才多艺的女儿。"近水楼台先得月"，商会举办庆典、晚会、活动，多半会邀请王婧薇担任主持和歌唱人选。她的参与让活动增色不少，一次次舞台经验的积累，也让她的主持和歌唱功力愈发成熟。

南非重庆商会会长唐红说："王婧薇是我们大家的'小明星'，她已经成为我们当中不可或缺的一员。"

毕业后想回重庆发展

从小在重庆长大，虽然现在远隔重洋，但对家乡的情怀是割舍不下的。王婧薇从没有中断过和家乡的联系，除了经常和外公、外婆通电话，她还会通过微信与重庆的同学、朋友分享最新动态，时刻关注家乡的变化，发生了哪些新鲜事。

王婧薇笑着说，她最近一次回重庆时发现，和两年前相比，家乡的变化实在是太大了，很多地方连路都不认识了。

谈到未来的打算，王婧薇表示想报考国内的传媒类大学，最好是播音主持专业，以发挥自己的特长。毕业后，她希望能回到重庆，为家乡的发展尽自己的微薄之力。

"很多人羡慕我能在国外生活，但是真正出来过，经历过，我才发现，最美还是家乡水，最亲还是故乡人。无论世界有多大，我都希望自己最终的归宿是家乡。"王婧薇说。

城乡二元化是中国目前必须妥善解决的一个关键问题。

蒋荣昌

重庆璧山人。四川大学公共管理学院的哲学系教授、哲学研究所所长。他在经济哲学等研究领域具有深厚造诣，在青铜器铸造领域同样有深入研究，拥有 12 项相关发明和实用新型专利。

蒋荣昌：没有本科学历的大学教授

□ 伊永军

　　他因小儿麻痹导致右腿残疾，通过自学考上研究生，并成为博士后。他在大学哲学系任教，闲暇时却热衷于研究青铜器铸造技术，还"玩"出了名堂，拥有12项发明和实用新型专利。蒋荣昌，这个从璧山走出去的重庆娃始终不忘回报家乡，经常受邀回家乡演讲，为家乡农村改革提建议。

具有艺术风格的哲学系教授

　　蒋荣昌是四川大学公共管理学院的哲学系教授，四川大学哲学研究所所长。虽已年过半百，但身穿花格子衬衫和牛仔裤，留一头长发，打扮时尚，很有艺术家的气质。

　　在课堂上讨论哲学，这样的装束无形之中拉近了他与学生间的距离。课堂上交流互动气氛浓厚，不时爆发出掌声和欢笑声。"上蒋老师的课，学生可以随意提问，他不照本宣科，大家就是在进行一场讨论。"同学们表示，每逢蒋荣昌的课，总是座无虚席。

　　1963年，蒋荣昌出生在重庆璧山狮子乡（现位于璧泉街道），家里兄妹5人，他最小。记忆里的童年，除了上学，就是帮哥哥、姐姐种地、打猪草，帮学校修围墙，干各种农活。由于家庭经济条件有限，兄弟姐妹多，时常会饿肚子。有时，去给田间耕作的哥哥姐姐送饭，看着饭菜的那种饥饿眼神，让蒋荣昌迄今不能忘怀。

逐梦他乡重庆人
Chongqing Flyers

跳过本科摘得博士后学位

高中毕业后，蒋荣昌两次与上大学的机会擦肩而过，只好接受家里的安排，在当地医院做切中药的工作。但他心中的大学梦并没有泯灭，一直在找机会圆梦。

1982年年初，他辞掉工作，经常到西南师范大学（现西南大学）和重庆师范高等专科学校（现重庆文理学院）的图书馆看书，涉猎范围包括历史、文学、哲学、法律等。

机会总会眷顾有准备的人。靠着自学，没读过一天本科的蒋荣昌终于在1986年顺利考上了四川南充师范学院（现西华师范大学）历史系先秦思想史专业研究生。

1989年毕业时，蒋荣昌获史学硕士学位，因为成绩优秀，他被分配到四川师范大学当老师。1992—1999年，他又在西南民族大学任教。在此期间，他发表了60多万字的专著。1999年，蒋荣昌调入四川大学任教，2003年5月，获四川大学文学院文艺学专业文学博士学位，2004年评上教授。2006年，他成为中国社会科学院文化研究中心博士后。

从 1999 年至 2013 年，蒋荣昌在四川大学一直教广告学，2013 年之后开始教哲学。终于一圆当年梦想的他，将全部热情投入到学术研究和教学上。

他撰写的《历史哲学》《消费社会的文学文本》《中国古钱大系》等著作接二连三地引起学术界的轰动，研究范围涵盖历史哲学、经济哲学、传播学理论、文学理论等。当年那个不起眼的小伙子，成长为当今涉猎许多领域的学术家。

将青铜名器复制开发成艺术品

棕南小区地处成都的热闹地段，在此处一座 15 层高的建筑楼顶，蒋荣昌打理出一个屋顶花园，当作他的书房、花园兼会客室，清静幽雅，颇有"大隐隐于市"之感。

这里也是他的青铜器工作室，各种造型的仿古青铜器摆满了房间，透露着古朴、厚重感。

蒋荣昌和青铜器的缘分始于 1992 年与国家博物馆合作的文化产业项目"中国古钱大系"。这是一套古钱币高仿制品，当时每套售价 1.1 万元，后来有人出 35 万元买下了他手上仅存的一套。

正是看中了文物衍生品的市场前景，加上青铜器在视觉艺术上的独特效果，蒋荣昌很快投入到青铜名器的复制开发中，并拥有 12 项青铜铸造技术领域的发明和实用新型专利。

"真正的高仿品做到位，就是艺术品。" 蒋荣昌说，所谓高仿品就是按古人制作的水准，把古人的理想做出来。古代人制作时也有缺陷，现代人可以用现代技艺，在忠于原作的基础上弥补这种缺陷，然后把它引入现代生活，能够为生活服务，它就不只是印在纸上、摆在博物馆里的东西了。

说到这儿，蒋荣昌拿出一件自己制作的青铜器高仿品，名为"子作弄鸟尊"的古代酒器。这是他为国内一家知名白酒企业设计的酒瓶，已获得专利。这款酒在 2015 年布鲁塞尔世界烈酒大赛上斩获金奖，且为限量版，全世界只有 999 瓶，每瓶售价 3 万元，能装 3 斤白酒。将酒瓶从包装品变成了艺术品，具有收藏价值。

为家乡农村改革出谋划策

　　身为重庆人，工作之余，蒋荣昌时时关注着家乡发展。作为学者，他致力于研究"三农问题"改革，经常受邀到老家璧山演讲，为家乡的农村改革提建议。

　　从小在重庆的成长经历培养了他吃苦耐劳的品质，常常被同行以及学生评价为"最能吃苦的老师"。蒋荣昌说："感谢家乡重庆烙印在我身上的这些优秀品质，使我人生遭遇挫折时不气馁，春风得意时保持平和心态，这些精神财富让我一生受用不尽。"

生活就像玩游戏"打怪"，过程中会被打得满身是伤，但通关后会觉得一切付出都是值得的。

李曼兮

重庆綦江人。2009 年到古巴哈瓦那大学学习教育专业，之后到四川外国语大学学习，2014 年到香港中文大学攻读硕士研究生。2015 年进入新华社亚太总分社担任新闻摄影部编辑。

李曼兮：会三门语言的新华社编辑

□ 黄宇

　　从小聪明伶俐的她高中毕业后前往古巴公派留学，掌握汉语、英语、西班牙语三门语言。一年后她回到国内读书，以优异的成绩从香港中文大学毕业，成为新华社亚太总分社的新闻摄影部编辑。24 岁的李曼兮又打算出国深造。不论是在校园学习，还是在社会工作，她都用行动诠释着梦想不息，学习不止的精神。

掌握三门语言

　　2016 年 3 月 10 日，香港。李曼兮早早地起了床，简单洗漱后，她出门乘坐最早一班地铁赶往单位——新华社亚太总分社。街头小雨淅淅沥沥，女孩脚步轻快。

　　李曼兮出生在重庆綦江，妈妈是一名英语教师。年幼的她聪明伶俐，小学只读了 5 年就跳级上了初中，还遗传了妈妈的语言天赋，说起英语来很流利。

　　2009 年，成绩优异的李曼兮从南开中学毕业后，得到教育部公派留学的机会，前往古巴哈瓦那大学教育专业留学，为期 5 年。在这之前，李曼兮还没有离开过父母，学校生活也从来没有独自打理过，这一下就要前往一个陌生的国度，语言不通，去还是不去？她遇到了人生中第一个难题。

　　迷茫时，妈妈站了出来，她以自身经历告诉李曼兮，和外国人打交道并不困难，相信遗传的语言天赋能够帮助女儿快速适应古巴的生活。"初生牛犊不怕虎"，李曼兮就这样踏上了留学之路。

没想到，刚到古巴，难以适应的并不是语言环境，而是饮食上的巨大差别。哈瓦那大学周边人烟稀少，没有集市，学校缺少水果蔬菜，同学们天天吃猪肉。一个月后，实在忍不住的李曼兮和室友偷偷跑出学校，步行4小时才在集市上买到水果。

另一个问题是通信障碍。当时，从古巴打电话到国内要30多元一分钟，短信1.9元一条，这个价格对于一个还在上学的年轻女孩来说难以承受。"幸好还有QQ，虽然网络不好会掉线，但总算是解决了通信问题。"李曼兮回忆说。

就这样，跌跌撞撞中，李曼兮完成了第一年的语言课程，掌握了西班牙语，并获得哈瓦那大学颁发的西班牙语语言证书。但她没有选择继续留下学习其他课程，而是回国读书。

注册微博帮同学找工作

2010年，李曼兮进入四川外国语大学翻译学院学习。国外一年的求学生涯，让刚满18岁的李曼兮更加独立。在学校，她通过竞选担任了翻译协会会长，并和会员们一起承办"语言桥"杯翻译比赛。

要办活动就得有经费。当时，翻译协会并没有太多的资金可以拿来做活动。作为会长的李曼兮找到合作过的企业老总，希望对方公司继续赞助活动和增加活动经费，并列出协会一年的收支财务表，写上赞助的理由和办事清单，寻求继续合作的可能。最终，这家企业和协会成功签下为期4年的赞助合同，并大幅增加了活动经费。

大学期间，李曼兮曾担任布里斯班·重庆商务洽谈会的陪同翻译、中国·中东欧国家及地区领导人会议志愿者等，并在丹麦王国驻重庆总领事馆实习，参与政府照会、招标公告、新闻稿等笔译工作。在这些场合里，她开始接触到国际新闻，为日后的工作选择埋下伏笔。

临近大学毕业，同学们都忙着找工作。李曼兮发现，不少人在投简历、选职业时很迷茫，就像当初自己到古巴前一样，不知道到底该如何抉择。为此，李曼兮注册了名为"重庆实习"的微博，将自己筛选过的企业实习或招聘信息发布到网上。

　　"很多企业看中大学生的实习经历，我可以用自己的经验帮其他同学减少一些筛选过程，少走点弯路。"李曼兮说，在网站上漫无目的地投简历不仅麻烦，而且获选率低，而自己会将收集到的人力资源邮箱或电话通过微博发布出来，需要的话可以直接跟用人单位沟通。

　　一段时间后，有同学通过微博找到工作，发来私信表示感谢，一些企业也主动联系李曼兮，想借助她的微博平台发布实习招聘信息。曾有人想出钱买下微博，但她未同意。"只要有时间，我就会根据私信里的需求发布招聘信息，我把它当作一个闲暇时的爱好，并不想靠它来赚钱。"李曼兮说。

学习不止，梦想不息

　　2014年，李曼兮凭借优异的成绩和丰富的实习经历，获评重庆市优秀大学毕业生。毕业后的她并没有停止学习，她考上香港中文大学的硕士研究生，就读汉语语言学专业，并进入新华社亚太总分社工作，成为一名新闻摄影部编辑。

刚刚参加工作的李曼兮租了一个 6 平方米的房子，房间内有厕所，一张单人床，4300 港币一个月。尽管一切都很简陋，但李曼兮对未来充满了信心。

每天早上，她从家里出发，乘早班地铁到公司后，便一头扎进工作，处理新闻稿件。

繁忙的工作让同事吕小炜深有感触。"在这里工作不容易，亚太所有地区每天发生的新闻图片稿件就有上百张要处理，她都能胜任。"吕小炜说，"作为一个年轻女孩，她能够在工作岗位上干得如此认真，挺让人佩服的。"

"认准了这份工作就得干好它，对得起自己的选择。"听到同事的评价，李曼兮扶了扶眼镜，"从小爸妈就教导我一步一个脚印，踏实做好每一件小事，这是我一直坚持做的。"正是这种坚韧、乐观的性格，让年轻的李曼兮每一步都走得很坚定。

尽管身在异乡，但李曼兮坚持每天通过社交软件和父母聊天。"我和爸妈有个群叫'吉祥三宝'，可以说，我和爸爸是"兄弟"，和妈妈是闺密。"李曼兮笑着说，如今，每隔两个月她都要回重庆一次，和家人团聚的同时，还不忘带些火锅底料等特产回香港。"如今香港的一些餐厅里也能吃到重庆风味，但是最正宗的味道还是在家乡。"

做了一段时间的新闻编辑后，李曼兮闲不住了。她想在单位锻炼一段时间后再去国外读书，继续提高自己，学习不止，梦想不息。

重庆人的拼劲让我在韩国奋斗充满了斗志。

沈靖

重庆万州人。因交换生项目前往韩国。毕业后，以外国人笔试第一的成绩进入三星公司全球总部。2014 年辞职自主创业，打造服务中国游客的 APP，如今该项目已做到类似软件市场占有率全韩国第一。

沈靖：打造韩游 APP 服务中国游客

□ 周盈

沈靖从小就梦想出去闯一闯。他在韩国以外国人笔试第一名的成绩进入三星公司，却在 2014 年辞职创业，打造了服务中国游客的 APP。如今沈靖有了自己的事业，想趁年轻努力拼搏。

母亲叫他"滚得越远越好"

《非首脑会谈》是韩国 KBS 电视台的一档谈话节目，11 位来自不同国家的青年代表模拟各国首脑会谈，在圆桌前就某一话题进行交流、讨论。在一期节目中，中国代表沈靖就某个问题，舌战其他嘉宾，引起网友的强烈好评。其实，参加节目只是沈靖的跨界客串，他现在的工作是开发经营一款叫"咖游韩国"的手机 APP 软件。

沈靖从小成绩优秀，大学考取了北京师范大学，在艺术学院学习数字媒体，"在那里我学到了很多东西，学院有很多大名鼎鼎的老师。余丹、肖永亮都是我的老师。"沈靖说。

大三时，北京师范大学正好与韩国有个交换生项目。一心想出去见见世面的沈靖，马上征求家人意见。"我把想出国的想法告诉了父母，他们很支持，尤其是我母亲，直接告诉我'男儿志在四方，滚得越远越好'。"沈靖如愿以偿进入了韩国首尔市立大学学习视觉设计专业。

"刚来首尔的时候，发现好像回到了重庆，因为这个城市被汉江一分为二，有山有水，北边有山，首尔人也特别热情直爽，跟我们重庆人特别像。"刚到韩国的沈靖，当地的环境和人让他感受到了"遥远的相似性"。

"在韩国上第一堂课时，老师布置了一个基础设计作业，每人发一张纸做一件艺术品，第二周我就把作业交上去了。"沈靖原以为会得到表扬，结果却被老师骂了一顿，"这个作业要用一学期来完成，你一周就做好了，马虎了事。"他这才知道，原来老师一学期只布置一个作业，要求学生在这学期内先找灵感，然后进行论证调试，最后才动手完成。

笔试获得外国应聘者第一名

一年的交换学习很快就结束了，沈靖决定再去韩国继续深造。2008 年，沈靖再次来到韩国，在韩国排名前三的延世大学读研，攻读国际贸易和金融专业。延世大学是一所私立学校，一学期学费 3 万多元，沈靖利用课余时间打工，最多的时候同时打了 3 份工。虽然辛苦，但打工挣的钱足以支撑沈靖在韩国学习和生活的开支。

沈靖毕业后决定留在韩国找工作，他参加了三星集团严格的考试，笔试拿到了外国应聘者的第一名，最终成为三星生活家电客户部的员工。沈靖在工作中很用心，他 2014 年一个人接待了 18 批、共 240 个 VIP 客户，打破了公司的纪录。

"我的单兵作战本领就是在那个时候练成的。"沈靖说，他在三星学到了很多在学校里学不到的东西，比如接待礼仪、演讲口才，也借此认识了很多高级管理人士，开阔了眼界。

"机会总是给有准备的人。"有一次，沈靖的一位客户回国，在机场发现护照遗留在宾馆了，客户马上给他打电话，要求 30 分钟送到。他立即放下手头的工作，从公司赶到宾馆，取护照赶往机场，在临登机通道关闭前五分钟，将护照送到客户手里。客户回去后，立即签下了 100 万美元的大单。

在三星公司工作了三四年时间后，沈靖慢慢发现，自己作为一位外国人，发展的空间越来越小了，虽然自己所在的岗位是个香饽饽，但沈靖还是萌生了辞职的念头。

打造韩游 APP 服务中国人

尽管大部分时间都待在韩国，沈靖却一直关注着国内的情况。"2010年，国内迎来了创业大潮，很多人都辞职加入了创业大军。"远在韩国的沈靖也感受到了来自国内的创业热情。

2014年，沈靖机缘巧合认识了支付宝韩国总经理徐宏飞。当时的徐宏飞也正打算从阿里巴巴辞职，自己创业。两人聊后一拍即合，沈靖随即从三星公司辞职。

他们发现中国每年有600万人来韩国，但因语言不通，中国游客在韩国面临不少问题，比如难以和出租车司机沟通，不知道真正好吃好玩的地方在哪里，买不到真正价格实惠的商品。看准了这一点，他们开始组建团队，做一款服务于中国人来韩游玩、购物的APP。

创业的艰辛是之前的工作所不能比的，加班熬夜已是家常便饭，但做自己想做的事，其中的成就感也是前所未有的。

沈靖团队的工作速度也是惊人的，从计划到研发，再到上线，只用了3个月。在连续奋战3个通宵后，2015年7月27日零点，APP上线了，并且很快引来关注，很多韩国大企业也跟进，做起了类似的APP。沈靖不敢有半点懈怠，靠信念以及先进的理念，将这些大企业甩在了身后，做到类似APP市场的第一位，很多大型企业如星巴克、新罗免税店、乐天免税店都与他们进行合作。

在公司"老大"徐宏飞眼中，沈靖是一个开朗积极、乐观向上的年轻人。"他越挫越勇，在公司初创阶段，一人分饰几个角色，带领公司发展壮大。他乐观、直爽的性格和我印象中的重庆人很相符。"徐宏飞说。

"韩国青年创业意愿不够强，他们更热衷于供职大公司，不像国内有创业氛围。"沈靖说，在这一点上，中国超过韩国很多，几个月不回中国就感觉要脱节，所以他们时常会回来"充电"。

他们不定期在北京、上海多地考察，了解最前沿的创业理念，寻找创业灵感。沈靖说，每一次去北京的"车库咖啡"，都会被那里的创业氛围打动，回到韩国就激情满满地投入工作。

沈靖说未来充满可能性，他希望趁年轻努力拼搏。

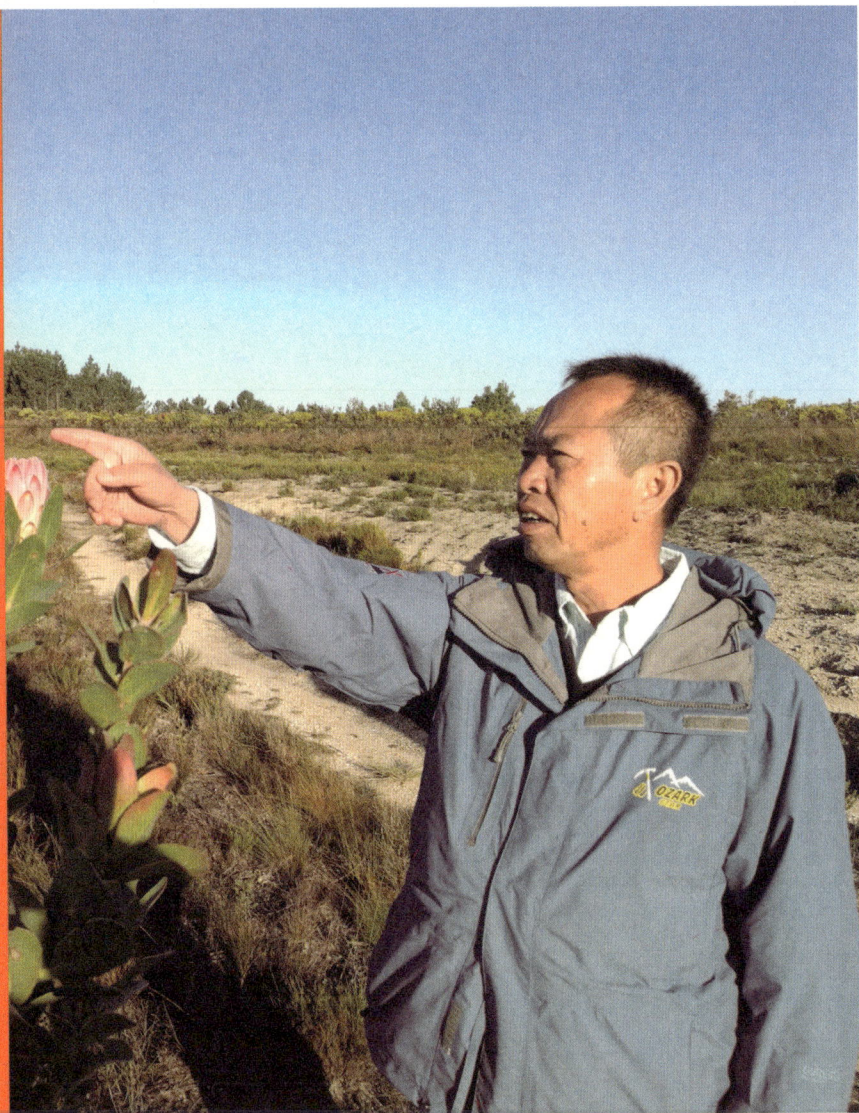

敢闯、敢拼是重庆人的本色。要想成功，在任何环境下都要学会适应。

高先觉

重庆九龙坡人。现任南非同创花木有限公司董事长。在南非打拼13年，如今他拥有南非花木的出口权，是当地的"花木大王"。为了把南非花木带入中国市场，他曾耗资千万元进行试验，最终获得成功。

高先觉：在南非打拼成"花木大王"

□ 伊永军

　　高先觉本来在重庆从事房地产开发行业，人脉广泛、事业有成，却在临近知天命的年纪放弃一切，前往陌生的南非创业。经过13年的打拼，成了当地有名的"花木大王"。

　　现在高先觉作好了叶落归根的准备，希望能给家乡人送上一份礼物。他计划在重庆南山打造一个占地3000亩的南非风情文化主题公园，将南非的优良树种、奇花异草移栽到重庆，让家乡人不出远门就可以欣赏来自异国的美丽风景。

在南非建上万亩花木基地

　　2016年8月的一个上午，南非行政首都比勒陀利业市郊外的一座庄园里，6辆集装箱车整装待发。10多棵直径在0.5米以上的大树横躺在地上，工作人员用保鲜膜、铁丝网打包后，大树被吊车一棵棵吊起，分装进集装箱。它们将被运到600千米外的德班港口，经海运到达中国广州黄埔港，然后被拉到佛山的花木市场，面向全国销售。经过这一系列的环节，这些平时只能在非洲看到的独特树木品种就可以落户到中国各个角落。

　　这次装运的树种名叫蓝花楹，高先觉刚发现这种树的时候感到很惊艳。"满树开满了紫色的花，漂亮极了！落到地上就像铺了一条紫色的地毯，拍婚纱照做背景很有美感。"高先觉说，蓝花楹是非洲的一种著名观赏树木，适合栽种于庭园、广场，也可用作行道树。

　　这个庄园是高先觉的货物集散地之一，每年经由这里运到国内的树种达到 200 多个集装箱、1000 多棵，成交额上亿元。类似这样的货物集散地，高先觉在南非还有五六个。

除了树，高先觉经营的项目还有花。在南非开普敦，他将一座占地 18000 亩的庄园作为自己的花木基地。那里漫山遍野地开满了帝王花、斑克木等南非著名花卉，全部自然生成，色彩斑斓、争奇斗艳。

这个庄园是高先觉与别人合伙买下的，总投资 6000 多万兰特（相当于 3000 多万人民币）。站在这个一望无际的大庄园内，望着这些盛开的花朵，高先觉颇有感慨："无论是这些花，还是这些树，我都要把它们带到重庆去，让家乡人民也能欣赏到。"

放弃生意到异国创业

2002 年 12 月，他随一个代表团到南非进行考察，发现那里气候宜人、环境优美，立即喜欢上了，于是产生了来此创业的念头。回国后，他交接完工作，于 2003 年 3 月正式来到南非。

万事开头难，高先觉刚来南非时并没有明确的创业方向。看到当地人喜欢穿拖鞋外出，他就租了个农场，办塑料加工厂，生产塑料拖鞋和塑料包装袋。

高先觉回忆说，真正干起来才发现困难超出想象。有时候机器上一个零件坏了，都不知道该去哪里买。就这样，很多原材料不得不从国内进口，额外增加了成本，当年他就亏了 400 多万元。

"屋漏偏逢连夜雨"，生意上不顺，人身安全也受到威胁。刚来南非的第二个月，他就被抢劫了。仅仅过了两个月，他又在工厂附近遭遇劫匪。4 个黑洞洞的枪口对准了他，将他开着的奔驰车抢走。

接连遭遇挫折，高先觉非常沮丧，但重庆人骨子里不服输的倔强让他振作起来。他对老婆说："我就不信！如果我在南非发展不好，也不用给我买机票、船票了，我直接从印度洋游回中国去。"

高先觉找朋友借了 200 万元，买下一片农场，一半作为生活区，一半作为工厂。他要以厂为家，背水一战。慢慢熟悉了当地的经营方法后，高先觉的买卖渐渐有了起色。

　　安定下来后，高先觉发现一直做塑料加工不是长久之计，于是有了转行的想法。一次，他逛花店时，偶然发现中国传统的盆景在南非颇受欢迎，价格也比国内高得多。

　　于是，他立即回国，考察市场，联系货源，将国内的盆景发到南非。生意越做越红火，每月基本都有十几个集装箱的盆景发到南非。现在，他在南非约翰内斯堡还拥有了一个专门的盆景卖场。

想在重庆打造主题公园

　　"既然中国的盆景艺术能够在南非扎根，那我同样可以让家乡父老欣赏到南非的奇花异草。"有了这个想法后，高先觉立即付诸行动。

　　2007年，高先觉在南非成立了同创花木有限公司，主要业务是把国内最具特色的盆景、苗木出口到非洲，并利用非洲植物品种繁多、资源丰富这一特点，结合国内市场需求，将南非的特色树种和花卉引进到国内。

身为重庆人，高先觉始终有着浓烈的家乡情结。为了实现让家乡父老在家门口就能够欣赏到非洲奇花异草的愿望，他专门到西南大学邀请专家学者考察论证，将适合重庆气候、土壤以及海拔高度的树种和花卉，作为引进到国内的首选品种。

同时，高先觉计划在重庆南山打造一个 3000 亩地的南非风情文化主题公园。公园里不仅将引进种植南非特色的木本、草本植物，还将打造非洲风土民情旅游一条街，让市民在家门口就能够欣赏到原汁原味的非洲元素，感受非洲文化。

高先觉说，整个项目预计投资 10 多亿元，目前正在洽谈中，预计很快就会签约。"如果一切顺利，预计 3 ~ 5 年这个愿望就能实现。"

谈到未来的打算，高先觉表示，随着年龄的增长，越来越想叶落归根。他希望在南非打拼几年后就回重庆。"我终有一天是要回来的，如果那时候南非主题公园已经完成，大家能够在里面玩得开心，那就算是我在外打拼这么多年送给家乡的一份礼物吧。"

各个国家、民族都给人类留下了丰富的传统文化瑰宝，我最大的梦想就是通过自己的努力，架沟通中西之"桥"，扬复兴中华之"声"。

董桥声

重庆丰都人。2003 年以丰都理科第一名考入北京大学，先后在医学部英语专业读本科、哲学系科学哲学专业读硕士研究生。2011 年赴英国剑桥大学古典学系读博士，2012 年起担任剑桥东方文化学会会长，致力于向世界推广中国文化。

董桥声：致力于向世界推广中国文化

□ 张亦筑

一直以来，董桥声都是走学术路线的"学霸"，从北京大学到剑桥大学；从医学英语、科学哲学到古希腊与中国医学比较研究，尽管跨度很大，但他仍然游刃有余。

在潜心钻研学术以外，出于对非物质文化遗产推广的兴趣，2014 年，董桥声开始组织、策划非物质文化遗产推广的文化活动。

苦学古希腊文

2003 年，就读于丰都县实验中学的董桥声，以丰都县理科第一名的成绩考入北京大学医学部。原本是学医学英语，他却对哲学产生了浓厚的兴趣，于是读硕士研究生时，转到哲学系科学哲学专业。

2011 年硕士毕业后，董桥声远赴剑桥大学攻读博士学位，又选择了从事古希腊与中国医学比较研究。

"看上去跨度很大，其实我是专注于医学哲学方面，尤其是古希腊医学哲学。"他说，现在很多人谈论西医，都集中在现代西医，对古代西医关注很少，但其实古代西医为人类留下了很多瑰宝。

虽然是凭兴趣爱好选择了专业领域，可这一专业难度相当大，尤其是对一名中国学生而言。

"相比西方的学生来说，我在语言、哲学及历史素养上都存在很大的差距。"他坦言，以语言来举例，西方学生从小就接触古希腊文，而自己完全是个门外汉，只能加倍努力学习。

尽管无须在口语上下很多工夫，可要无障碍阅读大量古代文献，就得掌握古希腊文复杂的语法，记住很多生僻的单词。"有些生僻单词只在一本著作中出现过。"

在攻读博士学位的前两年，他除了学习语言，还阅读了大量古代经典文献，有些要通读好几遍。还得查阅人类学、社会学等其他学科的相关资料，以便更好地进行研究。

"我们班里有 3 名中国学生，中国学生都比较勤奋，我们也只能更勤奋才能赶上西方学生的水平。"那段时间，他差不多每天阅读时间都在 10 个小时以上。

让唐卡走进英伦

在从事学术研究的过程中，他也在不停地思考：尽管自己研究的是传统医学，但传统医学在当代有什么意义？那些故纸堆里的东西，价值究竟在哪里？如何让书本知识与现实相结合？渐渐地，董桥声开始对非物质文化遗产产生了浓厚的兴趣。

2012 年，他开始担任剑桥东方文化学会会长，在英国推广东方文化，尤其是中国文化。

2015 年 6 月 13 日，由剑桥东方文化学会主办的"洛桑龙达上师：走近世界艺术瑰宝——神圣的唐卡世界"大型展览在伦敦隆重举行，引起了不小的轰动。董桥声就是此次展览的发起人。

"'唐卡'是藏语，意为携带方便的卷轴画，兴起于吐蕃松赞干布时期的唐卡吸收并融和了汉、藏等多种地域文化艺术元素，在世界绘画艺术殿堂中占有非常重要的地位。"他说，"唐卡在西藏等地很普遍，了解的人也很多，可其他地方的公众对此了解很少。让唐卡精品到欧洲展出，可以让更多公众认识中国多样独特的民族传统文化。"

从策展到正式开展，大约用了半年时间，整个展览由专业团队进行策划。"这次展览展出的 32 幅唐卡中，有很多医学唐卡，而我自己对唐卡的兴趣也源自医学唐卡。"董桥声表示，让藏传医学与唐卡艺术相结合，能够让更多人感受藏传文化的魅力。

除了在伦敦展出以外，这些唐卡还在牛津和剑桥进行了巡展，持续时间长达一个月。不仅是当地华人华侨，很多西方观众也前往参观，并给予了高度评价。

想设立机构从事中英文化交流

闲暇时，董桥声喜欢在剑河边走走，看看书。他说，在剑河边上走走，会让他特别怀念家乡重庆。"我的老家丰都也是在江边上，以前茶余饭后总喜欢到江边散步。"

不过，让他觉得惭愧的是，虽然致力于将中国的非物质文化遗产推广到世界，可自己对重庆的非物质文化遗产了解得并不多。

"比如丰都，虽然形成的是鬼城文化，但核心是惩恶扬善，是用传统质朴的方式教导人。"他表示，经过进一步深入挖掘，丰都完全可以把鬼城文化打造成一个具有世界影响力的文化品牌。"今后，我也希望能为家乡的非物质文化遗产推广作贡献。"

　　如今，剑桥东方文化学会已经成为英国慈善总署正式认可的公益组织，越来越多的人投入文化推广活动的组织策划和执行中。

　　他透露，博士毕业之后，他还想在英国待一段时间，从事中英文化交流方面的工作。"我们计划在中、英两国同时成立机构，从事中国文化的推广工作，目前正在筹措资金，也很希望志同道合的人能够加入进来。"他表示。

吃苦耐劳才可能创业成功。

彭长春

重庆合川人。广州市"牛仔谷"电商产业园创建者，广东省牛仔服饰制造业的领
军人物，被誉为当地的"牛仔服饰大王"。

彭长春：创建全国最大牛仔服饰电商产业集群

□ 王伟　赵伟平

　　说起广东省广州市增城区的新塘镇，很多外地人可能并不熟悉。但在广东省乃至中国服装界，新塘却是大名鼎鼎！在新塘，牛仔服饰制造业的领跑者，正是来自重庆合川区的彭长春。

从打工仔到事业有成

　　"来来来，大家一起来尝尝我炒的重庆肉末豇豆是不是那个味！"第一次见到彭长春是在他的家里。彭长春的家住在广东新塘镇的一处高档别墅小区。四层楼的联排别墅，无不彰显着彭长春的成功。

　　彭长春的妻子刘凤琼也是重庆人。一家人虽然住的是豪宅，但早餐并不像广式早茶般烦琐。一碗稀饭、一盘肉末豇豆，便是彭长春最为喜爱的"家乡的味道"。

　　彭长春是广东服装业著名的"牛仔服饰大王"。在新塘，彭长春不仅拥有自己的纺织厂、自创的牛仔服饰、服装品牌，还创办了广东最大的服装电商产业园。

　　提起多年前第一次离家来到广东的情景，他至今难忘。

　　"我们第一次到广州坐的是绿皮火车，连座位都没有。实在是困了，就钻到座椅下面打个盹。"彭长春回忆。

　　在广东，彭长春第一次接触到布料生产、加工行业。一开始，他以踩三轮车运输布匹为生，慢慢学会了品鉴布匹的材料、品质，最后熟悉了布匹生产的整个流程。

"我 1991 年开始创业,开了一家卷布店。"彭长春说,卷布店就是做布料码数、米数检测工作。因为需要认真细致地检查布料品质,那时候他每天都要工作到凌晨。

靠着诚信经营与过硬的产品品质,彭长春的卷布店很快发展成为一家工厂。再后来,彭长春创办了自己的牛仔布纺织公司和牛仔服饰公司。

在彭长春看来,他之所以能有今天的成绩,"离不开绝大多数重庆人身上拥有的吃苦耐劳的品质。"

创建"牛仔谷"电商产业园

创业 10 多年来,彭长春扎根新塘,从事牛仔布纺织与牛仔服饰生产,成绩斐然。然而他并没有就此止步,2014 年,他走上了一条全新的创业路。

已经正式投入运营的、全国最大牛仔服饰电商产业集群"牛仔谷"电商产业园(简称"牛仔谷"),就是他的力作。彭长春介绍:"新塘具备'海陆空铁'立体式交通优势,有多达 3000 多家牛仔服饰企业,成立一家专业电商产业园是水到渠成的事。"

"牛仔谷"很好地把握了电商发展趋势,产业范围涵盖跨境电商、移动电商、社区电商、生态产业链电商,在内部形成了专业化、特色化分工,同时强化统筹协调,协同推进商贸、物流、快递、仓储、线下专业市场建设,提供信息技术、金融服务等产业配套服务。

彭长春说,接下来在完善园区配套的同时,"牛仔谷"还将加强与各大互联网大数据企业的合作,倾力打造集电商运营、网络交易、物流配送、软件研发、文化创意等多功能、多业态融合的电子商务园区。

广州金茹怡服饰公司负责人李洪斌认为,"牛仔谷"是广东地区唯一一家线上、线下结合的牛仔服饰综合性电子商务园区,入驻企业在园区开店的同时,可以抱团在网上从事产品销售。"我选择在'牛仔谷'开店,看中的是园区的专业配套服务,有 T 台展示和摄影棚、电商技术培训等。目前我的企业每天在线上销售牛仔服饰 500 ~ 600 件。"李洪斌说。

彭长春介绍,从 2015 年 5 月试营运以来,"牛仔谷"已经吸引了400 多家企业进驻,园区内超过九成的商铺已租出;"牛仔谷"和 4 家物流、快递企业签订了合作协议；另外，广东出入境检验检疫局也在园区内设办公点，方便进驻商家提交产品接受检测。

希望扶持更多老乡创业

"'牛仔谷'有强大的线下服务平台，重点服务中小型服装企业，可以针对企业的商务需求提供一站式服务……"说起"牛仔谷"的经营，彭长春滔滔不绝。

"如今创业大潮涌动，很多打工仔都开始尝试创业。但其中很多人和我一样，是从农村走出来的，对创业、电商缺乏了解。"彭长春介绍，为帮助更多的人成功创业，他与阿里巴巴资深培训机构老A商学院合作，成立了老A电商学院牛仔谷分院。老A电商学院牛仔谷分院邀请电商领域的成功人士任教，为不同群体提供有针对性的培训课程，收效不错。

来自重庆璧山的张红，在新塘经营一家牛仔服饰企业已有近10年时间。

近年来，张红发现行业利润逐年下降，身边的朋友为此纷纷进军电商。在多方了解情况后，2015年9月，他也加盟"牛仔谷"，并进入老A电商学院牛仔谷分院学习电商知识。

今年，他也在网上开设了自己的品牌牛仔服装店，线上月销售额很快突破1万元。

"牛仔谷"还与珠三角地区的广州大学、南国商学院、广东财经大学等高校合作，设立大型电商培训室、电商实操电脑房、创业孵化区，接收高校学生前来实习、创业和就业。

"我是一个重庆人，虽然离开家乡20多年了，但心里一直惦念着家乡。"彭长春说。

他表示，欢迎更多重庆老乡前往"牛仔谷"创业，同时也渴望在具备条件的时候回到家乡，为家乡的服饰产业作贡献。

祖国越来越强大了，华人也越来越受到尊重，中医在国外也得到了越来越多的人认同，我为自己能在海外传播中国文化而感到骄傲。

马蕾

重庆沙坪坝人。曾任美国波音飞机公司软件设计师，医疗器械公司设计师，曾组建了西雅图第一个华人剧社，最后回归医者本心，继续学习中医。致力于向海外推广中医和中国文化。

马蕾：重庆人异乡重拾中医梦

□ 徐菊

中国药学家屠呦呦荣获 2015 年医学诺贝尔奖那一刻，身在美国西雅图的马蕾激动得第一时间在微信朋友圈里发了一条评论："这是我感觉开心、骄傲的一天。祖先的智慧得到传承与发扬，几代人默默无闻的努力与付出得到医学诺贝尔奖的肯定。医药的本心为解救民众疾苦，向默默无闻、辛勤工作、无私奉献的医药卫生工作者致敬！"

波音公司软件设计师

马蕾从小伴随着药材香气长大，由于父母皆是中医专家，她从小耳濡目染，对中医充满兴趣，梦想着能继承父母衣钵，成为一名中医医师。1988 年，马蕾考入成都中医学院（现成都中医大学），开始学习中医针灸，中医医道的博大精深让她越来越痴迷。

1991 年 3 月，父母因为工作而移民，马蕾跟随他们依依不舍地离开故乡，前往美国西雅图，进入华盛顿大学学习。"到了国外，要想继续学习中医，就没有国内的学习环境那么好了。"痴迷中医的马蕾很遗憾，考虑到读理科更容易找工作，她改学电子工程专业。

离开了熟悉的环境和喜欢的专业，年轻的马蕾曾经非常迷茫。虽然电子工程不是她所喜欢的专业，但为了更好地就业，她还是踏实地学习。

1995 年，马蕾大学毕业了。总部位于西雅图的美国波音公司向马蕾伸出了橄榄枝。进入波音公司后，马蕾从事飞机内部软件设计开发工作，4 年下来学习了不少东西。同时，在这里她也遇到了自己的人生伴侣，找到了幸福。

　　但紧接着，波音公司面临了历史上第一次大罢工，工程师们因不满意薪酬，通过工会集体抗议。在那之后没多久，她的上司离开波音公司，去了另一家美国 50 强的医疗器械公司，并推荐了马蕾。当时非常想换个环境的马蕾，也成功去了那里应聘。

回国再次学习中医

　　不久，新公司被合并到美国波士顿科技医疗器械公司，马蕾继续负责研发软件，5 年后晋升为心率管理部软件研发组长，负责研发植入式心脏起搏器、心脏除颤器。这期间，马蕾带领 10 多人的团队做了很多新产品。

　　为了给自己充电，马蕾又开始读工程管理硕士，拿到了 PMP 资格证（项目管理专业人士资格认证）。

　　2010 年，马蕾和团队本来正在研发一款新产品，但公司总部却突然宣布了一个坏消息：因为公司经济问题，将关掉在华盛顿州的研发部门。几个月内，研发部门的员工全部裁员。

　　马蕾心中的失落和对未来的不安越来越重，或许是父母的鼓励，或许是内心的不甘，这个契机让她重新燃起了中医梦。"当时看到身边的朋友或多或少地被疾病困扰，我突然意识到曾经学习的中医可以帮助他们。"

　　2011 年，马蕾决定回国，回到自己曾经未完成学业的成都中医大学，以国际学生的身份开始攻读针灸推拿硕士研究生。2013 年毕业后马蕾又到美国，将国内学习的经历和成绩进行公证，积极准备美国中医行医执照考试。

中医梦在心底生根发芽

　　现在，马蕾在史赛克医疗科技公司所属的菲康体外心脏除颤器（AED）的质量监测部门工作。但她仍未放弃自己对中医的热爱，每个周末，她都要和父母，以及西雅图的中医学者一起系统地学习《黄帝内经》，也常常对中医进行义务宣传。

"从小受父母的影响，中医在我心里已经扎下了根。"马蕾说，将来有一天，我肯定会接过父母手中的接力棒，重新走上真正的中医路。她说，希望祖先的智慧得到传承与发扬，愿意尽自己的能力在海外传播中医。

愿为国内学子提供帮助

热爱公益活动的她，还筹划组建了西雅图第一个华人剧社，成为剧社的社长。

编剧兼总导演张西的著名作品《海外剩女》排成了首部华人话剧，作为社长的马蕾组织招募演员，推动话剧在西雅图公演，获得了很大反响。2016年8月，应中国侨联与北京侨联的邀请，西雅图剧组多位演员与波士顿、纽约的其他剧组一起在北京海淀剧院汇演六场，向国内观众讲述海外华人的真实生活与心声。

如今，马蕾的女儿也在中文学校上课，马蕾参加了中文学校的校董竞选，为学校做义工，还参与了贫困学生帮扶工作。她希望凭借自己在西雅图拓展公益活动的能力，为重庆的贫困学生提供基金资助，"只要信息核实属实，我愿意尽我所能去为他们联系当地的爱心基金，让每个学生都能圆梦。"

好男儿志在四方，到外面的世界闯一闯是好事。

郝秀运

重庆大渡口人。2011 年奉派前往阿尔及利亚，数年来努力工作，积极应对艰苦环境中的各种挑战，工作卓有成效。现为中冶建工集团有限公司海外分公司副总经济师。

郝秀运：在非洲工地上打拼的副总经济师

□ 伊永军

　　他迄今为止做过两次重要选择，一次是大学毕业后选择留在重庆，得以遇到妻子，组建了幸福的家庭；另一次是刚领结婚证不到 10 天，就接受了公司的安排到非洲工作。作为重庆女婿，郝秀运已在阿尔及利亚工作了 5 年多。尽管背井离乡，面临诸多困难，但他常说，在海外打拼的建筑工人不仅承担着自己和家庭的梦想，也肩负着国家的重任。作为中冶建工集团的员工，工作需要他去哪里，他责无旁贷。

大学期间爱上山城

　　2016 年 7 月 17 日，阿尔及利亚首都阿尔及尔，气温高达 38℃。和重庆的闷热不同，这里日照强烈，阳光晃得人睁不开眼，照在身上火辣辣的。在露天站一会儿，就让人受不了。

　　在阿尔及尔郊外布利达 660 套住房项目工地上，建筑工人们挥汗如雨，辛苦忙碌。作为项目经理的郝秀运此刻正顶着烈日，到处视察各个施工环节。

　　这是当地政府为改善民生而兴建的公共性住房项目，由中冶建工集团有限公司海外工程分公司承建。因此，能否按时交房，工程质量是否过硬，能否得到当地居民的认可，代表的不仅是公司形象，也在一定程度上代表着国家形象。所以，一定要严把质量关，不能马虎。

　　虽有压力，但对于郝秀运而言并非难事。在此之前，由他任项目经理的 1300 套住宅项目已保质、保量按时交房。

　　谈到和建筑行业的渊源，34 岁的郝秀运开玩笑说，自己所学的专业和建筑八竿子打不着，当时是阴差阳错地进入这个行业。

郝秀运2001年到重庆大学城市学院读大专，学的是商务文秘专业。他清楚地记得，师哥师姐第一次请他吃火锅，他就被吓了一跳："这么多辣椒！"他硬着头皮吃了，没想到在之后的岁月里，他对重庆火锅渐渐上了瘾："有时候一个星期不吃火锅，就会想。"

就这样，在重庆这方水土的滋养下，郝秀运渐渐爱上了这座城市。大学毕业后，他面临人生中的第一个选择，是回到家乡还是留在重庆？"我是家中唯一的儿子，按照北方人的习俗，儿子要留在父母身边尽孝。"但是在重庆生活的这3年，让他对重庆有了感情，舍不得离开。于是，他不顾家人反对，决定留在重庆发展。

结婚不到 10 天选择去非洲

毕业后，郝秀运进了中冶建工集团，起初的岗位是办公室文职。公司要求所有新进员工先到项目上实习，接触项目后，郝秀运喜欢上了工地一线的工作。从最开始的绘图，到技术员、安全质量员、施工员、施工负责人，他在工作上稳步前进。2010年5月，年仅28岁的郝秀运就担任重庆市康庄美地公租房二期工程项目部的技术负责人。

事业蒸蒸日上，生活也幸福美满。经人介绍，郝秀运认识了现在的妻子，两人于2011年1月领证结婚。就在夫妻俩憧憬着未来的好日子时，郝秀运接到公司调令，要派他到阿尔及利亚去工作，而此时离他领证还不足10天。

毕竟新婚燕尔，妻子提出想和他一起去阿尔及利亚，既可以照顾他的生活起居，又可以一解相思之苦。中冶建工集团根据郝秀运的实际情况，展现出了公司管理人性化的一面，将郝秀运的妻子聘为公司在阿尔及利亚的外聘人员，负责管理公司员工的证件等。

2011年5月4日，郝秀运登上从重庆飞往阿尔及利亚的飞机，开始了一段新征程。

郝秀运担任的是中冶建工集团一公司阿尔及利亚办事处生产负责人兼项目经理。虽然来之前已经作好了吃苦的准备，但真正到来后，才发现很多困难超出想象。首先是施工用水困难。由于当地基础设施不完善，交通条件比较差，有的项目位于山地，缺水严重，接一根水管子就可以和水泥的最基本的施工条件，在这里成了奢望。施工用水以及工人的生活用水，很多时候都要靠车辆来运。

其次是语言不通，当地以法语和阿拉伯语为主，虽然郝秀运来之前在国内进行了一些简单的语言培训，但来之后才发现远远不够。为了解决沟通上的障碍，郝秀运一方面抓紧学习当地语言，一方面多和当地建筑领域的人打交道。郝秀运说，由于建筑行业有着自己的一套沟通方式，有时候你在一个区域的建筑圈里混得久了，仅凭一个手势，别人就能明白你的意思。来这里不到一年，郝秀运就把当地建筑行业的术语了解得一清二楚，和业内人士打交道基本没问题了。

开始答应妻子一起来阿尔及利亚，是为了不想刚结婚就过两地分居的生活。但来之后，由于郝秀运大多数时间都在工地上，妻子在办事处机关总部工作，两人聚少离多，有时一周才能见一次面，成了"周末夫妻"。

2013 年，妻子怀孕后就回到重庆安心养胎。此后，由夫妻俩并肩作战变成了郝秀运一个人在阿尔及利亚打拼。儿子出生后，郝秀运最大的乐趣就是忙完一天的工作，通过手机视频和妻子聊天，听儿子叫一声"爸爸"。

郝秀运每半年有 20 天的回国探亲假，这 20 天被他安排得满满的。每次回来，他要去 4 个固定的地方：去天津看父母、去成都看岳父岳母、去开县探望妻子家的亲戚、回大渡口自己的家。

要把重庆精神根植到异国土地

转眼间，来阿尔及利亚已经 5 年多了。郝秀运已经从当年那个初出茅庐的基层员工，成长为中冶建工集团有限公司海外工程分公司副总经济师，阿尔及利亚布利达 660 套住房项目经理。在这背后，他付出了很多努力。

郝秀运说，工作上的困难和生活上的差异都能克服，但自己最感到愧疚的是对家人的亏欠。儿子已经快 3 岁了，但是，在他成长的最关键阶段，自己却没能陪在他身边。2014 年，母亲得了脑栓塞，当时医院下了病危通知书。父亲也意外得了脑卒中。怕远在万里之外的郝秀运担心，家人都瞒着他。年终休假回去看到父亲变得嘴歪脸斜，母亲躺在病床上神情恍惚，郝秀运内心的感受难以言状。他讲述这些的时候，眼眶充满了泪水。

家在重庆，妻子在重庆，儿子生长在重庆。在郝秀运心中，重庆就是自己的家乡。

郝秀运说，他原本是个性格随和的人，重庆的生活经历赋予了他做事雷厉风行，遇到困难时勇于面对、积极解决的秉性。今后，如果自己还在海外工作，会把重庆人努力拼搏、吃苦耐劳的精神植入这片土地，让它生根、开花、结果，把重庆人的风采展现给更多人。如果回到重庆工作，他会把在阿尔及利亚工作的这段经历传授给重庆的建设者们，共同为建设家乡作出应有的贡献。

经历过一次次失败之后终于明白，脚踏实地才是成功之道。

戴小锋

重庆彭水人。14岁便外出闯荡，当过厨师、跑过货运，曾从事高危工程爆破施工。后创办广西新科悦能源有限公司，进入节能减排工程施工领域，如今事业有成。

戴小锋：在广西打造节能产业

□ 胡勇

智能（中央）空调以其能耗低、制冷效果好的明显优势，近年来在全国空调市场中异军突起。在广西南宁及其周边城市，广西新科悦能源有限公司（简称"新科悦公司"）堪称这一全新空调系统推广、安装领域的先行者。而该公司的创始人兼总经理，正是"80后"的戴小锋。

14 岁开始闯荡江湖

戴小锋，身上有着明显的"80后"标签，比如敢闯敢干。用戴小锋自己的话形容，就是"天不怕地不怕，就是胆子大，从小就想往外跑。"敢想还敢干，14 岁那年他和几个小伙伴一起前往广州进行所谓的"闯荡"。而这样的"闯荡"，最终变成在广州"游荡"了 4 个月。饿肚子、睡大街，漫无目的地消磨了 4 个月之后，实在撑不下去了，只得回老家，第一次"闯江湖"以失败告终。

戴小锋说："那时，尽管自己年纪小，闯荡失败了，心生悔意，但也好面子，大不了再另谋出路！"

接着，戴小锋在老乡的帮助下，来到重庆杨家坪，在一家酒店找到了一份帮厨的工作。在酒店厨房工作期间，也许是因为水土不服的原因，戴小锋浑身长满小红疙瘩，又痒又痛，折磨得他整晚难以入睡。那时家人不在身边，也无人照料，更不敢轻易请假，只得趁着休息时间抓几副中药，自行治疗，所幸数月后，病情逐渐好转，并无大碍。尽管有难处，也很想家，但戴小锋明白，开弓没有回头箭，要为自己的决定负责，只能静下心来努力学习技术。时间给了他答案，3年后他当上了酒店的白案大厨，拿到手的月工资已有800元了，不仅没有给家里添负担，还能给家里寄钱了，这时的戴小锋也仅有18岁而已。

他静下心来努力工作，尝到了甜头，感觉人生有了方向和追求。"那时候，最大的梦想就是当一辈子的厨师，因为有一份稳定的收入。"戴小锋说。

学到了技术，渐渐有了名气，更好的机会也随之而来。当时，家乡彭水最大的一家酒楼邀请戴小锋回家乡工作，当大厨，戴小锋欣然接受了。

毕竟年少，难以安分，加上家乡的飞速发展，各行各业都迎来了机遇。这一幕幕，戴小锋看在了眼里，内心也开始"躁动"起来。厨师的舞台，跳不下去了，自己单干吧！

放下大勺跑运输包工程

3000元存款，加上家人赞助的1万元，戴小锋购买了一辆小货车，正式放下大勺，开小货车。恰逢当时彭水正在修建渝怀铁路，这是一个大工程，戴小锋开着小货车在工地上风里来雨里去，靠勤劳、拼体力，挣了钱，车越换越大：从工地上的短途转运到大货车长途运输。可在搞运输的第三个年头，戴小锋遇到挫折了。"最后一辆大货车花费了30多万元，想用来跑长途，结果没经验，亏本了，还欠下了10多万元债。只好帮人开车，打工还债。"

20多岁的年轻人，气盛，不服输！后来，戴小锋和朋友一起承包过高速公路修筑工程，还开过爆破公司，挣钱、赔钱、还钱，又欠钱，生意倒是过得去，但账上的资金就是留不住。戴小锋也开始认真总结："断断续续的工程都没能挣钱，原因还是自己太浮躁了，不如换个环境，给自己一个新的开始！"

2011年，在朋友的介绍下，戴小锋带着家乡的60个工友来到了广西，正式开启了异乡的创业生涯。承接的第一个工程是公安系统的天网工程，戴小锋带领着工人们日以继夜地干。有认真的态度，不一定能收到好的成果，加上身为外地人，戴小锋也处处碰壁。在广西的创业路并不顺利，不但没挣着钱，反而亏损了 30 多万元，还欠下了员工的工资。那段时间，银行的催款短信接二连三地发来，员工上门要钱回家过年，戴小锋承受着巨大的压力。但是倔强的戴小锋绝不忍心拍屁股走人，年关将近，戴小锋东拼西凑还清了拖欠的工资后，兜里已经拿不出回家的路费了。

"那一年没钱回老家了，一只 50 元的鸡，就是我的年货，现在想想也很心酸。"戴小锋回忆。

重新定位事业方向

一个人不可能总是倒霉下去，转机，再坚持一下就出现了。戴小锋的为人、施工技术逐渐受到朋友、市场的肯定。一位特别信得过他的朋友介绍了一个管道施工的工程给戴小锋；和他一直合作的一位建筑材料老板，也愿意把建筑材料赊给他，贵人相助，他的创业路出现了转机，这一次的工程让戴小锋赚了 10 多万元。

2013 年，戴小锋结识了深圳一位从事节能减排的老板，而国家也在大力提倡节能减排。于是，他成立了广西新科悦能源有限公司，转行做起了能源。公司的业务包括合同能源管理、LED 节能改造、公共路灯改造、空调节能改造、企业电能耗改造等节能减排项目。其中，值得一提的是智能空调项目。

"智能空调是在传统的中央空调系统基础上，实现主机、室内机、冷冻大循环系统以及冷却水循环系统全系列优化，把精细末端节能技术、蒸发式冷凝技术、冷冻水循环系统节能技术、蓄冷技术综合运用在中央空调系统中，比传统中央空调节能 30% ~ 60%。"戴小锋说。

与此同时，戴小锋创新推出购买冷气的理念，只需要预存一定费用购买使用空调的小时数，就能享受冷气，空调设备本身则相当于无偿使用。这种新模式对于商业用户来说，很大程度上节约了现金支出，而现金流对于一个企业来说，重要程度不言而喻。从 2015 年开展这个项目以来，戴小锋的公司每个月有 20 多套大型中央空调机组的装机量，年产值已达到100 多万元。戴小锋常说，他是卖冷气的，不是卖空调的。

事业忙碌，对家人则难免有些愧疚。"有一次回老家，孩子问我'为什么人家的小孩都有爸爸送去上学,你怎么不来送我呢?'听到这些话,我心里很酸。"现在的戴小锋就是想努力干好自己的公司,早一点把孩子、家人接到广西和自己一起生活。

对公司未来的发展,戴小锋也有自己的规划:在广西站稳脚跟后,将逐步把事业的重心往重庆转移,借着国家节能减排的东风,顺势把一个个节能减排的项目,尤其是智能空调项目推广到重庆,让家乡人也能享受节能、低碳的生活。

要脚踏实地去奋斗才能突破自己、实现梦想。

卢建军

重庆开州人。在青海西宁，他开过餐馆，承包过工程。现在他创立的公司青海鑫瑞投资集团，已成长为市值超过 10 亿元的大集团。

卢建军：从卖重庆小面到集团公司董事长

□ 曲鸿瑞

略微发黑的皮肤，针织背心搭配深色衬衫，一身朴素的打扮，很难想象眼前的这位中年人会是一家大型投资集团的董事长。今年 42 岁的卢建军自幼家境清贫，他不得不外出闯荡，通过多年的努力，成立了青海鑫瑞投资集团，市值超过 10 亿元。事业成功的同时，他一心牵挂着家乡，为乡邻修路、建学校、建老年活动中心，想为家乡人多办些实事。

他从卖重庆小面做起

"若不是因为家里穷，谁愿意背井离乡！"回忆第一次离开故乡，卢建军总会有些心酸。

1989 年，当大多数同龄人还在教室里读书时，16 岁的卢建军已背井离乡准备到青海打工了。"没办法，我家里兄弟姐妹多，不出来的话，吃饭都成问题。"

卢建军现在都还记得那时自己的路费是向邻居借的。不过，打工的经历让他意识到读书的幸福。"当时觉得有文化就不用做那么辛苦的工作了。"1993 年，卢建军回到重庆三峡职业学院继续上学。

1997 年卢建军从学校毕业，被分配到一家建筑公司上班，可是因为效益不好，卢建军再次动了出来闯荡的心思。和第一次离家不同，这一次卢建军给自己定了个"小目标"：一定要赚到 1 万元。

"愿望永远都是美好的。"虽然卢建军觉得自己准备得很充分，可是现实还是给他一记硬生生的"耳光"：眼看自己带来的 500 元生活费快用完了，可是工作还一直没有着落。

一次因为饿得太难受了，卢建军想："要是自己开了饭店，就不用再为吃饭发愁了。"豁出去的卢建军向大哥借了 2.7 万元，创业开饭店。现在卢建军从最初的重庆小面店，做到了如今具有 6 家公司和 1 座工厂的集团董事长。

创立市值 10 亿元的集团

对自己人生的第一桶金，卢建军总是喜欢开玩笑说是捡来的。1998 年卢建军经人推荐，拿到了一个修建仓库的工程。"那个工程我赚了 30 万元。"对于自己为何从餐饮业跳到建筑业，卢建军觉得和自己的做事风格分不开。

"当时我去西宁下面的一个县帮忙盖房子，抬楼板到房顶上。"卢建军舍得力气，无论多苦的活都不拒绝，而这一切却被别人看在眼里。"所以我说是别人让我捡的。"有了第一次当老板的感觉，卢建军对建筑业有了更大的兴趣。2004 年，他索性放弃了自己的饭馆，成立了自己的公司。

"当年确实没想到日后能有今天的规模。"卢建军始终坚信，自己的成功是坚持不懈的结果。现在卢建军经常给下属讲自己过去的故事，告诉所有人要脚踏实地去奋斗才能突破自己，才能实现梦想。

现在，卢建军的鑫瑞投资集团已不再是单纯的建筑公司，其业务涵盖房地产、建筑、商贸和锂电池产业，市值突破了 10 亿元。卢建军说，自己当初赚 1 万元的梦想实现后，他开始往更高的目标出发。

董事长也有着文艺风格

在卢建军的办公室里，最吸引人眼球的，除了书架上琳琅满目的书，就是满墙自己写的毛笔字。

"我讨厌被人看扁的感觉。"卢建军说，自己所在的圈子，经常会给人一种土包子和暴发户的感觉。而卢建军慢慢也觉得，一些从事建筑业的同行，文化程度确实相对较低，所以举手投足间让人感到文化上有差距。

"我经常看书，除了提升自己的文化品位，还希望从书中看清我自己。"卢建军喜欢看传记和明清小说，他觉得那些书中记述的不仅是别人的故事，还是今后"自省吾身"的镜子，认清自己到底该干什么。

除了看书，卢建军还喜欢书法。"我每天都要练一个小时的字，因为写字可以让心静下来，思考生意上的事。"练字多年的卢建军写出的字刚劲有力，就像他的为人一样。

无法释怀的思乡之情

出门打拼了 26 年的卢建军，总惦记着为家乡做点什么。2014 年 6 月，他在万州大胆地投资了一个养老院。今年他又掏出 100 多万元为老家开州岳溪镇修建了马路，盖起了学校和老年活动中心。

"我们不能总是为自己活着，还要为别人想想。"卢建军称自己做这些事情都是出于建设家乡的目的，"就想为家乡作贡献、做实事。出来这么久了，我也该考虑为家乡做点事情了。"

"有几次早上醒来，我就靠在床边想家。"对于重庆日新月异的变化，卢建军觉得家乡越来越好，回家的愿望也越来越浓。"也许，再过几年，我们再遇见就是在重庆的街头了。"

手中有牌，脚下有路，心中有梦！

林亚夫

在重庆南川度过了小学和中学时代。原重庆棋院队员，原国家桥牌男队队员、原国家桥牌女队教练、深圳平安桥牌俱乐部"掌门人"。

林亚夫：从重庆走出去的"桥牌鬼手"

□ 杨新宇

在深圳提起桥牌，很多人都会想到林亚夫。而说起林亚夫，不单单是那些骄人的战绩、金光闪闪的奖牌。走进林亚夫的桥牌世界，你会发现他对桥牌的执着。

痴迷桥牌的"自费大师"

"桥牌是一个小众的项目，一旦爱上了，就难以割舍。"林亚夫说，自己就是这样的人。

祖籍山东的林亚夫，不到 6 岁便随父母来到重庆，在南川度过了小学和中学时代。1978 年，林亚夫离开重庆，进入中山大学学习。在那个时代，桥牌运动受到广泛追捧，在大学里也是时尚又热门的项目。林亚夫就是在那个时候迷上桥牌的。此后，在林亚夫的人生轨迹中，桥牌占了一大部分。

大学毕业后，林亚夫回到重庆工作。那些年，林亚夫为了提高牌技，除了通过不同渠道学习国际上的先进牌例，还争取参加各种桥牌比赛。哪里有赛场，哪里就能看到林亚夫的身影。由于只是业余选手，比赛费用只能自掏腰包。

"当年的收入水平很低，一个月的工资就几十元，到外地参加一场比赛短短几天，交通、食宿的费用，一个月的工资都不一定够。"林亚夫说，也正因为这样，牌友们都戏称他为"自费大师"。

林亚夫说，那时，大多数桥牌运动员是业余牌手，投入的时间和专业牌手没法比。

逐梦他乡重庆人

Chongqing Flyers

从选手到教练

"我的职业桥牌之路，是在重庆迈出的第一步。"林亚夫至今仍惦记着他的老师杨一。

正是看到了林亚夫对桥牌的痴迷与执着，1987年，时任重庆棋院院长的杨一力排众议，将林亚夫招至麾下，让他成为了重庆桥牌男队的队员。林亚夫也由此开启了职业牌手之路。

进入重庆市桥牌代表队的林亚夫，由于战绩颇佳，不到一年就入选四川省桥牌代表队，参加全国比赛。因为他常常在关键时刻"牌"走偏锋，亮出别人费解的招式，打出别人想不到的怪牌。也让他"桥牌鬼手"的名号逐渐响亮起来。

敢打敢拼，不按常理——来自于林亚夫骨子里重庆人的"火辣"性格。

1990年，林亚夫打出了人生中的一张"怪"牌：孤身闯深圳，创办平安桥牌俱乐部（A类），将自己的爱好发展成一生的事业。

什么是A类俱乐部联赛？林亚夫简单介绍说，相当于足球的中超联赛，是国内顶级的桥牌联赛。参赛的都是职业俱乐部，有场地，有教练，6名队员其中的4名必须是职业选手。

正是在平安桥牌俱乐部，林亚夫创造了人生的辉煌。1994年和1996年，分别与队友梁依依、施少敏合作夺得全国混合双人冠军；1998年代表深圳平安桥牌俱乐部摘得全国混合团体赛冠军。

2002年，林亚夫入选国家男队，代表中国参加了在加拿大蒙特利尔举办的世界锦标赛。2007年，林亚夫入选国家女子桥牌队教练组，2007—2009年的世锦赛代队分别获得季军、亚军和冠军。2010年，林亚夫获得国家体育总局颁发的优秀教练员奖章。

"对于桥牌我付出了很多，桥牌也给我带来了很多的荣誉，不仅是桥牌本身带来的荣誉，也给我的工作带来了很大的帮助，这是对我执着追求的一个回报，对我的一个认可。"林亚夫说。

想举办一次全国桥牌大赛

从事桥牌运动 30 多年，林亚夫代表过重庆队、四川队、山西队、深圳平安队出赛。不过，他始终将自己看作一名"重庆牌手"。"我是从重庆走出来的桥牌人，走到哪里我都会说，重庆是我的第一故乡。"

"他是一个为桥牌坚守，为桥牌付出的人，从 20 世纪 80 年代到现在都是一如既往。"在深圳市桥牌协会副会长吴中美的眼中，林亚夫"心中有梦，脚下有路，手中有牌"，人生、牌技才能够如此出彩。

林亚夫曾经的搭档曹韧，如今早已在其他领域功成名就。评价当年一起自费参加桥牌比赛的好哥们，曹韧认为，林亚夫最闪光的品质就是执着。

如今，身在深圳，林亚夫还与重庆桥牌运动保持着密切联系，每周二、周四的晚上，他都会通过网络训练重庆女子桥牌队的队员，为她们点评。

"几十年了，我始终都心念家乡，我更愿意用我的桥牌知识和能力去帮助重庆的桥牌爱好者，让他们的水平得到提高和升华。"林亚夫说，"重庆是养育我、塑造我的地方，总是让我难以割舍、难以忘怀。"

如今，林亚夫把更多的时间用在了普及推广桥牌运动上，他的身影常常出现在深圳的学校课堂上，他希望通过自己的努力，让更多的人了解桥牌、爱上桥牌这项绅士运动。

林亚夫说，自己还有一个心愿，就是牵头举办一次有影响力的全国桥牌赛事，赛址就定在重庆。

重庆是我的精神纽带，我想念它，以后还是要回家乡发展。

张师与

重庆黔江人。15 岁代表中国参加世界脑力锦标赛，获得"世界记忆大师"称号。
2013 年创办重庆优秀高中生暑期活动"破壳峰会"，迄今已经成功举办了 4 届。
目前就读于美国纽约大学。

张师与：15 岁成"世界记忆大师"

□ 肖子琦

张师与创办破壳峰会，吸引全国各地 300 多名中学生报名，帮助他们树立人生观，感悟青春。如今，21 岁的张师与在熙熙攘攘的曼哈顿追逐梦想，求学的同时开发短租 APP，瞄准国内市场。张师与认为，是家乡的山水赋予了他果断、勇敢的性格。他眷恋着这片土地，毕业后回渝发展，是他的心之所向。

年轻的"世界记忆大师"

21 岁的张师与经历了很多同龄人所没有的精彩，出生在重庆黔江的他很早成名。从人民小学毕业后，他以优异的成绩考入重庆八中，和当年全市最高分仅差 7 分。初中时期，他表现出惊人的数学天赋。

2009 年 11 月，张师与和 10 多名学生代表中国，参加了在伦敦举行的第 18 届世界脑力锦标赛。比赛吸引了 16 个国家和地区的 66 名选手参加，在二进制数字、快速扑克、历史事件等比赛项目上进行角逐。

根据比赛规则，选手还要完成"马拉松数字"（1 个小时内记住 1000 个无规律数字的顺序）、"马拉松扑克"（1 个小时内记住 10 副扑克牌的顺序）、"快速扑克"（两分钟内记住一副扑克牌的顺序）三项比赛，才能获得"世界记忆大师"的称号。

同行的 10 多名中国学生中，有 5 人过关斩将，成为"世界记忆大师"。其中，张师与年纪最小，仅有 15 岁，一举成为当时世界上最年轻的"记忆大师"。

"我那次参赛，就是冲着'世界记忆大师'称号而去。"回忆起 6 年前的比赛，张师与的言语中透着自信。

张师与的自信具有坚实的基础。2008 年暑假，正在读初二的张师与参加完"重庆新思维全脑教育"活动后，便对快速记忆产生了浓厚的兴趣。初三毕业后，他放弃了暑假休息的时间，独自 6 次往返于重庆与广州之间，并参加集训。他说："不是没有想过放弃，但是我决定做了，就一定坚持下去。"

虽然顺利成为"世界记忆大师"，但对于那场让他扬名的比赛，张师与并不是很满意："比赛的时候，因为时差等问题，状态不是很好。"张师与说，"马拉松数字"算是自己的弱项，比赛时，几十名选手一起同台记忆，自己多少有点紧张，比赛结束，成绩只比标准分多了 100 分，"比平时练习时差多了"。

对于自己的成功，张师与平静地将秘诀归结于掌握了记忆方法。虽然获得"世界记忆大师"称号，但他认为人生的路还很长："毕竟比赛与现实学习不同，我还需要不断努力，学习归纳、总结，才能取得更大的进步。"

他让重庆中学生与国际接轨

2013 年，在那个炎热的夏季，一场特别的中学生"破壳峰会"在大渡口三十七中举行。

这场为期 6 天的学生活动是重庆首个由学生主办，无老师、家长参与的中学生领袖峰会，形式与目的借鉴了哈佛中美学生领袖峰会。

峰会并不是每个人都能参加，想参会得提交一篇文章，类似于申请外国大学时的个人陈述，需要用简短的语言讲清自己的优点和特长。当时的参加者都是重庆的优秀高中生，一共 105 人，来自重庆一中、八中、南开、巴蜀等多所中学。除此之外，还有多位来自中国香港、美国名校的大学生、导师登台。

张师与是这个峰会的主要策划者和推动者。"那次峰会非常成功，影响力不错。"张师与说，破壳峰会全部是封闭式举行，有很多小型的课程，包括创业课、计算机、密码、希腊语等课程。导师们来自世界名校，和参与的学生基本上都用外语交流。

"这个峰会的目的之一，就是想给中学生传递一个价值观——你的第一个身份不是学生，而是正值青春期的少年。"张师与说，你得真正关注自己想要什么，思考自己有没有人生规划，在关注学业的同时，关注自己的内心。

他说，破壳峰会拥有一系列趣味横生的活动，为了登上冠军的宝座，你将变身"校园情人"或"社交狂魔"。为了顺利完成小组任务，你也许会化身福尔摩斯破译密码，或出任"总经理"，当上"董事长"。这是一个充满欢乐的大聚会，但绝不仅仅是一个假期活动。

目前，破壳峰会已经连续举办了3年。2016年的破壳峰会吸引全国各地的300多名中学生报名，最后只选择了100人左右。

张师与说，接下来，峰会还将每年如期举行，而且只在重庆举办。

毕业后计划回重庆发展

张师与在高中二年级时参加了全国青少年信息学奥林匹克竞赛，并获得银奖，被复旦大学保送录取。2015年9月，他被纽约大学数学专业录取，开始了异国求学的生涯。

到海外求学，张师与切身感受到了东西方教育方面的差异。"在美国，老师总是鼓励学生要有自己独特的见解。你向老师说'不'，只要理由充分，老师就会很高兴。这有利于培养学生的创造力。"从小喜欢"不走寻常路"的张师与如鱼得水，才入学一年多就提前修学分，可提前一个学期毕业。

在纽约大学，张师与除了努力学习，还与两位伙伴一起开发了可在当地社交与租房的手机APP。

"在美国，短租房刚开始流行，很多人出行会放弃酒店，选择租房，甚至住到别人家里。"张师与说，初到美国，他和很多同学一样遭遇了租房难的困惑。如果找中介，每年要收15%的费用。如果自己找，因为是短租，基本上找不到房子。

"我们开发的这款手机APP软件，就是让有计划短期出租房子的人，和愿意短期租住的人进行信息交流与对接。"张师与说，比如寒暑假，他要离开纽约回国，房间就可以进行"短期租出"。愿意短期出租的人和愿意短期租住的人都很多，市场潜力非常大。

张师与说，目前，APP 原型开发完成，已进入调试和测试阶段。他们还计划把 APP 推到国内，另外两位创始人已经回国进行前期工作。

"我毕业后，肯定还会选择回国。"谈到未来，张师与很有计划。他准备毕业后在美国先找一份工作，积累一定工作经验后，再回重庆发展："我喜欢重庆的山水和麻辣，重庆是我的精神纽带，我的经历、性格都深深地刻上了重庆的印记，如果有机会，我一定会回重庆发展。"

我的根在重庆，我渴望为家乡做点事情。

刁旭

重庆沙坪坝人。先后在 NEC、日立公司工作，2010 年底回国进入国家电力投资
集团。2014 年受派在日本成立中国上海电力日本株式会社，任社长。

刁旭: 率领中国电力企业成功抢滩日本新能源市场

□ 周盈

15 岁时的刁旭用三个月学完了高中的课程，参加高考，考上中国科技大学，被封为"重庆神童"。2014 年，中国上海电力日本株式会社在东京正式成立，刁旭任社长。从此拉开了中国国营电力企业投资日本光伏市场的序幕。刁旭曾几度东渡日本，他说，希望能把世界上最先进的技术和最好的管理经验带回国，为国内相关领域的进步作贡献。

15 岁考上中国科技大学

1962 年，刁旭出生在重庆沙坪坝区，从小在重庆大学的校园里长大。刁旭小时候和不少小男孩一样，特别顽皮、贪玩，但是学习成绩却一直名列前茅，对电子、科技方面的东西特别感兴趣。"当时看到那些电子类的、自动化的东西，就觉得特别神奇，想去研究一下其中的奥秘。"

恢复高考那年，还在重庆一中读高一的刁旭接到恢复高考的通知，不到 15 岁的他报了名。在短短的三个月时间里，刁旭学完了高二、高三的全部课程，并一举考上了中国科技大学系统工程专业，被媒体誉为"重庆神童"。

大学毕业后，刁旭先后在四川大学、重庆工业管理学院（现重庆理工大学）任教，由于工作出色，25 岁就当上了主任。"当时是担任了信息档案管理专业的主任，这在当年可以算是全国最年轻的专业主任了。"刁旭说。

刁旭当时在大学干得顺风顺水，但 1988 年，刁旭却决定前往日本读研究生。"当时正好有一个朋友也去了日本,后来他回国时问我想不想去日本留学,而当时全世界电子科技最发达的国家是美国和日本。"还没有出过国的刁旭心想,正好可以去看看外面的世界,学习国外的先进技术。

由于中国科技大学和日本东京大学是兄弟大学,1988 年 3 月,刁旭以访问学者的身份,来到了东京大学进修,之后考上了东京商船大学(现东京海洋大学)的研究生。

只为把先进技术带回国

毕业后,刁旭进入了当时日本通信和计算机领域第一大公司——NEC公司。"当时看了一篇报道说,NEC 在中国有 100 多万台程控门电话,因此,我决定去 NEC 面试。"刁旭说,"我一直想学习日本先进的技术、好的管理经验和方法,将它带回国作贡献。"

在 NEC 工作两年后,刁旭决定从 NEC 辞职。1993 年,他回到重庆创业,创办了合资公司。经营通信、计算机设备。但由于种种原因,没多久公司就关闭了。

重庆人骨子里爱拼、爱闯的精神,促使刁旭 1998 年又再次回到日本,进入了日立公司。"北京奥运会,倡导绿色工程,绿色奥运。我把太阳能技术带回了中国,北京机场、高速公路、隧道等地方的供电,都是利用太阳能。"刁旭说,"在日本的时候,总觉得不把技术带回去,就无脸见江东父老。"

2010 年底,刁旭又一次回国,进入了国家电力投资集团,那两年,他都超额完成任务。后来刁旭到了上海电力股份有限公司,一年内就让上海能源成为华东地区的"巨头",还建成了 283 兆电能和风能发电厂。

凭着自己对日本相关产业的了解,同时也为了响应国家"走出去"的号召,刁旭向集团建议去日本投资。2014 年 1 月 10 日,中国上海电力日本株式会社在东京正式成立,从此拉开了中国国营电力企业投资日本光伏市场的序幕。

开启了中日经济的合作发展

刚到日本，出于业务发展的需要，公司第一件重要的事就是买土地，可是没想到招来了当地媒体大篇幅的批判性报道。一些日本媒体认为，上海电力股份有限公司在日本的投资是一种"经济入侵"。

因为一家中国企业在日本如此巨大的投资规模，是日本经济史上前所未有的。所以刁旭专门解释："我们投资日本，寻求合作，与日本的合作方一起，力求融入当地社会，共同承担地方发展的责任，争取双赢的经济效果。"

于是，每一个项目成功时，刁旭都会邀请当地记者来参观，与当地媒体的关系也日益和谐、融洽。一名曾经发表了不少批评报道的日本记者告诉刁旭，他们看到了中国企业与日本企业互惠互利的发展局面，看到了中国企业为日本经济带来的积极作用。

因为父母在重庆，刁旭每一两个月就会回重庆一次，一方面是看望父母，另一方面，刁旭也希望能够为重庆引进一些合适的项目，"我现在看到什么项目，第一反应就是想，能否给重庆带回去。"

2015 年 10 月川渝商会正式成立，刁旭担任执行会长。商会积极响应国家"走出去"号召，联合在外企业，共同为家乡作贡献。商会成立不到一年，就吸收了七八十家企业。2016 年 4 月，商会和日本国际贸助会组织了一个高规格的日本访问团，由刁旭带队造访重庆，其中就有日立、三菱、三井、住友银行、日新等，涵盖地产、银行、证券等行业的 20 多家企业。刁旭说："为自己的家乡作贡献，我义无反顾。"

任何事情都有失败的可能，只有坚持下去，才有收获的希望。

温维佳

重庆开州人。软凝聚态物理专家，现为重庆大学物理学院名誉院长、香港科技大学教授，主要研究领域涉及凝聚态物理，纳米电（磁）流变液等，2014年获得国家自然科学奖。

温维佳：潜心 20 余年终获国家自然科学奖

□ 黄宇

22 岁那年，温维佳参加高考，从此走出大山和物理结缘。20 余年来，凭借着对科学的热爱和追求，他每天坚持工作十几个小时。2014 年获得国家自然科学奖二等奖。面对掌声，他从容淡定："喜欢研究这项事业，所花的时间和精力都很值得。"温维佳有一个梦想——在重庆建一个材料谷，助推家乡科技发展。

年少时就会组装自行车和收音机

1956 年，温维佳出生于重庆开县（现开州区），家里共有三兄妹。为了解决孩子们的温饱问题，父母总是很早就出去上班，很晚才会回来。作为家里的长子，温维佳从懂事开始，就主动承担起照顾弟弟妹妹的责任。

"一到夏天，父母出去上班后，我就和稍大一些的小伙伴带着弟弟妹妹到河边玩，这在当时算是仅有的几个娱乐项目之一了。"温维佳说，在那个年代，不少人会背着捕鱼器到河里捕鱼，以此改善生活条件。

看着人们拿着捕鱼器"吱吱"几下就从河里捞出鱼来，温维佳兴奋极了。也是从那个时候开始，他对物理产生了浓厚的兴趣。

当时，拥有一辆自行车是了不起的事情，没有钱买，温维佳就到垃圾堆里捡别人丢弃的废弃零件，自己动手组装。几个星期后，他用捡来的链条、水龙头、铃铛、轮胎等物件组装成了一辆完整的自行车，让整个大院的小伙伴们羡慕了好久。

除了自行车，温维佳还组装过收音机、变压器等。"原理都是从书上看来的，有不懂的地方，我就会去学校问老师。"除了帮着父母照顾弟弟妹妹，温维佳一心投入学习中，从小学到高中都是学习委员。

国家恢复高考后，温维佳以优异的成绩考上了重庆大学基础科学系，成为当地第一批大学生。大学期间，他保持着优异的学习成绩。他还担任了学生会宣传部部长，经常参加学校的各项活动，期间结识了现在的妻子。

大学毕业后，温维佳选择在重庆大学留校任教并攻读研究生，于1988年获得硕士学位，随后进入中国科学院攻读物理学博士。

在此期间，温维佳开启了自己的事业。在那里，他与巨电流变液结下了不解之缘。所谓巨电流变液，是一种智能材料，在电的作用下，可在1毫秒内使其状态由液体变成如硬塑料般的固体。从此，他把大量的时间和精力都花在研究巨电流变液上。

1995年，博士毕业后的温维佳前往香港科技大学攻读博士后，并于1997年5月远赴美国加州大学洛杉矶分校，继续博士后研究。1999年毕业后，他放弃了留在当地工作的机会，选择回到香港科技大学任教。

登上国家科技最高领奖台

2014年1月9日，2014年度国家科学技术奖励大会在人民大会堂召开，软凝聚态物理专家温维佳及研究团队站上了中国科学家最高的奖台，他们的《巨电流变液结果和物理性质的研究》获得国家自然科学奖二等奖。

"我们花了20多年时间，终于把它从基础理论变成了实际产品，这是最让人感到欣慰的。"说起巨电流变液的用途，温维佳如数家珍。为验证巨电流变液的实际应用效果，2010年，他和研究团队建成了一条小型生产线。

在温维佳的实验室里，不通电时，巨电流变液看起来是一种乳白色液体。"啪"的一声通电后，液体瞬间会转化为固体，让人啧啧称奇。

"这是一种智能材料，用处很大。"他表示，通电之后，巨电流变液就能由软变硬。例如，水变成冰，要冻起来，时间长而且不可控；巨电流变液只用1毫秒就可以把液体变成固体，而且是可逆的，去掉电场，就可以由固体变回液体，是可控的智能材料。

温维佳说，这项智能材料可用于电动汽车、智能穿戴设备、飞机的智能阻力系统、高速列车的减震等。在他看来，这项拥有完全自主知识产权且已经取得国家专利的技术最大的优势在于成本低。

在研究巨电流变液的同时，温维佳的团队还研发出很多科技产品，包括能随着温度调节收缩的智能透明玻璃等。

前沿先进科技，自然少不了科技巨头的青睐。目前，已经有不少大型高科技企业与他们接触。"搞科研，当然想把应用推向市场。"温维佳说，他和团队的多项研究已经开始了产业化生产，很快就会推向市场。

"我们的很多研究成果在汽车等方面有着广泛的应用前景，希望能够和重庆的汽车制造业合作，为家乡做点事情。"温维佳说。

梦想在重庆建材料谷

尽管科研工作大多数时候都很枯燥，但温维佳认为，既然选择了这条路，就要全身心投入。"任何事情都有可能失败，从想法变成现实可能需要十几二十年时间，甚至上百年。只有日复一日地在研究岗位上坚持，不断从失败中寻求新思路、新突破，才有希望收获。所以，搞科研最重要的就是要有耐心和恒心。"

多少年来，温维佳从未在晚上 12 点前睡过觉，却保持每天早上 6 点起床的习惯。早上起来锻炼后，处理邮件，和学生讨论问题并备课，一天忙下来有时连吃饭的时间都没有。

同样改不掉的，还有嗜辣的习惯。温维佳和妻子在家里做得最多的菜还是家乡的回锅肉和麻婆豆腐。"每次回重庆必吃的一道菜就是麻婆豆腐，只要有麻婆豆腐，就可以吃好几碗饭。"除了爱吃家乡菜，温维佳还是做菜高手。"宫保鸡丁、水煮鱼、盐煎肉，红案白案都没问题，1 小时可以完成 6 人份的水饺。"他说。

潜心研究 20 余年，温维佳忘不了生他、养他的家乡。退休后，他想回到重庆，继续发挥余热。温维佳说，美国有高科技企业聚集的硅谷，自己最大的梦想就是在重庆建一个材料谷，以此助推重庆科技发展，为家乡创造更多的价值。

人在琼州心在渝。

唐嘉蔓

重庆綦江人。现居海南，大学毕业后独立创业，先后经营装修公司、物业公司、房地产公司。现任海南众诚浩达集团公司董事，海南宝城置业有限公司董事，海南省重庆商会副会长，亚洲太平洋股份有限公司董事。在美国加州投资地产项目，曾进修北京大学高级管理人员工商管理硕士总裁班。

唐嘉蔓：创业成功不忘回报社会的重庆女孩

□ 吴国富

在海南打拼的重庆人中，漂亮、能干、有爱心的"80后"唐嘉蔓是其中的"名人"之一——从小生活在幸福的小康之家，为了爱情甘愿放弃重庆的大好事业前往海南打拼。事业有成后，她不忘回报社会，让利超过3亿多元助民办教师低价购房。

精致的五官、高挑的身材、白皙的肌肤，唐嘉蔓的美，不仅来自外在，更发自内心。

人生、事业双丰收

在重庆綦江出生的唐嘉蔓，2004年大学毕业后在北滨路一家五星级酒店担任管理人员。两年后，唐嘉蔓开始了第一次创业，她在较场口日月光广场投资近200万元，开了一家咖啡店。

"这家咖啡店并没有赚钱，主要是我太大方了。好朋友、同学来一律免单。"唐嘉蔓说，开店的过程中，有位朋友给她介绍了现在的老公。她说，老公郑尚国是河北人，2006年怀揣3000元跑到海南淘金。当时因为开店忙，只是与他网聊，后来越聊感觉越好。于是2010年，认识不到半年后就关闭咖啡店，跑到海南去与郑尚国结婚了。

唐嘉蔓说，老公当时积累了一定资金，加上建设国际旅游岛的大好机遇，他们进入房地产业不久就开发了200多万平方米。在澄迈、兴隆、海口、万宁等多地均有项目，前两年的海南房子非常好卖。她说，这与老公是一个操盘高手密切相关。他们很快就赚了上亿元。

直言自己是一个幸福女人的唐嘉蔓说，自己是个脾气急躁的重庆女孩，而郑尚国却是一个温和、开朗、友善的男人，遇到不顺气的地方，老公总是谦让她。目前她已有一对双胞胎女儿。

尊师重教让利3亿多元

郑尚国是从河北农村走出来的大学生，家里多个兄妹都没能考上大学，这一直是他的心病。

在房地产行业经营成功后，他最大的愿望是帮助更多的人读书。而唐嘉蔓特别钟情于幼儿教育，她坦言，每天最开心的事就是看到孩子。唐嘉蔓说，刚结婚时，老公怕她寂寞，专门开了一家装饰公司让唐嘉蔓来打理，为自己公司的样板房搞装饰。而她坦言，自己最喜欢的是办幼儿园。

做房地产的小两口，开始把教育事业当成重点关注的对象。从3年前开始，每年为海口民办教育机构捐款20万元。与此同时，他们在3年前还作出了一个决定，专门为海口民办及部分公办教师提供成本价的商品房。

郑尚国说，今年他们公司已提供了椰海新城等900多套90～120平方米的成本价商品房给民办老师。目前同地段、同类的房价，每平方米7500元，而他们的房价每平方米只有4500元。他说，每年还有1000多套这种价格的商品房销售给老师们，总让利将达3亿多元。购买到90平方米成本价房的退休老师陈海平说，当时拿出如此价格的房子给老师时，很多老师还不相信有如此好事。她说，房地产商为教师提供这么大的优惠，在海南实属罕见。

转型升级开办连锁幼儿园

说到创业，唐嘉蔓说她是一步一个脚印走过来的。她坦言："迷茫，大家或多或少都会有。我个人觉得有些是对市场了解不足，有些是资金不足，但是创业光看到商机是远远不够的，一定要有创新，有激情，还要懂得坚持，特别是现在创业的小青年，容易受到别人的情绪影响，得不到身边人的支持、他人的肯定、市场的回应，很容易就放弃了。坚持自己的梦想很重要，不要遇到困难就放弃，要想办法解决困难。先说服自己，然后用行动说服别人，等你成功之后无疑是证明了自己。"

唐嘉蔓在海口开办的一家高端幼儿园——培尔幼儿园。这个地处海边及公园的幼儿园，拥有5000多平方米的活动空间和2000多平方米的楼宇，唐嘉蔓已为该幼儿园投入上千万元用于装饰、设备等。"现在房地产市场不好做，公司要逐步转型、升级到教育产业上来。"她说，这是海口市条件非常好的幼儿园，属于高端，但收费却是平价。

谈到办幼儿园的原因，唐嘉蔓认为，这源于自己对教育的钟爱。自己的童年时代过得没有那么快乐，从小被大人安排各种学习、读书等。办这个幼儿园主要是要借鉴德国幼教名家福禄贝尔的自然教育理念，强调以幼儿为中心的"人本教育"，也就是要充分尊重孩子。比如，大班4～5岁的孩子们争玩具，老师一般不介入，只在一边观看。而孩子们的智慧却不能忽视，有时他们在处理这些问题时并不比大人差。比如，他们之间也要讲道理、辩论等。如果孩子们的观点明显有错，这时老师才介入讲解道理。

"现在国家刚放开二胎，幼儿教育的商机、竞争很快就会呈现，看来我是提前做了工作。"唐嘉蔓说，他们准备5年内在海南开20家"培尔幼儿园"，还想到重庆老家开几家。

音乐是我的信仰，只有起点，没有终点。

钟亚华

重庆璧山人。一个能歌善舞的"90后"女孩。曾在韩国首尔举行的第三届亚洲国际音乐节总决赛民族唱法（职业组）比赛中获得金奖。现为亚华盛世国际文化传播（北京）有限公司总裁。

钟亚华：重庆美女总裁拿下国际音乐赛事金奖

□ 林楠

这个"90后"女孩不简单，9岁第一次正式登台就获得全国推新人大赛十佳小歌手称号，20岁就获得亚洲国际音乐节民族唱法金奖等奖项。从重庆璧山区广普镇的一个小山村走出来，身为世界华人音乐家协会理事、传媒公司总裁，钟亚华的身上有着超越同龄人的睿智和成熟，却依然保持着对音乐的热爱。如今的她已经拥有了广阔的天地，但对音乐的追求永不止步——这条路对于她来说是一条只有起点，没有终点的幸福之路。

父母、老师的支持一路陪伴

钟亚华清亮而富有质感的歌声从解放军艺术学院一间琴房里传出来，让人惊讶不已。想来，这就是"未见其人，先闻其声。"

这间不大的琴房是著名声乐教育家孟玲的教学室，钟亚华是她的学生。2016年1月，在韩国首尔举行的第三届亚洲国际音乐节总决赛上，钟亚华在民族唱法（职业组）比赛中获得金奖。正是在这次比赛的机缘巧合下，钟亚华与前来担任评委的孟玲相识，回国后以其执着的求学精神，打动这个原本只教研究生的教授，破格将她这个本科生收为学生。

回首音乐求学之路，钟亚华的老师不止一位，重庆市歌舞团声乐老师徐迈是带她走进音乐世界的人。

"徐迈老师教过那么多学生，我是第一个住在他家里的。"8岁的钟亚华成为徐迈的学生后，每周在父母的陪伴下，往返于主城区和璧山之间，从不间断。"老师被我们打动，体恤这样往返太费钱，于是留我住读，不仅不收吃住费用，甚至连学费也没收过一分一毫。"讲起这位恩师，钟亚华感恩之情溢于言表。

住读的四年里，钟亚华一个月才回家一次。"哪个小孩不想待在父母身边？"回忆起那段时光，钟亚华不禁泛出泪光，她说："每次给家里打电话都会哭，父母都会安慰我、鼓励我，教会我坚持。为了我，他们付出了太多太多。"

钟亚华永远不会忘记10多年前，她第一次到北京参加全国性比赛，父亲陪着她坐火车过去，目送她走进集训中心。第二天一早，钟亚华走出来，看到父亲在门口的石板凳上，头枕着行李包睡着了。

"我们到得太晚了，附近找不到地方住，父亲又想早上能第一时间看见我，所以就在那里睡了。"那一瞬间，钟亚华泪水满眶，年仅10岁的她暗自下定决心：绝不辜负父母的付出。

所有的压力一个人承担

勤奋加天赋，还有老师的悉心培养，钟亚华的进步非常快。她先后荣获首届全国青少年艺术英才推选大赛声乐组银奖，第十届全国推新人大赛十佳小歌手等称号。

凭着对音乐的无比热爱，钟亚华以优异的成绩考入四川音乐学院附中。考入大学后，她继续深造，主攻民族音乐。大学期间，钟亚华开始崭露头角，出单曲、上电视，正式成为歌手。

"不想让人觉得我除了唱歌，什么都不会。"大三时，钟亚华决定放弃舞台走向幕后，成立亚华盛世国际文化传播（北京）有限公司，开始了一边求学一边创业的艰辛历程。

刚开始的时候，公司接不到单子，所有的压力都落在这个年轻女孩肩上。"为了争取拿下第一个订单，我一个人开车，从重庆到四川广元，来来回回跑很多趟。"钟亚华说，制订、修改方案、和主办方沟通、后期执行，从头到尾都是她一个人做。

努力没有白费，她终于挖到创业路上的第一桶金，成功策划了广元一个文化艺术节。"那时候，我又要做整台演出策划，又要在其中演出，忙得焦头烂额。"对此，主办方对钟亚华无比佩服："这个重庆女孩不简单！"

渐渐地，业务越来越多，公司步入正轨，钟亚华凭借自己的拼搏在北京有了一席之地。不过，每当看着舞台上演员的精彩表演，钟亚华的内心依然有个声音响起：难道我真要放弃最初的梦想吗？

做得越多，得到越多，钟亚华越能看清自己的内心。

始终坚持最初的梦想

2014年的一次聚会上，斯琴高娃、陆树铭等众多艺术家参加。作为献唱嘉宾，钟亚华一亮嗓就惊艳全场。

正是斯琴高娃的一句话，让钟亚华重新审视自己。在得知钟亚华学习音乐十几年，放弃音乐梦想，改行当老板后，斯琴高娃语重心长地对她说："亚华，你才多大？唱歌和创业不矛盾，为什么要放弃梦想，不继续唱下去呢？"

这句话犹如醍醐灌顶，原来，音乐在她生命中的分量从来没有减轻，钟亚华内心那个声音愈发强烈：我要继续唱下去！

说做就做，2015年初，经过精心打造，她的全新专辑《伊人香》上线各大音乐网。这部集通俗、流行、民族、美声等多种唱法于一体的专辑上线，让钟亚华在圈内渐渐打响了知名度。

紧接着，钟亚华在北京全国人民大会堂举行的第十三届西部发展论坛文艺晚会上，与杨洪基、刘秉义、郭冬临等著名艺术家同台演出；受邀参加了中央电视台第九届公益中国年度人物颁奖大典"公益中国春节联欢晚会"大型公益春晚系列活动，并担任颁奖嘉宾；还先后担任了《幸福账单》《天天把歌唱》的演唱嘉宾及《星光大道》周赛评委，成为世界华人音乐家协会理事、亚洲流行音乐协会理事。

如今的钟亚华兼顾着公司事务和歌唱事业，时常奔波于北京和重庆之间。"我作为重庆璧山人，对家乡的感情很深很深，每个月都会回去。这些年，家乡正飞速变化，越来越美。"钟亚华说，她想做更多原创音乐，歌唱心中所爱的家乡，还打算在璧山开一场公益演唱会，邀请家乡父老免费观看，在歌声中感受家乡的美丽变化。

在外打拼 30 多年，最难改变的是骨子里的"重庆精神"。看着梦想渐渐实现时，那种成就感无法用语言来形容。

易红

重庆万州人。在清华大学精密仪器与机械学系机械制造及其自动化专业进行本科、硕士及博士阶段的学习。1990 年 7 月进入东南大学工作，现任东南大学党委书记。

易红：学霸型书记的家乡情结

□ 钱也

东南大学党委书记易红，从 16 岁考上清华大学起，就一直在外打拼，在北京求学 10 多年，在南京供职 26 年，改变的东西或许不少，但他说，最难改变的是年少时养成的生活习惯和口味，"家乡的美食，那味道总是忘不掉的。"

16 岁北上求学

"南京也很潮湿，气候和万州比较相似。"7 月底的南京天气闷热，阳光穿过遮天蔽日的法国梧桐树，洒在东南大学的中央大道上。

易红在东南大学任职已 26 年，看着这些来来往往的孩子，他对自己上大学时的场景依然记忆犹新。16 岁那年，易红考上了清华大学。"那时候，我们的接触面其实是非常窄的。"易红说，那时候的招生宣传报纸，全校可能就只有一份，"当时万州几乎没有什么工业，最好的工厂是从上海迁过来的兵工厂，而兵工厂多是搞机械、造枪炮的。"

易红觉得，学了机械专业能进这样的企业工作，肯定是个好出路。

临近开学，易红只身一人背着被子，拎着行李，从万州出发，乘坐轮船先到武汉，再转乘火车到北京。当时到北京没有卧铺，只有硬座，可年轻的易红觉得浑身充满力量，一点也不累。

进入清华大学后，易红非常刻苦，大一那年的春节，他没回家，而是待在图书馆看书。那时北京的冬天除了白菜就很少看得到其他蔬菜了，对于生长在南方的易红而言，虽然有些不习惯，但却从没抱怨过。

把学习变成兴趣

对于学习而言，兴趣很重要。易红将枯燥的工科学习变成了自己的兴趣，充满动力。他曾在清华大学 CIMS 实验工程中作为主要研制人员完成了 CAPP 及其集成技术研究工作，该工程还获得美国制造工程师学会颁发的"大学领先奖"。

为了进行研究，易红废寝忘食，当一道道难关被攻克时，内心的喜悦却足以填补之前的所有辛酸。在数十年的科研生涯中，易红先后主持完成了国家重点基础研究发展计划（973 计划）、国家自然科学基金、国家高技术研究发展计划（863 计划）、国家 863CIMS 示范工程等近三十项国家级及省部级科研项目。"当看着目标一步步逼近，梦想渐渐实现时，那种成就感是无法言语的。"易红说。

到东南大学任教后，易红第一次站上讲台，他把自己所学的知识传授给学生，再从学生的眼神里感觉到欣慰，既自豪又兴奋。

对于第一次站上讲台、面对学生的感觉，易红记忆犹新："很兴奋，即将授人以渔，深感自豪和幸福。当年教过的学生现在都在世界各地工作和生活，作为老师，桃李满天下也是我毕生的追求。"

"学生最重要的是有健康的体魄，健全的人格。"易红说，不同时代的大学生具有不同时代的特征，比如，20 世纪六七十年代的大学生特别能吃苦耐劳，如今的大学生知识面宽，国际化视野开阔，能够较快地接受新鲜事物。这些区别是由不同时代的教育状况以及社会背景决定的，不可一概而论。因此，学校应针对不同时代大学生的特征因材施教。

对口帮扶家乡高校

易红在外奋斗多年，仍旧不忘家乡。2006 年，易红任东南大学校长后，便将重庆三峡学院作为对口支援的高校。每年，东南大学都会接待一批前来进修、挂职的三峡学院教师，通过他们，将先进的办学理念带回万州，支援西部教育建设。

近年来，易红开始涉足微创医疗器械数字化设计与制造方面的研究，当听说重庆正大力发展生物医药产业后，他非常兴奋，"生物医学工程是东南大学的优势学科，例如我们正在着手的科研项目中便包含有血糖检测仪、DNA测序仪等微创生物医疗器械的设计与制造，若今后能与家乡合作，将是一个双赢的局面。"

易红身在异乡，最怀念的就是家乡的"格格"和炸酱面。久居南京，他也会有思乡的时候，"这些年，在南京吃过最正宗的渝味美食就是'孟非的小面'了。"如今，易红每年春节都会回到万州看望亲人。"现在从南京到万州，直飞两个小时就到了，非常方便。"每次回家，易红总会尽可能地找到餐馆，点上一份炸酱面和"格格"，把心里惦记的美食尝一遍。

说起家乡，易红总是满口称赞："发展太快了！"在万州，易红小时候记忆深刻的地方全变了，城市更加繁华，人们的生活品质也提高了。

无论身在何处，我都不忘家乡，要努力让重庆发展搭上互联网的快车。

蔡光忠

重庆彭水人。将腾讯引入重庆，任腾讯重庆分公司总经理。他搭建起了众创空间，为农村发展注入了"互联网"思维。

蔡光忠：打造众创空间为家乡创客服务

□ 李华侨

他是学机械的工科男，大学时第一次接触计算机便被互联网吸引，几经辗转，进入腾讯管理层。他曾创业失败，对创业者惺惺相惜，不仅牵线搭桥，将腾讯引入重庆，还建起众创空间，为农村发展注入"互联网+"思维。他便是重庆人蔡光忠，无论身在何处，他都不忘家乡，努力让重庆发展搭上互联网的快车。

大学时第一次接触计算机

1974年，蔡光忠在重庆彭水一个普通的农村家庭出身。当时家里条件不好，有时连饭都吃不饱。

"那时，郁山中学是我们县排名第二的中学，虽然考上了，但负担不起学费，就在村里的初中就读。"蔡光忠知道，想改变这种状况，读书是唯一的出路。1995年，他凭着优异的成绩考进重庆大学机械学院，人生开始出现转折。

重庆大学开通了网络图书馆，对这群没有接触过计算机和互联网的学生而言，这是个新鲜事。"当时还是用的Windows95操作系统，计算机也没安装任何应用，但大家觉得特别时尚。"蔡光忠回忆，第一次接触互联网，他申请了个电子邮箱，和同学互相发送电子邮件，"感觉太神奇了"。

大学期间，蔡光忠已经开始谋划未来的求职方向。大学一毕业，他选择进了一家小型锻造厂担任技术员，想着年轻时拼搏几年，争取今后当厂长。可是蔡光忠发现在工厂工作太消耗斗志，一年后，他毅然辞职。

蔡光忠有一位同学供职于华为，这对他的影响比较大，和传统制造业相比，IT 行业不仅收入可观，而且大有发展前途，和同学的沟通深深影响了他的二次择业。于是，蔡光忠恶补 IT 知识，CCTA、CCNA 等认证体系他都在拼命准备，每天学习到凌晨两点多，如果碰到兴趣浓厚的知识点，还会熬通宵。

2001 年，蔡光忠进入解放碑的一家 IT 公司工作，白天和客户打交道，晚上优化技术方案，同时继续恶补 IT 知识。虽是门外汉，但他学习能力强，敢于拼搏，工作业绩并不比专业人士差，2004 年后就成为长丰通信的市场总监。不过他发现，相对纯粹的 IT 技术而言，他更擅长和人打交道。

牵线搭桥在渝成立腾讯分公司

2006 年，蔡光忠辞掉工作，自己创业当老板，选择了当时比较新潮的 IT 服务领域。"每个公司都有一些与通信网络相关的事情，如监控、网络、门禁等相关服务，我们公司负责帮忙解决。"

由于多种原因，他离开了原来的创业公司，基本上算是创业失败。虽然失败，但这对蔡光忠的职业生涯来说是一个难得的经历，他从中学会了如何招聘人才、找到客户、怎么布局发展战略、如何和政府机关打交道等。更重要的是，他明白了自己需要更高的视野。他决定，出门走走看看。

为了拓展自己的视野，蔡光忠准备在全国，特别是沿海发达地区云游一番。2009 年 5 月，蔡光忠出发了，将首站选在上海，从长三角途经宁波、广州到达珠三角。当他来到深圳时，受到一位好友热情接待。对方向他介绍了腾讯公司，并带领他前往腾讯内部参观，详细介绍了腾讯的商业模式，互联网未来的发展。已经使用多年腾讯产品的他直到那时才真正了解这个公司，被其深深吸引。

"公司企业文化不错，商业模式也很新颖，员工大都是二十六七岁的年轻人。"朋友告诉蔡光忠，如果愿意背井离乡，可以来尝试一下。正巧，当时腾讯正在高速扩张，蔡光忠凭着此前丰富的工作经历，顺利拿下后勤副总监的职位。

刚进腾讯时，公司有 4000 多名员工，随后几乎每年都以 30% 的速度增长，越来越多的人进来，深圳公司的办公场地接近饱和，且各方面成本都比较高。顺着这个大势，蔡光忠向公司管理层提出分部式的发展建议。也就是说，在除北上广深之外的二线城市建立分公司。

2013年，在蔡光忠的牵线下，腾讯入驻重庆两江新区，围绕网络媒体、大数据、云计算、移动互联网、电子商务等领域开展业务，并在重庆建设"一个平台、一个基地、四个拓展"。其中，云计算数据中心落户两江新区水土高新产业园。

蔡光忠也借着这次机会回到重庆，成为腾讯重庆分公司总经理，负责腾讯在重庆区域的业务拓展，2015年底，又兼任成都腾讯分公司总经理。

为家乡人打造众创空间

作为重庆人，蔡光忠时刻都在想着如何为家乡经济发展出点力。在"大众创业、万众创新"的大背景下，创业对于拉动一个地区的经济发展起着重大作用。蔡光忠想，可以借助腾讯这个平台，为家乡的创业者们做点事情。

2015年，腾讯宣布年内计划在全国建立25个线下众创空间，总面积超过50万平方米，腾讯众创空间（重庆）便是其中之一。2015年10月，腾讯众创空间（重庆）正式开园，旨在为重庆创客打造互联网创业生态环境。

众创空间坐落于两江新区互联网产业园，建筑面积近3万平方米，装修完备，拎包入住，半年时间已经有20多个团队入园，大概200多人，为广大互联网创业者提供了一个基于腾讯生态的良好创业环境。

紧随其后，为了不断提高重庆互联网创业氛围，在蔡光忠的不断努力下，腾讯公司全球合作伙伴大会在重庆召开。该大会进行了18场分论坛，邀请了包含5位国际级重磅嘉宾在内的200位演讲嘉宾，吸引包含300位创业总裁在内的两万多人参加，全方位介绍了重庆的互联网生态和创业环境。在他的协调下，重庆还成为第一批"互联网+"城市服务的签约城市。

此外，蔡光忠还牵线腾讯做"互联网＋农村"项目。他说："我也是农民出身，希望能把互联网技术带到农村，帮助他们留住亲情、留住乡情、留住财富，使得农民能过上看得见山，望得见水，留得住乡愁的美丽乡村生活。"

据介绍，该项目以村为单位建立微信群，以此加强邻里间的联系，外出打工的青年人也能随时了解老人和小孩的状况。此外，建立村公众账号，透明村务管理，使得在外地打工的村民也能了解并参与村务管理。在以上基础上，还可以帮助当地村民把土特产卖到全国各地，为村民增收。

　　自从兼任成都分公司总经理之后，蔡光忠总在成都、重庆、深圳三地跑。"现在高铁和动车非常方便，我每周要往返一次成都、重庆，每个月要去一两趟深圳。但不管怎样，重庆才是我的根。"在他眼里，在中西部地区，重庆是最有活力的城市。他愿尽绵薄之力，不断将腾讯的各种项目引入重庆，不断为提升重庆的互联网氛围添砖加瓦。

不管我人在哪里，我永远都忘不了自己是一个重庆人。

陈登群

重庆大足人。1986 年到香港打拼，如今，她的私房川菜馆在香港获奖无数，深受食客的喜爱。

陈登群：靠重庆味道闯荡香港

□ 郑亚岚

　　初次见到陈登群，是在她位于香港市中心的湾仔骆克道大厦 10 楼的"四姐川菜"私房菜馆。这是一个到香港打拼的重庆女孩，她开的私房川菜馆在香港获奖无数，更是引得周星驰、马云成为她的座上宾。就是这样一个热情洋溢的重庆女孩，食客们都亲切地叫她"四姐"。

赌气离开重庆到香港辛苦打拼

　　1964 年，陈登群出生于重庆大足，家中有 8 个兄弟姐妹。因为排行老四，大家都喜欢叫她"四姐"。

　　家庭条件较好的陈登群从小就很有经济头脑。1978 年，刚初中毕业的她拿着父母给的 600 元启动资金，准备到主城做生意。

　　怀着"初生牛犊不怕虎"的闯劲儿，每天天不亮，陈登群就到朝天门市场去批发毛线、衣服等百货一路贩卖，短短五年时间她就挣了 2 万多元。后来，家里人觉得女孩子不该四处奔波，应当找个体面的工作，然后再嫁人。1983 年，她进入大足烟草公司，成为一名文员，"烟草公司的工作比较轻松，每天就是坐在办公室里，不用再像以前一样四处奔走贩卖货物。"后来因个人感情问题，她赌气离开重庆到香港投靠姐姐。

　　刚到香港时，陈登群只有 22 岁，由于没有文凭，只能到餐厅打工。"刚来的时候，想当服务员都没有人要，因为不会讲粤语。"她说，连当地方言都听不懂，能做什么？为了生存，她只能到餐馆洗碗。回忆起那段日子，陈登群感叹其中的艰辛真是说都说不完。"不是没有想过放弃，但是一想到我从千里之外的重庆来到香港，就一定要做出一番成绩！"抱着这样的信念，不管遇到什么困难，她都咬着牙坚持了下来。

那些年，陈登群做过很多工作，做过进出口贸易，也去台湾老板开的公司里打过工，还在政府的福利机构工作过。一直到她结婚生下女儿，才专门在家带女儿。

麻辣重庆味道在香港一炮而红

1997 年，陈登群的一个朋友打算把开在湾仔的店铺转手。那时候还没有人在香港开重庆小面馆，她也不知道重庆小面的独特味道香港人能不能适应。尽管前景不明，但她仍打算试一试。"那时候，家里人都不同意，因为我平时在家连厨房都很少进，却想要自己开面馆。"

为了呈现地道重庆味，店里的花椒、海椒等作料，都是从家乡重庆运过去的。这些作料都是家人帮忙到大足的农村去收，然后托运到深圳，一次一两百斤，都是陈登群自己用小推车一车一车地拉回香港。在这家面店里，陈登群既是老板也是小工，不管是炒料、煮面，还是招呼客人、收钱，都是她一个人在干活。渐渐地，她的重庆小面馆在香港小有名气，还吸引了周星驰、任达华等明星慕名前来品尝。

2002 年，陈登群在香港市中心的湾仔骆克道租下了一个店铺，主打重庆味道，除了重庆小面，还有重庆家常菜，这家菜馆的名字就叫"四姐川菜"。在她看来，只要从重庆引入地道川菜，把内容和质量保证了，不愁没有回头客。重庆凉面、酸菜鱼、回锅肉……这些菜品赢得众多不怎么吃辣的香港人的喜爱。

香港有很多这样的私房菜馆，完全靠口耳相传，卖的是口碑，也是人气。"我现在完全不担心客源，店里的每一道菜的配方都来自重庆，厨师都是我回重庆请的。"陈登群说，地道重庆味是"四姐川菜"能取得如今成就的精髓。

"你们来之前，马云刚在我这里吃了午饭，早来一步你们就能见到了。"陈登群笑着说，别看"四姐川菜"店面不大，但是到店里吃饭的客人可谓卧虎藏龙。除了香港本地人，还有不少老外。这些完全没有交集的客人，唯一的共同点在于他们都是"四姐川菜"的爱好者。

希望让更多人尝到地道重庆味

如今，"四姐川菜"的生意越来越红火，想要到陈登群的川菜馆吃饭，还得提前半个月订位。有客人曾建议陈登群加价来调整客源，或者多开几家分店，但都被她拒绝了。"钱是永远赚不完的，我现在开店除了为生活，还有一部分原因就是我的客人都是我的朋友。"

"每次在香港说自己是重庆人，别人总是会竖起大拇指。"陈登群说，在外近 30 年，她对故乡的牵念也越来越浓。父母在世时，陈登群每年会回重庆几次，除了看望老人，还要到曾经生活、工作的地方看看。

儿子仔仔尽管是在香港出生的，却会说一口地道的重庆话，性格里也有一股重庆人的豪爽劲儿。"不管我人在哪儿，我永远都忘不了自己是一个重庆人。"陈登群说。

"刚开始香港是我最不喜欢来的地方，现在变成了我最不舍得离开的地方。"陈登群说，离开重庆来到香港，她经历了人生中最辛苦的岁月，但也是在那段时间结识了很多的朋友，有了很美好的回忆。"我没有别的大目标，就是希望能有更多的人品尝到真正的重庆味。"

陈登群　靠重庆味道闯荡香港

125

重庆是我人生记忆中最温暖的地方。

赵宗琴

重庆江津人。18 岁闯荡广州、漳州、台湾等地，现为法国路易卡丹红酒漳州地区总代理，福建省漳州市川渝商会副会长。

赵宗琴：用韧劲闯出别样人生

□ 周梦莹

在福建漳州的川渝老乡中提起"赵姐"，几乎能得到一致的评价——能干、耿直、吃得苦。这个被大家亲切唤作"赵姐"的人，便是赵宗琴。20 年前，年仅 18 岁的她只身离开重庆江津老家，前往广州打拼，又辗转到福建闯荡。好在女汉子的性格让她赢得了人生，不仅在漳州经营着连锁红酒庄，还担任漳州市川渝商会第一届副会长。赵宗琴希望能促进重庆与漳州的交流合作，为家乡建设出力。

坚强的重庆女孩

在漳州繁华商业区，赵宗琴的红酒庄是一处静谧的地方，身处闹市却怡然自得。推门而进，一张复古的雕花实木桌和几把太师椅，让酒庄别有一番古朴的味道。

"来来来，赶紧坐！"眼前这个中等身材、笑容亲切的女子便是赵宗琴，她一边招呼，一边熟练地泡起功夫茶。冲茶、刮沫、淋罐、烫杯、洒茶，一连串动作非常娴熟，"在这边待久了，习惯了，这边人聊天见老朋友，都保持着喝茶的习惯。"

20 年前，赵宗琴没想过自己会习得这样熟练的泡茶手法。赵宗琴出生在重庆江津农村，初中毕业后就没有再读书，1995 年，18 岁的她决定出去闯一闯。

"那个时候，周围人都跑去大城市找工作，我也一起出来了，准备到广州我哥哥所在的饭店打工。"回忆起那段日子，赵宗琴有些哭笑不得，"上飞机前还觉得很兴奋，毕竟第一次坐飞机。可是，我一下飞机就哭了，觉得离家很远。"虽然有哥哥介绍工作，但能不能留下来还得靠自己。

在广州打工的日子里，赵宗琴端盘子、做杂工，每月收入只有三四百元。就这样过了两年，在一次与哥哥的激烈争吵后，她一气之下离开广州，来到福建。

努力学习闽南话

如果此前不认识赵宗琴，仅听她讲闽南话，多半会认为她是福建人，就连说普通话，她都带着闽南口音。但她刚到福建时，顶着不小的语言压力。

"20 世纪 90 年代，来福建打工的人很多，说普通话的女生有时会被当作'特殊工作者'。"一位在赵宗琴红酒庄工作的本地人回忆。事实上，当年的赵宗琴也遭遇过这种尴尬。

"一次坐人力车，刚告诉师傅要去哪儿，就受到师傅的排斥，出去买东西也曾遭人白眼。"赵宗琴苦笑道。

日子只能这么过了吗？赵宗琴下定决心要学好闽南话。无论是坐车还是买菜，她都要一遍一遍地跟别人学习，常常是人家说一句，她就会问是什么意思，再一遍一遍地说出来给当地人听。渐渐地，她说得一口流利的闽南话，常被陌生人当作是福建本地人。不过，在她的带动下，周围的人都会用重庆话聊天了。"现在重庆发展得太好了，走到哪里我们都特别自豪。"赵宗琴说。

转行干起红酒生意

当年在福建，除了学闽南话，赵宗琴更多的时间是在当地的服装厂打工。每天在流水线上一做就是十几个小时，缺乏睡眠是常事，可凭着一股不服输的韧劲，她咬着牙坚持了下来。

靠着多年的积蓄，赵宗琴在漳州开了一家服装店。由于在服装厂的工作经验和吃苦耐劳的精神，她很快打开市场。短短几年就在漳州陆续开了3家服装店，在布局上还格外花了心思：大学城旁边的店面主打少女系列，商圈的两家店面则走中高端路线。

虽然做了服装店老板，赵宗琴却没有一丝松懈，独自一人马不停蹄地跑到外地进货。

"进货不容易啊！"赵宗琴感叹道。每次，她都会坐十五六个小时车到广州进货，一般是晚上7点的车，第二天早上6点才到，到站之后，直接到厕所洗把脸就去进货，当天下午4点再扛着大包小包回漳州。睡不好倒是其次，更难受的是她每次坐车都会剧烈晕车，胃里翻江倒海。虽然劳累，她也坚持了下来。

2009年，由于电商对实体店的冲击，服装店的生意渐渐开始走下坡路。凭借敏锐的商业嗅觉，赵宗琴果断结束了服装店生意，防止亏损。一次偶然的机会，她通过朋友接触到了红酒。出于好奇和豪爽的个性，她一次性购入了1.7万元的红酒放在家里，有朋友来了便拿出来喝喝。渐渐她发现，这里面竟然蕴藏着商机。

2011年，赵宗琴找了一个十几平方米的店面，做起红酒庄，走上了红酒生意的道路。让员工们记忆犹新的是，在生意场上，赵宗琴从不把自己当女人看。

"赵姐很能干，一个人一天要搬几百箱红酒到库房，再一箱箱垒好。"员工小李说，当时人家都笑赵宗琴太傻，请个搬运工也不过几百元钱，一个女人让自己这么受累。赵宗琴却认为自己有力气，能搬得动。

如今，赵宗琴在漳州已经发展到七八家店面，她笑称，要是之前的苦少受一点，就不会有今天的成绩。

一碗凉面解乡愁

从18岁离家闯荡到现在，赵宗琴常常思念故乡重庆，也特别照顾老乡。"在外漂泊了这么多年，对家乡的感情越来越深。无论到哪里，只有重庆才有家的味道。"

　　每次看到老乡，赵宗琴都觉得特别亲切。因此，她时常会帮刚来漳州的老乡介绍工作。如果对方遇到困难，不仅会给予资助，甚至会把对方接到自己家，陪伴其度过初来乍到的日子。

　　赵宗琴也特别馋重庆的美食："现在每次回去，下飞机第一件事就是去买凉面，那一口吃下去，很舒服！"

　　在发展生意的同时，如今，这位能干的女汉子还担任漳州市川渝商会第一届副会长。她表示，自己很看好重庆的发展和市场，将进一步促进家乡和漳州的交流合作。"都是自家人，家乡好了，我们这些在外的游子也会更加骄傲！"

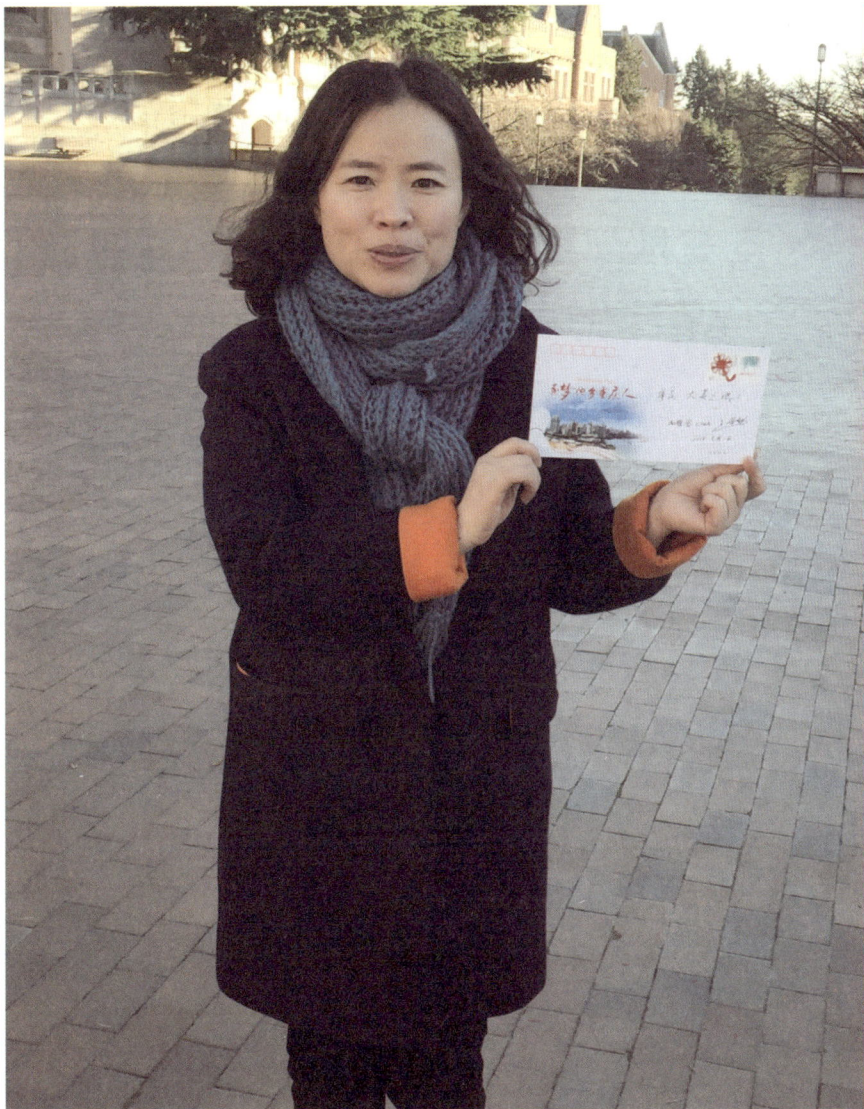

对于目前的工作进展，我比较满意；虽然还有很多困难要面对，但是我们重庆人不怕吃苦。

王雯秋

四川外语学院（现四川外国语大学）英汉翻译理论与实践专业硕士研究生毕业，后来留校任教。曾作为访问学者前往美国迪金森州立大学和英国拉夫堡大学工作、交流，现为美国华盛顿州孔子学院中方院长。

王雯秋：重庆走出去的孔子学院院长

口 徐菊

如何让博大精深的中国文化走向海外？华盛顿州孔子学院中方院长，重庆人王雯秋一直在努力。在传播中华文化的道路上，王雯秋说，自己还有大量工作要做。她愿意通过自己的不懈努力，助推中华文化走向世界。

用铁板烧红烧肉征服老外

2000 年，王雯秋从四川外国语大学硕士毕业，选择了留校工作。2005 年，王雯秋作为访问学者，到美国迪金森州立大学访问半年。这次的经历让她坚定了要把中国文化传播到国外去的信念。

一次，迪金森州立大学派她去当地一所小学讲中国文化，"当我跟他们交流时，发现他们对中国了解很少。"只有提到姚明时，他们才会兴奋地说认识。在那之后，王雯秋开始重新思考，如何通过生动有趣的方式，让老外了解中国文化；王雯秋觉得还是要寓教于乐。于是，在应邀给迪金森大学师生作报告时，她事先贴出海报，要与学生一起做一次中国菜。这让很多美国学生大感兴趣，纷纷报名参加。

"当时我教他们做红烧肉，发现厨房没有合适的锅，只好就地取材，在铁板上烧，成了炒红烧肉。"王雯秋说，没有合适的锅具，连姜、花椒等调料也没有，虽然做成了"山寨"红烧肉，但美国学生们却兴致勃勃，共做了三百份，在学校食堂一抢而光。"很多老外都是生平第一次吃红烧肉，把所有配料都吞进去，伸出大拇指称赞。"

远赴异国开设孔子课堂

2011 年到 2012 年，王雯秋被四川外国语大学派到英国拉夫堡大学当访问学者。回国后，王雯秋报名参加孔子学院外派中方院长候选。经市教委选拔，到北京经过严格的考试，2014 年 4 月，她被派往美国西雅图，担任华盛顿州孔子学院中方院长。

到了西雅图，王雯秋发现，虽然自己是院长，但没有团队、没有车、没有联系方式，甚至连助手都没有，是名副其实的"光杆司令"，开展工作的难度非常大。生性好强的她一方面积极争取美方院长的理解支持，另一方面致力于"开拓市场"，不局限于西雅图，还到周边地区扩大孔子学院的影响力。

当王雯秋了解到，邻近的贝灵汉市有一所欢乐谷小学的校长，刚去中国西安访问。她觉得这是个机会，就找上门去介绍孔子学院的情况。"功夫不负有心人"，她得到校方认可，在这所学校开设了中国文化体验课。

这时，她得知另一所小学是重庆树人小学的友好学校，通过积极联系，这所学校也开设了孔子课堂。

教学点从 3 个增加到 7 个

如今，华盛顿州的孔子学院教学点从之前的 3 个增加到 7 个。王雯秋觉得，要通过各种生动的活动，让更多老外认同并接受中国文化。于是，在每年春节，她会组织开展中国文化活动，特别是在每年 9 月 27 日的全球孔子学院日，举办一系列庆典活动，邀请众多外国学生以及家长参与。

2014 年 4 月，王雯秋刚到西雅图不久，就全力筹备这项活动。她先制订活动方案，再一项一项落实。活动当天，20 多项活动紧凑而热烈，效果非常好。她又及时撰写新闻稿件，在当地媒体上发表，以扩大影响。王雯秋的不懈努力，让美方院长不得不佩服这个小巧的"妹子"，并为王雯秋的一系列活动提供力所能及的帮助和配合。

"我准备让学院在未来一段时间，以西雅图为中心，通过汉语培训、学分课程、中文学艺竞赛、夏令营文化体验、各类文化演出等活动，开展各种层次的汉语教学和形式多样的文化活动项目，带动和辐射周边地区，逐步拓展到整个华盛顿州，满足该地区学生和居民学习汉语、了解中国文化的需要。"

王雯秋表示，在华盛顿州开展的一年多孔子学院教育和取得的成绩，完全靠她的毅力，同时，她也非常感谢自己在重庆四川外国语大学的教学经历。

敢闯才会赢，爱拼才会赢。

谢光綦

重庆綦江人。2005 年在肯尼亚创立一家销售摩托车的公司，2012 年在肯尼亚买地修酒店，2015 年 7 月酒店正式开业，同时涉足旅游相关服务，服务在当地旅游的中国人，深受当地政府和中国游客的好评。

逐梦他乡重庆人

Chongqing
Flyers

谢光綦：48 岁闯荡非洲的重庆男人

□ 李锦成

对于大多数正走向知天命年纪的男人来说，放下已拥有的事业，到一个完全陌生的地方再创事业，几乎是不可思议的选择。然而，出生于綦江的谢光綦，作为早期从国企"下海"的技术工人，在 48 岁时，毅然放下国内已经成熟的产业，前往陌生的非洲再次打拼出一番事业。他的创业脚步从未停止，他用自己敢闯、敢想的精神感染着身边的每一个人。

48 岁到非洲创业

"这是我第一次来非洲时的照片。"在雾都尼亚酒店谢光綦的办公室内，有一张略微发黄的照片。那是 2005 年谢光綦第一次到非洲考察，照片上的他看上去很年轻，但事实上，那时他已经 48 岁。

当过知青的谢光綦，在国企綦江齿轮厂上班时，被当时的"下海"热潮吸引。2002 年，他辞去国企工作后，依靠销售各种机械配件，开始了自己人生的第一次创业。通过自己以前积累的人脉资源和坚定不移的信念，几年后谢光綦就在当地成为一名颇有名气的老板。在外人眼中，谢光綦应该满足于已有的生活，但其实他并不满足，因为他从小就梦想着出国闯荡。

怀揣着这个梦想，2005 年，谢光綦借着一次展销会的机会来到非洲的肯尼亚。通过一段时间的了解，他发现，那里充满着商机，是一个创业的好地方。回国不久，在亲戚朋友异样的眼光中，已经 48 岁的谢光綦，毅然带着几名员工来到了肯尼亚，开始了他的艰辛创业生涯。

"短短几个月就决定去非洲创业，大家都不怎么认可，一些人甚至开玩笑说是'疯了'，但我坚信，只要我努力，就有机会成功。"说起当时的情景，谢光綦仍然很笃定。

生命不息，创业不止

在肯尼亚的街上随处能够看到骑着摩托车的人，然而，摩托车的零部件却得不到及时的补给。谢光綦凭着敏锐的商业感知，再加上自己在国内的零部件销售经验，于是将在非洲的第一次创业放在经营摩托车零部件上。

创业总是伴着许多不确定因素，发现这一商机的并非谢光綦一人，摩托车零部件市场的激烈竞争超乎他的想象，微薄的利润让他不得不重新思考自己的创业方向。

一次回国休假，谢光綦深入了解了重庆的摩托车品牌。他发现自己在摩托车零部件行业有多年的经验，重庆有成熟的摩托车制造技术，为何不把成品摩托车搬到非洲去呢？2006年，谢光綦又将目光放在摩托车的整车生产上，并很快建立摩托车生产车间，开始了自己的第二次创业——摩托车的本地化生产。

"我们的摩托车一面市，就面临日本、欧美等发达国家的竞争。"谢光綦说，虽然他是一个后来者，但他也有自己的优势，那就是相对其他进口摩托车，他生产的摩托车价格相对较低，更适合普通的民众。为了尽快打开市场，谢光綦亲自带人开拓市场。

"每天，我们的任务就是带着10台摩托车到各个地方进行巡展。"谢光綦说，那时，他英文不好，为了方便交流，他就利用每天晚上10点到凌晨1点的时间学习英文。早上5点，他又到生产车间，与工人们一起将摩托车整理好，运到不同的城镇进行展销，每天行程超过500公里。

"中午饿了，就吃点方便面，有时候忙起来，甚至吃两口西瓜就行。"说起那段日子，谢光綦很感慨，他说，创业不分年龄，自己决心要做，就要做到最好。2007年起，谢光綦的付出开始有了回报，他所生产的摩托车销量开始稳步提升，到2011年，年销售量已经超过了一万台。

此时，可以坐享创业成果的谢光綦又有了新的创业想法，"现在，越来越多的中国人去世界各地旅行，到非洲的中国游客也越来越多，如果能修建一家'中式'酒店，那么，肯定很受中国游客欢迎。"

这个想法，让谢光綦激动不已，他立刻行动了起来。2014 年，位于肯尼亚首都内罗毕市中心的雾都尼亚酒店正式开门迎客，"雾都"代表重庆，"尼亚"代表肯尼亚，他说，这个酒店就是重庆和肯尼亚的结合，它能让来非洲旅游的中国游客感受到家一般的温暖。

希望搭建重庆和非洲之间的桥梁

十几年的海外拼搏，谢光綦的一头黑发已变得斑白，成功背后饱含许多艰辛。然而，即将迈入花甲之年的他仍然停不下来：要把更多重庆的特色产品卖到非洲去，搭建起重庆联通世界的一座"桥梁"，为重庆企业走出去贡献自己的微薄之力。

"重庆现在有很多人想外出创业，在这方面，我可以为他们提供经验。"谢光綦说，他之所以开设商务旅游酒店，一方面固然是为了方便中国游客，但另外一个重要原因，就是希望为前往肯尼业投资兴业和发展的中国人提供一个平台。

"我的发展得益于谢总的帮助。"前往非洲发展的重庆年轻小伙汤麟说，他刚到非洲创业的时候，一切都是那么陌生，他好几次差点就想要放弃了。一个偶然的机会，汤麟认识了谢光綦，他的"特色旅游"理念吸引了谢光綦。于是，在谢光綦的帮助下，汤麟成立了"野趣探索"旅行社，并逐渐打开了市场，最终成为当地最为知名的旅行社之一，每年接待中国高端游客上千人。

"现在年纪也大了，身体没有以前那么好了，但是，我仍然希望能帮助更多重庆人，和更多的年轻人交流、分享经验。"谢光綦说。

我们大多数人就像一颗螺丝钉，看似平凡、普通，却在自己的岗位上发光、发热。

李敏

重庆綦江人。广州外国语学院（现广州外语外贸大学）英语专业毕业后在一家投资公司做业务员。2001年在一家投资咨询公司做投行业务。2009年进入招商证券，主要负责经济业务，包括IPO发行、二级市场买卖、资产管理、国内私募基金等。

李敏：金融界的女强人

□ 郑亚岚

19岁那年，她只身离开重庆，到广州求学，从此在外漂泊28年。那时，李敏怎么也没想到，英语专业出身的她会成为金融界的女强人。如今，她在香港金融界开创一片天地，并为自己定下一个小目标，力推公司在三五年内上市。谈及自己的经历，李敏说，正是重庆人骨子里不服输的个性让她不甘落后，站上潮头再出发。

19岁只身到广州求学

李敏出生于重庆綦江，因为家里4个孩子都是女孩，别人只要一谈起李家都会提到她家的"四朵金花"。从小父亲对四姐妹的要求就比较严格。或许是身为老师的缘故，母亲对几个孩子都比较有耐心。

李敏从小就是大大咧咧的男孩子性格，是最让父母头疼的一个，也是四姐妹里挨打最多的一个。每天放学后，她就喜欢到处跑，不管是爬树，还是打架，李敏总是冲在第一。每次闯完祸回到家，总少不了父亲的一顿责骂。

然而，李敏从小就很有自己的主见，高考填报志愿的时候，她没有和父母商量，就报了广州外国语学院（现广州外语外贸大学）的英语专业。

"当时只想着可以离家远一点，自由一点。"李敏说，除此之外，她也有自己的打算。她的英语成绩一直很好，沿海地区经济文化水平更发达，这更适合她。对未来的生活充满好奇心的李敏，一个人坐上了开往广州的火车。

半路出家的"银行投资家"

大学毕业后，身边不少同学选择留在广州做导游，李敏却离开广州到珠海打拼。"没有什么特别的原因，就想着我还年轻，应该到处多看看、多尝试。"

李敏的第一份工作是在一家投资公司做业务员，这是她第一次接触到金融这个行业。1996年，李敏回到珠海，一边在珠海政府创办的培训班读工商管理硕士，一边到一家公司做与投资相关的工作。

2001年，对李敏来说是值得纪念的一年。那一年，李敏一家搬迁至深圳。也正是那一年，她正式进入金融业。在台湾金鼎证券香港有限公司设在深圳的投资咨询公司做投行业务，一干就是七八年。

2009年，李敏进入招商证券，主要负责经济业务，包括IPO发行、二级市场买卖、资产管理、国内私募基金，从PE投资到IPO上市她全都要处理。

金融业整体上是一个工作强度较大的行业，加班、出差、熬夜是工作常态。"那时候常是深圳、香港两地跑，经常是项目在哪里，我就吃住在哪里，人跟着项目跑。"

这种辛苦，让一些女性望而却步。"往往开会的时候，一桌人只有我一个女的。直到近几年，这个圈子的女性才开始多起来。"李敏说。

"市场好就忙；市场不好，业务就要受影响。"李敏说，股市低迷的时候，很多人都没有项目做，她却能接到业务，背后的艰辛只有她自己知道。

为了弥补自己专业知识的欠缺，李敏经常下班一回到家就开始看书，看到凌晨三四点。回忆起那段时间的自己，李敏形容自己就像海绵一样，短时间内汲取了大量的知识。

"尽管很多同行更专业，但我跟客户交流时更真诚、更让人信任。"抱着一颗平常心，李敏积累了大量的人脉资源。

股市低迷时，很多科班出身的同行都接不到项目，但她当时作为财务顾问拿到了很多前期上市的项目，这让她至今都觉得很自豪。

开了一家公司还梦想上市

有了积累，有了成长，李敏也有了自己的梦想。"我和几个女性同行，成就或制造了多个亿万富翁，像小蜜蜂一样，帮别人把1元变成50元，直到有一天，我突然想我有这种能力，为什么不成就自己呢？"

目前，她与几个朋友创建的公司已经初见雏形，未来3~5年，他们要将这家公司上市。

"重庆人很大的特点就是泼辣、有正义感，我很庆幸自己也很好地保留了重庆人的品行。"李敏说。

2008年，李敏有了第二个儿子，让她更加明白为人父母的辛苦。她给父母买了一套房子，就在自家旁边，方便彼此照应。李敏说，其实自己骨子里很传统，毕竟百善孝为先。"有时间就会去父母那边吃饭，一家人最喜欢的还是地地道道的重庆味道。" 就算去香港，她也会买点辣椒、豆瓣等调料带过去。

说起家乡重庆，李敏有些激动。由于工作的原因，她现在很少有时间回来常住，但每年她仍会抽时间回来到处看看、走走。

认准了目标就要坚持下去，否则只能一事无成。

陈敏

重庆渝中人。1994年毕业于东南大学医学院，后分配到中国医学科学院皮肤病医院工作，现为该院主任医师，兼任中华医学会皮肤分会学组委员、中华中医药学会皮肤分会青年委员。主治自身免疫和损容性皮肤病。

陈敏：重庆女孩成皮肤病医学专家

□ 钱也

初见陈敏，她留着齐肩长发，说话轻柔，给人沉静、柔和的感觉。她在自己的专业领域，用坚韧和严谨，为患者解除病痛。工作之余，她最爱做川菜，就连做菜也一丝不苟。

机缘巧合成就了她幼时的梦想

陈敏从小跟着外婆长大，外婆是老师，培养了陈敏爱看书的习惯。陈敏笑着说："外婆很聪明，当年是学霸，我从小看书就不爱翻字典，觉得外婆什么都知道。"陈敏的爷爷是一位老中医。受两位老人的影响，陈敏幼时的梦想是，长大后要么做老师，要么当医生。

高考那年，陈敏因1分之差，与重庆大学失之交臂。但也正因为这1分，陈敏来到了东南大学学医，这样，她离自己的梦想更近一步。

陈敏从小胆子比较小，学医的过程中，总免不了和尸体打交道，很长一段时间，她都不能适应。后来转到皮肤科学习，所有的科目又得重头再学一次。不过，学习皮肤科对陈敏来说也不轻松，因为越典型、越严重的皮肤病看起来越恶心。

但陈敏骨子里有着重庆人不服输的劲头，渐渐地，她学会了以科学的眼光来看待疾病。现在陈敏看到那些皮肤病不仅不再恶心，而且看到典型和少见的种类，她反而觉得兴奋，因为越奇怪的病症就越有研究价值。

她的科研态度感染着学生

在中国医学科学院皮肤病研究所实验室，穿上实验服的陈敏拿着各种试剂给学生演示，之后指导学生们做实验。她做实验时的专注和严谨对学生颇具感染力。

她曾经到美国哈佛医学院学习过一段时间，深知环境和机会对一个人成长的重要性。当初没有合适的基金资助，她就自己拿出几万元，资助学生到美国著名的实验室进行合作研究。如今，学生已经以优异的成绩从协和医科大学博士毕业，并留院工作。

在陈敏的帮助下，她的两名学生分别在美国杜克大学和耶鲁大学完成博士课题研究。学生们的勤奋好学和科研能力得到外国专家的一致赞赏，让她感到欣慰、骄傲。

"陈老师很好，她在银屑病方面是非常权威的，她对科研的专业态度对我影响很大。"陈敏的一名学生栾超说，陈敏性格温和，对病人很有耐心，病人也愿意和她沟通。而且，她一般也不会苛责学生，但在学术方面的要求又非常严格。

5 个小时诊治 200 患者

2005 年夏天，陈敏加入医科院的团队去安徽六安市金寨县进行为期一个月的支援边疆建设。在那里，她看到当地人对于医疗资源的渴望。诊病第一天，排队的患者很多，陈敏花了 5 个小时才诊治完 200 多位乡亲，连饭都没顾得上吃。

那时陈敏即将博士毕业，正在做毕业课题研究。她的导师比较严厉，没想到她会作出这样的决定——临近毕业，课题论文都做不完，还跑去支援边疆建设。说起那段经历，陈敏笑笑说，好在最后毕业答辩得到业内专家的一致好评，发表了一篇质量比较高的毕业论文。导师最后也肯定了她的成绩，没有责怪她。

不仅如此，陈敏有空也去福利院做义工，会带去一些常用的药品。时间长了，福利院的孩子们对陈敏像对母亲一样依赖。她曾资助过两个小孤儿，后来孩子被人领养了，陈敏还挂念了好一阵。

在陈敏的行医生涯中，遇到生活困难的患者，她会慷慨相助。前不久，有位患者在诊断结束后面露难色，原来是没有路费回家，得知这一情况后，陈敏拿出钱帮助那位患者回家。陈敏表示，其他医生遇到这种情况也会这么做。

陈敏对待病人耐心、仔细，认可她的患者也越来越多。陈敏说，现在网络信息量很大，只要实事求是地给患者讲明重点，剩下的就是让患者自己去判断，"他们会明白医生为他们所作的考虑。"

陈敏的临床任务很重，但她对银屑病的研究从来没有放松过，所以经常凌晨2点多才睡，早上6点就起床上门诊。

做菜和做科研一样

工作之余，陈敏仍然保持着对川菜的执着，"我觉得做菜是一种休闲，某些方面跟做科研一个道理。"在异乡打拼多年，鱼香肉丝、水煮肉片依然是陈敏的拿手好菜。即使在美国学习期间，聚会时也会做川菜招待外国朋友。"他们都觉得我做的川菜好吃，我很有成就感。"

陈敏表示，对她而言，家乡始终是牵挂，无论走到哪里，她的根始终在重庆。重庆这些年发生了很大的变化，陈敏希望家乡的医学事业发展得越来越好，培养更多仁心仁术的医务工作者。

我至今仍保留着中国国籍，我最终还是要回到重庆生活，因为那里才是我的根。

邓荻

重庆渝中人。曾是四川省体工队专业乒乓球运动员，多次获得日本乒乓球俱乐部比赛全国冠军。创办蒲田乒乓球俱乐部至今，学生遍布日本。

邓荻：到日本创办乒乓球俱乐部

□ 周盈

　　在东京大田区多摩川的蒲田乒乓球俱乐部内，邓荻作为俱乐部里的总教练，一边挥动球拍，一边用流利的日语教授学生打乒乓球。在这个 100 多平方米的场馆内，并排着五张乒乓球台，每天从清晨到日落，这里都会有一群人挥动着球拍，挥汗如雨。今年，已经是邓荻来到日本的第 24 个年头了。

从小对乒乓球情有独钟

　　邓荻出生在重庆渝中区，他有一个哥哥，哥俩从小就对乒乓球情有独钟。他们就读的枣子岚垭小学很重视乒乓球训练，邓荻和哥哥一起进入了校队进行正规的训练。就这样，从学校打到家里，再从家里打到少年官，没有正规的乒乓球台，他们就在水泥台上打。"当年少年官的那些石桌子上，都留下了我们的汗水。"邓荻说。

　　20 世纪 70 年代，中国的乒乓球运动迎来了迅猛发展的时期，乒乓球成了家喻户晓的运动。对乒乓球充满热情的邓荻，思想发生了变化。"最开始打球，只是觉得一方面是个人的兴趣爱好，另外一方面想锻炼身体。后来就想发展成为职业运动员，为国争光。"有了这样的想法，邓荻和哥哥平时练球的劲头更大了，也陆陆续续参加了一些乒乓球比赛，最好的成绩是渝中区学生组的冠军。

　　小学四年级时，邓荻被重庆市业余体育学校特招进校，开始了专业的训练。在学校里，他根据自己个子小的身体特点，开始有针对性地训练。如何让得分更容易？发球是关键。他自己钻研发球的技术和速度、落点，所以技术提升很快。那段时间，运动量加大，有时回家连筷子都拿不稳。尽管很苦，小小年纪的他，也没有想过要放弃。付出总有回报，五年级时，他拿到了重庆市小学乒乓球赛的冠军。

1978年，邓荻进入了四川省体工队。在那里，他接受了更加严格和系统的训练，收获也更大。第二年，他参加了全国少年乒乓球赛，获得团体组第三名，荣立了四川省三等功。

1982年，世界乒乓球强队瑞典队来中国访问，在中瑞对抗赛中，邓荻代表国家队出战，对阵世界名将瓦尔德内尔，一胜一负战平。

"我付出了比常人更多的努力，也许是天赋不够吧，我没能成为世界冠军。"1985年，随着年龄的增长，邓荻选择了退役。当时他有很多选择，但因为思念家乡重庆，他最终选择了回重庆，用了两个月的时间恶补学习，后来考入重庆大学经济管理专业。

创办俱乐部教日本人打球

大学期间，邓荻第一次走出国门，去日本进行比赛交流。大学毕业后，他进入重庆体育局担任外事工作。

1990年，日本举行由中日友好城市组队的乒乓球比赛，邓荻作为"重庆广岛队"的总教练，带队出征。随后，广岛乒乓球协会邀请他到日本东京、广岛的企业、学校等单位，进行为期三个月的讲学。

日本人的热情好学和良好的氛围，给邓荻留下了深刻的印象，他萌生了去日本学习的念头。1994年，邓荻在日本体育大学当起乒乓球教练，同时还在该校学习体育心理学。4年时间眨眼而过，邓荻跳槽到一家贸易公司上班，同时还帮助那家公司建立起了一支乒乓球队。

邓荻说，在那段时间，他以前带过的学生纷纷建议他创办一个乒乓球俱乐部，而他自己也萌生了这个想法。2004年初，他辞去工作，揣着自己的所有积蓄开始创业。场地是首先必须解决的问题，两个月后他终于找到了一块合适的地方。2004年7月，花了约80万日元，俱乐部建起来了，取名为"蒲田乒乓球俱乐部"。

得知是中国的乒乓球高手开办的俱乐部，当地人纷纷前来报名。现在，邓荻的俱乐部会员常年稳定在100多人，年龄最小的5岁，最年长的则是一名87岁的白发老人。在一年两次的东京俱乐部团体赛中，"蒲田乒乓球俱乐部"从2005年至今获得5个冠军。

俱乐部才开张不久，就迎来了一个高手挑战。在小小的过招后，对方提出现场打一场比赛。结果，那名高手三战全输，终于服气了。后来邓荻才知道，他是看到很多学员来这里学习，想来试探邓荻的技术，另外他即将参加日本全国比赛，也想找个高手实战演练一下。不打不相识，现在他们成了好朋友，经常在一起切磋球技。

重庆受灾他组织募捐

俱乐部开张后，邓荻的交际面更广了。从2008年至今，他担任日本重庆同乡会的会长。他想方设法把在日本的重庆人聚在一起，"大家远离故乡在国外打拼，应该抱团发展，互通信息，互相帮助。"如今，同乡会已有会员300多人。此外，他多次带领俱乐部的队员参加中日友好乒乓球比赛等活动。邓荻说，每次参加活动，他都会向日本地方政府的官员、商界人士宣传重庆。

2008年5月12日，汶川发生地震后，邓荻和他的100名学生，为重庆梁平倒塌的学校捐款。那是5月13日上午，邓荻正在俱乐部里，一名年约60岁的名叫植木贤一的学生给他打来电话："老师，听说你们重庆梁平被地震震倒了学校校舍，我们想捐点款。"当天下午约1点钟，学生们自制的一个捐款箱摆在了俱乐部的门口。邓荻说，当天晚上，他和学生们清点，发现箱中的捐款就有约10万日元。5月底，这笔折合人民币约1万元的捐款送到了重庆市人民政府外事侨务办公室。

邓荻说，地震过后，约100名在日本的重庆华侨纷纷通过同乡会向家乡捐款，捐款折合人民币约7万元。邓荻说，这些捐款用在了梁平几所学校的乒乓球教室、音乐教室的建设上。

"现在我一年要回重庆两三次，一是回来看看家乡，二是看望80岁的母亲。"今年年过五十的邓荻说，虽然已经取得了在日本的永久居住权，但他并没有考虑移民日本，他的户籍所在地仍是重庆渝中区。

我先天条件并不好，但这并不影响我唱歌。

唐红

重庆渝中人。现任南非重庆总商会会长，南非著名女歌手，擅长以中文、英文、祖鲁语演唱。

唐红：让《茉莉花》在南非传唱

□ 伊永军

　　她能将南非祖鲁语歌曲唱得原汁原味，带领当地人跟着一起高歌起舞，还教会黑人朋友唱中国民歌《茉莉花》，引领他们领略中华文化的魅力。她不仅是南非著名华人艺术家，还是南非重庆总商会会长。22 年的南非打拼经历，唐红用她的人格魅力搭建起重庆和南非之间沟通的桥梁，她要让火锅、变脸、川江号子等重庆元素走进南非大地。

从小喜欢唱歌

　　南非时间 2016 年 7 月 26 日早上，一场雷阵雨刚刚过去，使得已处在冬季的南非更添寒意。但在南非行政首都茨瓦内市，一场市长"述职大会"正如火如荼进行。大门口有歌舞表演迎宾，在正式述职环节中，新任市长也上台与演员们歌舞互动，充分体现出非洲人能歌善舞、热情奔放的特性。

　　除了新任市长，当天吸引眼球的还有一名华人女子。她盛装登台，不足 1.5 米的身高散发出无尽的激情和魅力。作为主持人，她用娴熟的英语主持了整个典礼。当旋律响起时，她领唱一首南非祖鲁语歌曲，让台下的黑人嘉宾们情不自禁地跟着她高歌舞动。这名华人女子就是唐红，从家乡重庆到南非，22 年的异国他乡奋斗经历使得她深深融入当地文化圈，得到当地人的认可。

　　1964 年，唐红出生在重庆渝中区，父亲是一名川剧国家二级演员。受父亲的影响，她从小就喜欢唱歌，外形甜美、嗓音出众，但是，小时候一次生病使得她再也长不高了，成年后身高不足 1.5 米。因为身高和体型，一些小伙伴嘲笑她，让唐红从小就非常自卑。1989 年，唐红做了手术，但术后留下了不能剧烈运动的后遗症，但这并不影响唐红对唱歌的喜爱。

教黑人朋友唱中国民歌

1994 年，在南非做导游的姐姐给唐红打来电话，希望她能过去帮忙照顾孩子。唐红远赴南非，人生也由此翻开了新的一页。

来到南非后，唐红开过美容店，做过导游，尽管融入当地环境非常困难，但是凭着重庆人不服输的性格，她一点点克服，一步步挺了过来。

当地人洒脱的个性，也帮助她建立了自信。唐红回忆说，在南非刚开始学车时，她担心自己个子太矮，腿太短，踩不到刹车，对方听后，风趣地劝慰她："不会的，我只听说我们非洲人太胖，钻不到车里。"

还有一次，酷爱舞台表演的唐红怀着忐忑的心情问当地人："我那么矮，能登台吗？"对方回答她说："没听说个子矮不能登台呀，这是最合适的身高。"

在这样的氛围中，唐红逐渐找回了自信，开始重拾自己的舞台梦。1997 年，南非华人艺术团成立，唐红成为首批团员之一。因为出色的唱功，她很快就成了团里的"台柱"。

融入当地文化圈后，唐红结交了很多黑人朋友。唐红不仅向他们学习当地的祖鲁语，学唱当地歌曲，还教会他们唱中国民歌。

就在南非当地时间 7 月 25 日，唐红组织了一次聚会，邀请了几位黑人朋友，其中包括一位南非国家广播电台的主持人。现场，这位主持人清唱了一曲中国民歌《茉莉花》，音调准确、咬字清楚，让人惊叹不已。她说，这首歌就是唐红教给她的，她很喜欢，经常会唱给朋友们听。

在南非成立重庆商会

在南非，唐红不仅事业上有了成就，还收获了爱情。她的丈夫是一名

唐红　让《茉莉花》在南非传唱

美国人，两人在一家旋转餐厅吃寿司的时候相识。唐红问起丈夫，自己身上的什么特质吸引了他。丈夫说，就是看中了她阳光、开朗的个性。

由于南非华人艺术团的关系，唐红于 2000 年在南非侨界做过一些服务，积累了一定人脉。她觉得，随着中国和南非两国交流的不断深入，到南非做生意的重庆商人越来越多，大家应该有一个自己的组织，使身处异乡的重庆人相互帮助，资源共享，互利互惠，抱团发展。

2015 年，南非重庆总商会成立，唐红任会长。唐红表示，在南非这么多年，她发现很多南非人不了解重庆，重庆人也不了解南非。"这是一个很好的契机和平台，让双方加强沟通了解，进行商贸、文化互动。"

谈到重庆，唐红说，家乡的发展日新月异。有一次，她回重庆国泰大剧院听重庆民乐团的音乐会，竟迷路了。一路打听，才发现，大剧院竟然就在她小时候住过的老房子背后。

唐红说，美食是重庆的一张名片，现在商会的主要目标之一就是弘扬巴渝饮食文化。目前，商会已经引进了重庆一家知名火锅品牌在约翰内斯堡的一条商业街布局，像重庆的江湖菜、烤鱼等具有特色的饮食，也将逐步进入南非市场。

唐红说，下一步，商会将继续加强重庆和南非之间的文化、商贸交流，还计划将变脸、川江号子等巴渝特色文化引入南非，让这些节目逐渐出现在南非的各类文艺演出中。

葡萄是双手种出来的，事业是双手干出来的！

叶磊

重庆璧山人。2010 年来到新疆伊宁创业，历尽艰辛，终于建起了一家经济效益可观的葡萄园。

叶磊：脱下西装到新疆种葡萄

□ 张畅

"蓝天白云下，成串的葡萄挂在葡萄架上，人们在架子下喝着美酒，载歌载舞，风儿吹过，香甜无比。"这是重庆小伙叶磊对新疆的美丽印象。2010 年，他脱下西装，放弃在深圳的服装设计师工作，到新疆挽起袖子种起葡萄。如今，仍在创业路上艰难打拼的他品尝到的不仅有葡萄的香甜，还有五味杂陈。"尽管我种葡萄还未取得更好的经济效益，但无论如何，我选择了，就不会放弃。"

辞职种葡萄

"欢迎光临三石葡萄园，我们的葡萄又大又甜，很好吃！"在新疆伊宁市郊外的三石葡萄园，园主叶磊热情地招呼着大家。

叶磊是重庆璧山人，今年 32 岁的他个头不高，脸黑红黑红的，给人一种憨厚的感觉。

"我的脸是被新疆的太阳晒黑的。"叶磊笑了笑。

小时候，叶磊从课本上得知新疆盛产葡萄，是个瓜果飘香的好地方。因为表叔在伊宁种葡萄，2000 年，叶磊的父母离开璧山老家，前往伊宁帮助表叔种葡萄。不久后，他弟弟也跟着去了。但干了几年后，弟弟想去另外的地方发展。

"新疆葡萄这么有名，一定能干出一番事业。"叶磊想象着新疆的美丽景象，考虑着去新疆也方便照顾父母，2010 年秋天，他辞去了在深圳的服装设计工作，到新疆挽起袖子，拿起锄头，开始创业种葡萄。

辛苦四年一场大霜从天而降

"比起西装革履的精神压力，种葡萄应该是惬意休闲的。"年轻的叶磊在伊宁市郊外租了地，和父母一起开启了他向往的田园"慢生活"。

第一年，叶磊租用拖拉机整治光秃秃的土地，种上葡萄；第二年立起葡萄架，架子一搭好，紧接着就开始忙起来。此时，叶磊才发现，惬意的慢生活只是想象。种葡萄不是朝九晚五，而是披星戴月。

因为资金不够，绑藤、除草等很多活都得自己干，很快，叶磊的双手变得粗糙黝黑，指甲缝里总是带着泥土。"我在朋友圈里晒图，深圳的朋友以为我去了西藏。"照照镜子，叶磊自己都不敢相信黝黑的他以前是个白领。

之前只在地里挖过红薯的叶磊发现，光靠在电脑上学种植技术不行，他便在葡萄园中搭了一间临时小屋，带着馕和开水，睡在田间地头。"只要看到邻家果园在种葡萄，我就悄悄学技术。"叶磊不怕吃苦，成天都在地里给葡萄剪枝、绑藤，学种植技术。

2013 年，培育了三年的葡萄该结果了，可那年秋天，新疆伊宁连日阴雨，三石葡萄园的积水到了小腿深。水退以后，地里积了厚厚一层泥，叶磊和父母弯腰拿起锄头，挖开淤泥，一层一层地烧火烤干泥土。尽管全家齐心拯救葡萄，可受雨水影响，收成、品质都不理想，没卖到好价钱，更没带来利润。那时，叶磊已经在葡萄园投入了 20 多万元。

2014 年，24 亩美国红提第一次大规模挂果。红彤彤的圆润果实在阳光下水灵灵的，看着满园的葡萄，叶磊一家非常高兴。第一轮成熟的葡萄带来了 30 万元收入，总算收回了成本。这样算下来，第二轮葡萄成熟后，就可盈利了。

就在叶磊以为苦尽甘来的时候，一场霜不期而至，让还没来得及采摘的第二批成熟葡萄僵死枝头。"冻坏的差不多有 30 吨，损失 15 万元左右。"叶磊记得，看到蒙霜的葡萄，他抱着头蹲在地里，脑子一片空白。

"那时受到了极大的打击，想放弃。"那年年底，叶磊提前回老家璧山过春节，打算在老家找一份安定的工作。几个兄弟听说了他的遭遇，齐声鼓励他："人要坚强，农业靠天吃饭是常理，不能就此放弃！"

消沉一段时间后，叶磊不甘心放弃。第二年开春后，他重拾信心，回到了伊宁的果园。

葡萄寄托全家的梦想

2015 年秋天，三石果园硕果累累。一颗颗红提大小均匀，剔透饱满，随便摘下一颗，果肉都细腻、香甜。吃着随手采摘的葡萄，叶磊乐呵呵地说，"首轮采摘下来的 30 吨葡萄卖给了一位重庆收购商。重庆人利用新疆的好山好水种出好葡萄，送回家乡，这多有成就感啊！"

尽管第一轮葡萄已经卖得好价钱，但想起 2014 年的遭遇，叶磊丝毫不敢怠慢。他每天一睁眼，心里想的就是葡萄。

为了保护好第二轮葡萄，他每天要在葡萄园里待 10 多个小时，检查每一棵葡萄树，剪去多余的枝叶，让果实得到允分的光照和生长空间。为了防止虫子和鸟儿偷吃，他给每串葡萄套上 3 层袋子。为了抵御霜降，经常烧起柴草，用烟雾来保护葡萄枝叶不受冻。

晚上，劳累了一天的叶磊一回到家，父母就赶紧从院子里摘回青菜，下三碗热腾腾的拌面，一家人在昏暗的厨房中边吃边讨论着天气。他们都认为，2015 年的葡萄被霜打坏的可能性较小。可是一周后，眼看就可采摘的第二轮的葡萄再次面临霜灾，坏了不少。万幸的是，这次叶磊赶着抢收了一些。

"以前认为在深圳工作竞争大，但现在比较起来，种葡萄既没有双休、节假日，又要承受天灾的风险，自谋销路，精神压力更大。但我选择了，就不会轻言放弃。" 如今，叶磊一家人继续在园子中忙碌着。虽忙虽累，但他们都有一个葡萄梦：叶磊盼着，靠葡萄赚钱，让年近六十的父母过上好日子。父母则希望多帮帮儿子，将来卖葡萄赚了钱，让儿子早日娶妻生子。

叶磊一家人把葡萄当孩子一样照顾，希望它们再次硕果累累之时，葡萄能圆他们的梦。

低头看见自己的阴影，抬头看见更远的世界。

冯琦雯

重庆江北人。2008 年参加重庆第六届时装模特大赛并一举夺冠，从此迈入时尚圈。
现为纽约上市公司威赫敏娜模特公司签约模特。

冯琦雯：重庆女孩走上国际 T 台

□ 刘艳

她从小喜欢 T 台，在完成学业的同时，坚持参加专业培训，大学毕业后成为一名专业模特，活跃在国际 T 台上，常常参与纽约、巴黎、米兰、伦敦等时装周走秀。实现了自己最初定的小目标后，她计划回家乡开工作室，实现更大的目标——做一名时尚文化传播者，为家乡的时尚文化事业出力。她是冯琦雯，一名"90 后"重庆女孩。

首次参赛获冠军

初见冯琦雯，1.78 米的个子、身材高挑、秀发披肩，虽然穿着平跟凉鞋，但走起路来却有一种独特的魅力。

冯琦雯是重庆江北区人，从小个子就高，12 岁时就有 1.74 米。她还记得，当时姨妈带她去参加一个模特比赛，因为个子高受到评委的关注。可当她兴奋地打电话告诉爸妈这个消息时，却遭到反对，"家人比较保守，认为当模特不能作为职业，还影响学习。"

虽然遭到家人的反对，但冯琦雯却喜欢上了模特这个行业。上高中后，个性独立的冯琦雯在朋友的推荐下，利用课余时间开始接受专业培训。闲暇时间，她还在电脑上跟着视频学习走猫步，"有时听着音乐走在路上，踩着节奏，不自觉地就想走猫步"。

高中时，冯琦雯偷偷报名参加了在重庆举办的全国时装模特大赛。"我喜欢走在 T 台上的感觉。"冯琦雯说，参赛前，她拿出平时积攒下的 1000 多元零花钱，报了个培训班，利用周末突击学习。虽然高中时学习任务较重，训练又累又枯燥，但她还是咬牙坚持了下来。

"我脚比较大，要穿 40 码的鞋，当时没有合适的鞋子，我就踩着 39 码的高跟鞋参加训练。"冯琦雯还记得，比赛当天也是如此，在台上走秀 50 多分钟后，她的后脚跟磨破了皮，疼痛钻心，可她没有吭一声。

辛苦付出后是收获，冯琦雯拿到了比赛的冠军。这也是她第一次参加模特比赛。

后来，冯琦雯参加了"第十届 CCTV 模特电视大赛"，获得重庆赛区亚军。对于还在上学的她来说，这两次经历为她积累了宝贵的经验。

独闯美国为试装等候 5 个小时

大学毕业后，冯琦雯选择了走职业模特之路，"生活就是舞台，需要好好地展示自己。"

2012 年，冯琦雯有机会参加了路易威登在上海举办的秋冬时装秀。当时，国内众多模特公司纷纷派出顶尖模特参与面试，许多外国名模也前来寻找机会。作为一个初入模特行业的新人，冯琦雯没想到自己竟然也入选了。

"这场时装秀，让我与世界一流模特同台演出，极大地提升了我的视野和水平。"冯琦雯说。这次时装秀上的精彩表现也让冯琦雯被更多人熟知。不久，纽约的上市模特公司 Wilhelmina NYC 选中了冯琦雯，邀其到美国发展。冯琦雯也成为这家模特公司接下来两年官方网站封面的主力模特。

独自一人初到美国，冯琦雯人生地不熟，面对语言交流的障碍，她参加了语言培训班，短短一个月就能熟练地与当地人交流。

虽克服了语言障碍，但要真正融入圈子，还有很长的路要走。模特都要先试装才能上台走秀，冯琦雯第一次去纽约试装时，虽然提前到达现场，但因是新人，被安排在最后，足足等了 5 个小时才轮到她试装。"有时候，接到通告匆匆赶往现场，苦苦等候几个小时，甚至轮不上面试的机会。"但冯琦雯没有放弃。

纽约作为世界的时尚巅峰，行业竞争很大，面对来自世界各地的时装佳丽，任何人都无法独霸风景。面对光鲜背后的巨大竞争、挑战以及生存压力，冯琦雯也曾在夜深人静的时候偷偷落泪，但韧性极强的她咬牙坚持，继续参加训练和面试。

模特对身材的要求很高，冯琦雯不仅坚持锻炼身体，还要抵御美食的诱惑。自称是吃货的她认为，管住嘴的方法就是想想最初的梦想，"梦想比嘴上吃的更重要。"

拒绝美食的诱惑还是其次，最难熬的还是对父母、对家乡的思念。冯琦雯说，"每年纽约时装周举行的时间都是中国的春节，那时特别想家，总要给父母打个电话，他们的支持成为我坚持的动力。"

要回家乡开工作室和模特学校

在美国这几年，冯琦雯成长很快，经常出现在纽约、巴黎、米兰、伦敦等时装周上。在这些汇集全球时尚界精英的 T 台上，她用自己时而沉稳内敛，时而激情随性的独特方式诠释着对时尚的理解，成为全球超级模特中耀眼的中国面孔。

除了走上世界顶级 T 台，她还多次登上时尚杂志封面，并为知名企业代言。2014 年，冯琦雯成为香港连卡佛百货品牌代言人。同时，她也是美国最大商业集团 Simon Malls 的全球代言人，在纽约地铁站沿线站台，这位中国姑娘的大型海报随处可见。

在国外打拼这些年，冯琦雯不断学习世界各地的时尚文化和时尚前沿知识。与世界一流设计师、品牌商、时尚传媒以及会展精英的密切合作，让她获得了前所未有的信息更新和经验增长。冯琦雯说，模特生涯让她开阔了视野，体验到不同的时尚文化，这些经历为她创办时尚工作室积累了经验。

"能够把梦想变成自己的职业，我很幸运。"冯琦雯准备在重庆开设时尚工作室。她认为家乡的山山水水哺育了她，无论走过多少繁华如梦的异国他乡，家乡永远是她心底最淳朴的记忆。筹备中的冯琦雯工作室主要经营国际品牌，她希望能把地地道道的时尚文化、品牌资讯、行业信息带回家乡。

此外，冯琦雯还希望在重庆开办一所模特学校，把自己的经验、知识、资源传递给有志于从事时尚行业的年轻人，鼓励更多年轻人勇闯世界，追寻人生梦想，让更多重庆模特走向世界。目前，有两所艺术学校正与其洽谈合作。

"低头看见自己的阴影，抬头看见更远的世界。"冯琦雯说这句话时，眼神中带着坚毅。

遇见任何困难，我们只需要冷静面对，因为人生总会经历高低起伏。

石璐杉

重庆沙坪坝人。从小爱好写作，2005年到香港中文大学攻读硕士研究生，毕业后进入《大公报》工作，现任《大公报》港闻部副主任。

石璐杉：勇闯香港新闻界

□ 郑亚岚

　　说起独自在香港打拼的经历、蜗居生活的艰辛和工作的考验，现在的石璐杉可以笑着调侃那些过去。从 2005 年到香港中文大学攻读研究生到最后留下来打拼，她时常感到迷茫和孤单，也曾退缩。然而，正是石璐杉骨子里重庆人不服输的性格让她下定决心留在香港。

　　"生活总是艰辛的，在哪里都一样。"靠着这样的信念，石璐杉从一个连粤语都不会讲的职场新人成长为香港《大公报》港闻部副主任。

初中创办文学社

　　石璐杉很小的时候父亲就去世了。母亲一个人承担起家庭的重担。"妈妈是我见过最坚强、最独立的女性。"母亲身体力行教育石璐杉如何做一个不怕困难、积极向上的人。或许是因为母亲在《青年报》当记者的缘故，石璐杉从小就很喜欢写作，8 岁时曾在《少年先锋报》上发表文章。

　　在南开中学读初中时，石璐杉与几个同学一起创办了《青枫》文学社，"青枫是等待变红的意思，这个名字是我们几个同学想了好久才决定的，很符合当时文化青年的风格。"石璐杉说，那个年代的创作氛围特别好，每个班都有爱好写作的人。

　　读高二时，石璐杉成为校刊《南开》的主编，老师也经常鼓励她参加市内外的写作比赛。石璐杉每次都能拿回不错的成绩。

　　"在南开中学读书对我人生的影响很大，算是决定了我今后要走写作这条路。"石璐杉说。

逐梦他乡重庆人

Chongqing Flyers

2001 年石璐杉被北京语言大学中文系录取，大学毕业后，石璐杉决定到香港中文大学继续深造。

湾仔的蜗居生活

在石璐杉看来，香港就是繁华的都市，那里有密密麻麻的摩天大楼以及熙熙攘攘的人流。但是在学校，她完全没有找到"想象中的香港"，充满浓郁人文气息的校园颠覆了她对香港的"刻板印象"。

2006 年，身边的同学纷纷到香港各个媒体实习的时候，石璐杉一个人回到了北京。"当时北京的朋友帮我联系了很多驻京的外国媒体，便想要试试。"石璐杉说，北京的面试并没有她想象中那么顺利，一些新闻业前辈也对她的想法不理解。

母亲苦口婆心地劝石璐杉留在香港工作。在母亲的鼓舞下，石璐杉开始在香港找工作，最后幸运地被《大公报》录取了。

解决了工作后的第一件大事便是找住处。为了方便上班，石璐杉和大学同学在报社同事的帮助下租住在湾仔，到单位只需要 3 分钟。

石璐杉租住的房子有 30 年的房龄，好几个合租的朋友都在房东几次加租后选择了搬走。怕麻烦的石璐杉最后咬咬牙坚持了下来。在她看来，能在湾仔黄金地段找到租住的房子就已经很幸运了。

从编辑到副主任

因为不懂粤语，刚进《大公报》时，一心想做记者的石璐杉被新闻部拒之门外，只能去其他部门任编辑。渐渐地，石璐杉觉得每天在办公室仍旧与香港是"绝缘"的，非常失落。

经过一年的自学，石璐杉已经能讲带有浓重口音的粤语了，她主动向报社领导提出想要当记者，领导也同意了她的请求。

"做记者只能用'折腾'来形容。"石璐杉说，记者的工作时间通常是不确定的，要根据每晚分配的采访任务来定，而超时工作也是家常便饭。

做记者的第一个星期，石璐杉就经历了一次连续工作 14 个小时的采访。"那时我对记者工作充满了热情和好奇，虽然很疲惫，但仍难掩兴奋。"石璐杉说。

功夫不负有心人，当记者的第三个月，石璐杉就获得了报社最佳新闻写作金奖，当年还成为报社 3 个最佳新人之一。一年后，她被调到港闻部成为了一名时政记者。石璐杉参与了全国多项大型活动的报道，比如"国庆 60 周年阅兵"和"2011 年全国两会"。

香港和重庆很像

也有人曾问过石璐杉，为什么放着在内地宽敞的房子、舒适的生活不要，甘愿在香港蜗居打拼？"其实我也常问自己这个问题。但转念一想，香港除了居住面积小一些，但交通便利、制度完善、治安上佳，算得上是一个宜居城市。在这里，能够为自己的梦想奋斗。"石璐杉说。

如今，虽然常常四处奔波，但每年春节，石璐杉都会回重庆陪妈妈过年。每次从重庆回香港，她都会带一大包特产分给同事。在石璐杉的影响下，很多不吃辣的同事都渐渐爱上了重庆火锅的味道。

"其实香港和重庆很像，依山傍水，有时候我会觉得我似乎从未离开过重庆。"

我觉得，无论在哪里都不能忘记自己的母语和自己的根。

钱鸥

重庆沙坪坝人。日本京都大学文学博士，现任日本同志社大学教授、博士生导师，中日学术及思想史研究、王国维研究的著名学者。

钱鸥：在日本追寻王国维大师的足迹

□ 杨野

走进日本京都同志社大学钱鸥的研究室，里面摆放着几个大书柜。书柜里的书籍很多，但最显眼的莫过于排列整齐的 20 卷《王国维全集》。钱鸥是专业研究王国维的著名学者。不过，小时候的钱鸥最喜欢的是武术，后来又爱上了舞蹈，最大的梦想是成为舞蹈家，但因身体原因，她最终不得不"弃舞从文"。

热爱舞蹈进入战神歌舞团

钱鸥的小学时代是在重庆大学附属小学度过的。跟当时大部分女孩的兴趣爱好不同，她特别喜欢武术，还加入了小学的"武术兴趣班"。

小学三年级的钱鸥进入了重庆市业余体育学校，学习器械体操。在重庆市业余体育学校训练了四年的体操后，钱鸥又爱上了舞蹈，强烈地想朝着舞蹈的方向发展。

13 岁那年，新疆维吾尔自治区乌鲁木齐的战神歌舞团来重庆招生，教练推荐她去学习舞蹈。或许是因为有体操底子，钱鸥幸运地从众多报名者中脱颖而出。"当年新疆战神歌舞团在全重庆只招了一个女孩，那就是我。"钱鸥骄傲地说。

在临行前，钱鸥的父母却不放心钱鸥一个人去那么远的地方，就和招生老师联系，打算放弃。后来，钱鸥的母亲带着她去火车站送别招生老师。眼看着火车即将启程，站在站台上的钱鸥在火车发动前几分钟，爬上窗户，招生老师在里面拉，于是，她就这样到了乌鲁木齐。

训练受伤离开战神歌舞团

身在异乡，钱鸥时常收到母亲的来信。钱鸥说："我印象深刻的是，母亲经常会在信里嘱咐我，无论以后我做什么，一定要学会做人。"

钱鸥说，与平时当面的唠叨不同，这些信多是讲道理、谈人生的，逻辑清晰而又感情丰富，至今都还记得很多内容。"无论体育还是文艺，你首先是一个普通人，善良的、懂道理的、有知识的人，知识决定你的思维判断和行动。"妈妈这些话一直鼓励着钱鸥。

虽然每天都在学习舞蹈，但钱鸥仍然没有放弃学习文化知识，没事就抱着书看，大家还打趣地给她起了个外号叫"小秀才"。

在新疆学舞蹈的日子，虽然过得不比体育学校轻松，但钱鸥很开心，她梦想着有朝一日能够成为一流的舞蹈演员。在逐梦的过程中，所有的坎坷钱鸥都能克服，除了一件事，那就是想家。

1980年，钱鸥在舞蹈训练时腰部受伤，经检查，她的腰椎间盘有碎片，弯腰困难，这对于当时把舞蹈视为生命的钱鸥来说无疑是晴天霹雳，在很长的一段时间里，她有些茫然。

到日本留学并研究学术史

1982年，钱鸥回到重庆，进入了重庆大学做行政方面的工作。舞蹈梦碎后，钱鸥就想做学问。当时她一边工作，一边参加四川广播电视大学的学习。慢慢地，她的状态调整过来了，觉得做学问也挺好。

"当年我的毕业论文写的是《现代派文学在中国的状况》，获得了指导老师林亚光教授的好评，还发表在《论文指导》杂志上。"钱鸥说，林教授希望她能够在文学史这个领域继续发展。

在林教授的引荐下，几经周转，钱鸥被日本东北大学研究院录取。1988年3月，钱鸥东渡日本。在日本东北大学就读一年后，又考入了京都大学，在这里，钱鸥一读就是6年，最终拿到了博士学位。随后，钱鸥进入同志社大学任教，从事中日学术史、比较思想史研究。

"追寻王国维的足迹，源于心心相印。"钱鸥称，早在京都大学读书时，她就开始研究王国维了。她走访了很多老人、学者，翻阅了大量的回忆资料，为找到王国维当年在日本的确切居住位置，她还查阅了多方资料。

1993 年，钱鸥获知当地中国亚洲研究专业书店社长土江澄男手里有王国维写给日本朋友铃木虎雄的 7 封书信，于是前往一探究竟。钱鸥从王国维信件的落款地址中考证了他当年在京都所住的位置，"现在这 7 封书信都珍藏在京都大学文学部博物馆。"

要求女儿说重庆话不忘根

钱鸥的女儿是在日本出生的，但钱鸥在家里依然坚持和女儿说重庆话。钱鸥说："我觉得，无论在哪里都不能忘记自己的母语和自己的根。"正因为如此，钱鸥每次带女儿回到重庆，女儿都不会觉得和重庆有丝毫的陌生感。

2014 年，重庆大学成立高等研究院，钱鸥有机会回重庆开办讲座，与国内的学生交流学问。钱鸥希望以后能够举办一些定期的讲座，"常回家看看"。

想家是必然的，我们在阿尔及利亚奋斗、成长，这里也成了我们的第二故乡。

黄天龙　刘智慧　邓超

黄天龙、刘智慧、邓超，是中冶建工集团海外工程分公司重庆籍员工。他们代表重庆，更代表国家在阿尔及利亚耕耘，为当地的社会保障住房建设添砖加瓦，累计已为当地建成上万套住房。

黄天龙、刘智慧、邓超：重庆男孩非洲谱赞歌

□ 伊永军

　　这是一个特殊的群体，他们都是"80 后"重庆籍建筑工人，为了让别人居有定所，自己背井离乡前往广袤的非洲大地，在万里之外挥洒着汗水。他们的热忱和高度的责任感，让当地人不仅领略到响当当的"中国质量"，还感受到火辣辣的重庆热情，在异国他乡谱写着一曲青春赞歌。

爱"管闲事"赢得好口碑

　　黄天龙，1988 年出生，重庆大渡口区人。2012 年来阿尔及利亚工作，现任中冶建工集团有限公司阿尔及利亚 AZAZGA1000 套住房项目技术负责人，兼任中冶建工集团海外工程分公司翻译。

　　2016 年 7 月 19 日，黄天龙来到阿尔及利亚麦迪亚 1657 套住房项目工地。这里黄沙遍地、紫外线强烈、人烟稀少，距离中冶建工集团在阿尔及尔的办事处有 4 个小时车程。黄天龙此行的目的，是帮助当地一户居民解决用电问题。

　　由于中冶建工集团在阿尔及利亚的不少省都有项目，除了建设方面，当地居民也常常因一些杂事向中国小伙子们求助。每当遇到此类问题，只要是力所能及的，他们都会尽力帮忙。

　　"谁没有遇到过困难，能帮尽量帮。再说，我们在这里搞建设，代表的不仅是个人，一定程度上也代表着国家形象。"黄天龙说，中国人在阿尔及利亚的口碑非常好，很多当地人见了他们直竖大拇指。

　　黄天龙来阿尔及利亚工作已经 4 年，28 岁的他算是这里的老员工了。

来这里之前，阿尔及利亚对他而言充满了神秘。2012 年，为响应公司扩展海外事业的号召，他带着对异域风情的渴望，在阿尔及利亚开始了全新的生活。

2013 年初，公司在该国南部城市阿德拉尔省承接了一个旅游建筑群项目，工期短、任务重。黄天龙被派往该项目担任材料员，兼职翻译工作。听说这个项目位于撒哈拉沙漠之中，黄天龙心里难免有些顾虑，但带着重庆人骨子里那种勇于挑战自我的精神，他义无反顾地投入工作中。

阿德拉尔省的艰苦超乎想象，夏季室外温度可以达到 55℃，而且夏季极长，从 5 月初一直延续到 10 月末。其他月份就是风沙季，常常漫天黄沙，吹得人嘴巴、鼻子、头发里到处都是沙子，吃饭的时候经常是半碗饭，半碗沙。

黄天龙学的是涉外土木工程英语专业，但这里的官方语言是法语，他是兼职翻译，一切都需要在实践中学习，慢慢摸索。黄天龙常常白天忙完工作，晚上就钻研各种法语资料，有时候，连做梦都梦到跟甲方业主用法语交流。黄天龙虚心求教，工地上所有当地人都成为他的法语老师。现在他可以用法语自如地与当地人交谈。

谈到家乡，黄天龙说，妻子目前在重庆，由于自己常年在外，觉得对家人很愧疚，也很思念家乡。每次回重庆，除了回家，他还习惯去母校重庆交通大学逛一逛，回忆自己的青春岁月。

家人的照片看了千万次

刘智慧，1985 年出生，重庆沙坪坝区人。2015 年来阿尔及利亚工作，现任中冶建工集团有限公司海外工程分公司计划财务部部长。

和黄天龙身负"兼职翻译"一样，刘智慧在中冶建工阿尔及利亚办事处也有一个兼职工作，就是"后勤部长"。在阿尔及利亚，重庆籍员工非常多，为了让大家能时常品尝到家乡口味，做得一手好菜的刘智慧常常会展示自己的厨艺，做川菜、火锅给员工们吃，因此成了大家口中的"后勤部长"。

2015 年 12 月，刘智慧被派到阿尔及利亚工作。到了那里，一切还没

黄天龙、刘智慧、邓超 重庆男孩非洲谱赞歌

有适应，就投入到紧张而繁忙的年终财务决算工作中。忙完年终决算，又开始进行工人的工资结算，几百名工人都等着发工资汇给亲人过年，一点也不能马虎。那段时间，除了吃饭、睡觉，数据、表格、报告几乎成了他生活的全部。

刘智慧说，刚到阿尔及利亚时，最不习惯的就是当地人工作的慢节奏。无论是业主、银行还是税务人员，工作总是慢条斯理，与重庆人风风火火、雷厉风行的办事风格大相径庭，让他时常抓狂。

在适应新环境的同时，重庆人的做事风格也在潜移默化地影响着当地人。常常有公司的外籍员工说，看到刘智慧的工作态度和效率，自己也跟着积极起来。

"每逢佳节倍思亲"，不仅是过节，来到阿尔及利亚后，刘智慧一有空闲就会翻看手机，看看家人的照片。"只恨当时照得太少，这些照片不知被翻看了多少遍，还是百看不厌。"

舍"小家"为"大家"

邓超，1982年出生，重庆长寿区人，家住九龙坡。2016年3月来阿尔及利亚工作，现任中冶建工集团有限公司海外工程分公司总经济师。

在这个群体中，邓超的职务是最高的，但若论在阿尔及利亚工作的资历，邓超却是个不折不扣的"新兵蛋子"。不要说与"老兵"黄天龙比，就算是2015年才到的刘智慧，也比他资格老。

邓超2003年从重庆三峡学院毕业后就进入中冶建工集团工作，大部分时间是在各区县做工程。2013年，他被公司调到甘肃工作了两年，2015年7月进入中冶建工集团有限公司海外工程分公司工作，2016年3月被派到阿尔及利亚。

在这里，大家人际关系单纯，友爱互助，没有人比资历、比职务。工作中，他们是一个团结战斗的群体；下班后，他们是一个充满温情的大家庭，共同携手面对在异国打拼的风风雨雨。

邓超表示，中冶建工集团在阿尔及利亚发展得很好，在建项目共有10个，已结算项目有4个。2015年新承接了5900套住房，目前已在阿尔及

利亚累计完成了 1 万多套住房。

2015 年，中冶建工集团在阿尔及利亚承接了 10 亿元人民币的总包工程。在阿尔及利亚，能以总包形式承接项目的单位仅有 20 家左右，能做到 1 万套的更是少之又少。

刚来阿尔及利亚，邓超听同事们说，开始当地人对他们有着戒备心理，担心被抢了"饭碗"。但如今，一切都悄然发生变化。中冶建工集团在阿尔及利亚的项目聘请了很多当地员工，他们欣喜地表示，中冶建工集团为他们提供了很多就业机会，很感谢中国人帮助他们一起建设阿尔及利亚。

中冶建工集团从 2009 年来到阿尔及利亚发展，通过不断努力，不仅取得了可喜的成绩，更得到了当地人的认可，这是一件令人骄傲的事情。这里面自然少不了重庆籍员工的功劳，重庆人热情耿直、敢闯敢拼的性格在当地人中赢得了良好口碑。"我们要一起努力，把这良好的口碑一直保持下去，让更多外国人感受到中国质量、重庆热情。"邓超说。

邓超 2009 年成家，妻子是渝北人，2011 年，女儿出生。谈到妻子，邓超觉得很愧疚："从我们恋爱到现在，我待在家里的时间加起来不到 4 个月。"

想到这些，他有些哽咽："老婆，你辛苦了！一个人撑起一个家。女儿，从你出生到现在，爸爸基本上没在你身边陪你，我对不起你们。"

正是这些在非洲的建设者们，用他们舍"小家"顾"大家"的精神，换来当地人对中国建筑以及对中国工人的认可。他们默默地付出，在大洋彼岸书写着不平凡的青春。

我愿意用自己的专业知识，为国内的环境污染治理作贡献。

范智华

重庆渝中人。1990 年赴美国攻读博士学位。现为新泽西州卫生部公共健康实验室主任。国际环境暴露科学协会三州（纽约州、新泽西州和 PA）分会主要创始人，化学恐怖应急测试专家，也是全球化学暴露科学的带头人之一。

范智华：全球化学暴露科学的带头人之一

□ 徐菊

　　美国"9·11事件"发生后，为防止疫情发生，她前往纽约上百公里外的地区采集土壤、水和空气样品。汶川地震后，为监测灾区水质、土壤是否受到污染，每个重灾区都留下她忙碌的身影。她就是出生于重庆渝中区的范智华，美国新泽西州卫生部化学恐怖应急测试专家，全球化学暴露科学的带头人之一。为了心中那个保卫全球环境的梦想，她一直在和疫情作斗争。

学霸赴美深造却差点休学

　　范智华从小就是学霸，1982年，她以优异的成绩考入北京大学技术物理系，选择了环境化学专业，直到攻读研究生。

　　"20世纪80年代，国内很少人进行环境化学方面的研究。"研究生毕业后，她选择了出国深造。

　　1990年3月，范智华到美国北卡罗莱纳州立大学环境科学和环境工程专业读博士。她说，这里需要学很多相关的课程，比如生理学、毒理学等，而这些都是她此前从未接触过的课程。语言不通，加上不会开车、环境陌生等因素，范智华面临着生活的挑战。不久，她生病了，脖子上长了个鸡蛋大小的淋巴结核，吃药后身体反应很大。

　　"在人生地不熟的地方，命重要还是读书重要啊？"范智华的妈妈当时要求女儿回国。范智华也想过休学，但最终还是坚持了下来。

实验失败伤心地哭了

1998年，她进入新泽西州罗格斯大学环境职业医学系任教，主要从事大气污染与暴露科学研究。而她的辅导老师兼合作伙伴，就是全球暴露科学的奠基人。

简单地说，暴露科学就是研究人体暴露在什么样的污染环境中，身体各暴露部位能承受的数据。目前，这个学科是环境健康领域的分支学科，是近年来国际上刚刚发展起来的新型学科。

但是，在20世纪90年代末，这个学科在美国也仅处于摸索阶段，很多样品和化学品的合成都没有标准。

"记得有一次，我们做硝基多环芳烃的一个化学品合成标本，当时制作这个标本的标准买不到，我只有自己摸索来合成。"范智华说，她花了几个月查阅资料、准备各种材料，最后终于进入实验室合成阶段，但当老公陪着她回到实验室时，她最不愿看到的一幕发生了。"用来冷却的冷凝水管破裂，合成标本全部被烧糊了。"当时她一屁股就坐在地上，伤心地哭了起来。摸索阶段虽然很辛苦，但是为她的科学研究打下了坚实的基础。

2001年，美国"9·11事件"发生后，她和导师负责采集和分析评估灾难对土壤、空气和水质的影响。"恐怖袭击后，周围很多物品都布满了厚厚的灰尘，必须到爆炸核心区取灰尘样品并拿到实验室化验，还要用电脑模拟出当时的风速和风向后，跑到上百公里外的地方抽取当地的水、空气等拿回实验室化验。"范智华说，她的工作性质决定了哪里出现危险她就要去哪里。

跑遍汶川地震各个灾区

2008年5月12日，范智华和老公到日本旅游，刚到达酒店就看到四川汶川地震的消息。

"我的第一反应就是，灾区如何控制疫情？如何消毒才不会对周围的土壤、水形成污染？"范智华说，她立即联系了中国石油大学，因为他们

有地质、水污染处理专长，然后与国家自然基金委员会等相关部门联系，提出要去支援灾区。

在汶川、北川、擂鼓镇、德阳、绵阳等重灾区，都留下了范智华的身影。每到一个地方，她都要采集当地的土壤和水，然后带到中国石油大学去化验分析。

"截至2011年，我们对汶川地震灾区进行了为期三年的跟踪监测，主要监测灾后的水质、土壤在原来的抽样数据基础上有没有变化，监测点也主要集中在学校、医院和居民区。"范智华说，后来监测的样品数据，与当初的基础数据已经很接近，也就是说，地震后三年，灾区的土壤、水质基本上达到了震前水平。

将与重庆大学合作研究雾霾

一年前，范智华到了美国新泽西州卫生部工作，主要负责新泽西州公共卫生实验室，负责环境监测、新生儿人体血液检测、生物监测以及化学恐怖应急测试等。

范智华说，近年来，随着雾霾的困扰，她每年都要回国。范智华与清华大学、北京大学以及重庆大学进行关于环境方面的交流逐渐增加，并把暴露科学这个新兴学科带入国内。

从2011年开始，范智华就是重庆大学的客座教授，从事建筑与室内装修污染的研究。2015年2月，她以罗格斯大学客座教授的身份与英国雷丁大学、重庆大学一起，申请到了一个全球环境方面的基金，目的是针对重庆与伦敦两个城市，研究室内臭氧（主要空气污染物）对空气污染的影响。

"家里的空气不新鲜，想开门窗，但透进来的可能不是新鲜空气，而是另一种污染物。"范智华说，他们这个项目主要研究污染物对易感人群，比如老人和小孩的影响。

她说，目前这个项目还在进行中，预计2017年6月结束。接下来，她还将针对雾霾等污染的研究与重庆大学进行合作。

不管是进行科学研究，还是做临床医生，我都在思考怎么做一个好医生，这是我的梦想。

黄金

重庆大渡口人。1999 年考入重庆医科大学，2007 年进入新桥医院妇产科工作，2011 年辞职到香港中文大学妇产科攻读博士学位，2014 年继续攻读博士后。

黄金：重庆女孩在香港进行产前研究

□ 黄宇

受家庭的影响，黄金从小立志要成为一名医生，治病救人。她曾一天连做 13 台手术，迎接新生命。后来，她又辞职赴香港深造。如今，博士毕业的她主攻辅助生殖领域，想帮助更多孕妇顺利生下宝宝。时间流逝，她心中的梦想一直未变——诚心救人，做一名技术过硬的好医生。

从小立志学医救人

1981 年，黄金出生于重庆大渡口区一个知识分子家庭，从小在杨家坪长大。黄金从小都没见过奶奶，听爸爸说，奶奶在生小姑姑时产后大出血，当时医疗条件差，没能及时治疗，不幸去世。那时，她心中便萌生了当一名医生的念头。希望让每一名产妇都能顺利生下宝宝。

正因为从小就怀着这个梦想，黄金的学习成绩一直在班上名列前茅。1999 年高考时，她全部填报了医学专业，最终顺利考取重庆医科大学临床医学专业。临床医学专业强调实践。大三时，学校开了解剖课，每 10 位同学一组，需要亲手解剖尸体，并且细致研究人体的每一个器官。当时很多同学都下不了手，黄金却很淡定地拿起解剖刀。大学本科五年里，她学习非常刻苦，每学期成绩都是年级前三名。

"解剖是个了解身体构造的过程，这是成为一名合格医生的必经之路。"黄金说，"只有基础扎实，才能真正治病救人。"

2004 年，黄金以优异的成绩保送攻读研究生，她毫不犹豫地选择了妇产科。

曾一天做 13 台手术

黄金从重庆医科大学研究生毕业后,顺利进入重庆新桥医院妇产科工作。儿时的梦想终于变为现实,她暗下决心要对得起身上的白大褂。

成为医生的第一年,她基本都待在产科病房照顾病人。她至今仍清晰地记得汶川地震当天的经历。那是 2008 年 5 月 12 日 14 时 28 分,产科病房突然一阵晃动。"地震了!"产房里突然躁动起来,症状较轻的产妇拔下床头的输液管就往楼下跑,楼道里挤满了紧张的人群。

当时,产房内有两名待产的妈妈正在做产前心理疏导。突如其来的地震让产妇情绪更加紧张,生产不能顺利进行。

为了帮助产妇稳定情绪,避免出现意外,妇产科主任从办公室赶到产房,握着产妇的手,轻声安抚、鼓励产妇。奇迹发生了,精神振作的产妇顺利生下了宝宝。这一幕,让当时不知所措的黄金吃了一颗定心丸。

2010 年,刚进入医院三年的她成为妇产科住院总医师,每周只能休息一天,工作日 24 小时都要在病区。"尽管工作强度变大,但这样能更方便了解患者情况。"黄金说。

黄金　重庆女孩在香港进行产前研究

那段时间，她几乎每天都待在病房里，最多的一天做了 11 个剖宫产手术，两个重症宫外孕手术，几乎整天都没休息。长时间的一线工作让她积累了丰富的临床经验。

而立之年辞职求学

工作期间，黄金遇到很多反复流产的孕妇。她心中一直有一个疑问，为何夫妻双方产前检查没有任何问题，但一直不能成功生育？

随着时间的推移，很多临床问题积累在黄金的脑海里，她感到自己在学校里学习的知识已经不够用了。2011 年夏天，黄金作出了人生中的一个重要决定：辞职求学。

当时她已经结婚，丈夫在金融行业工作，收入不菲。为了取得丈夫的支持，两人经过几次彻夜长谈，最终，丈夫选择支持她，两人辞掉工作，一同前往香港中文大学求学。

在香港中文大学妇产科专业攻读博士学位的过程中，黄金对产前诊断和反复流产产生了浓厚的兴趣，她选择这个与遗传学紧密相关的领域作为主攻方向。越是钻研，她越是体会到自己在专业领域上的不足，因此，更加如饥似渴地学习。

2014 年，毕业后的黄金留校从事科学研究工作至今。她和同事们正在进行的课题是复发性流产和细胞反复种植失败的问题。

针对复发性流产，目前医学上还没有什么好办法可以解决，传统的应对方法是建议孕妇从怀孕初期就卧床保胎，卧床过程最长有八九个月，但这一方法对孕妇的生理、心理素质要求极高，容易失败。如果能找到相应的解决办法，就能帮助更多孕妇顺利怀孕，因此，黄金投入了极大的热情。

走到哪里都还是重庆人

如今，黄金已是一个 3 岁孩子的母亲，在对待病人时，她从过去单纯的医生角色转换为一个参与者，对渴望孩子的孕妇有了更多的感同身受，身上的责任感和参与感也随之加强了许多。

黄金性格爽朗，和大家相处融洽。在同事张永晶眼里，黄金是个爱笑的姑娘，工作很有耐心，很有爱心，从来不责备人。"遇到开心的事就会咧嘴大笑，很会带动气氛，是办公室的开心果。"

医院荣誉驻院医生 Sotirios Saravelos 是个希腊人。他指着办公室里摆着的一罐罐辣椒酱说："在黄金的带动下，现在大家都能吃辣。"

丈夫在香港中文大学工商管理硕士毕业后，也选择留在香港从事金融工作。夫妻两人忙的时候，就让双方父母轮流来香港照顾孩子。"每次过来，他们都会大包小包地带很多特产，可以不间断地吃到重庆味道。"黄金说。

尽管人在香港，但她感觉一直没有离开重庆。"周围有重庆朋友，和以前的同事也保持联系，心理上从未真正离开重庆。"黄金说，自己吃辣的习惯改不了，爽朗的性格也改不了，"这辈子生来就是重庆人，走到哪里都还是重庆人。"

虽然工作很忙，但黄金和丈夫每年都会抽时间回重庆和亲人团聚。如今，她的理想是成为一名技术过硬、关心病人的好医生，让病人们顺顺利利走出病房，让更多妈妈拥有健康的宝宝。

在国外工作虽然辛苦，但两人彼此照顾，也会很幸福。

韩一平　杨媛媛

韩一平，重庆大渡口人。中冶建工集团有限公司阿尔及利亚 AOUANA400 套住房项目材料员。

杨媛媛，重庆江北人。中冶建工集团有限公司阿尔及利亚 AOUANA400 套住房项目技术负责人。

韩一平、杨媛媛：在非洲演绎浪漫的爱情

□ 陈翔

到底是怎样的缘分，才能让韩一平在万里之遥的阿尔及利亚再次与心仪的女孩相遇。此前，他对杨媛媛一见钟情，但公开表白被拒绝。或许是踏实的性格和乐观的生活态度，最终让韩一平爱情事业双丰收，不仅娶到了心仪的女孩，在工作上也多了个好伙伴。

工作的好伙伴、生活的好夫妻

刺目的阳光照在阿尔及利亚 AOUANA400 套住房项目工地上，韩一平和杨媛媛忙里忙外，汗水已经打湿了面部。像这样平凡的相守，他们并不觉得苦。

韩一平皮肤黝黑，话不多。如今的生活状态对他来说，是幸福美满的。他和妻子工作相扶，生活相守，是项目组上让人羡慕的模范夫妻。在工作上，杨媛媛的烦恼是一人身兼数职的情况较多，经常到处跑。此外，由于阿尔及利亚的施工工艺和国内差异较大，所以做起来并不是很顺手。加上有时候想父母，会显得有些力不从心。

不过，每当在这种时候，韩一平都会在身边支持妻子，在工作上帮她出主意、想办法。杨媛媛说，别看丈夫年龄比自己小，但他性格沉稳，看问题、谈工作，经常能说到点子上。有了丈夫的支持，她在工作和心态上都调整得非常快，因而工作效率有了保障。

其实，在异乡打拼并非每个人都能适应环境。因为空气干燥，韩一平身上出现过暴发性痤疮，但工作性质决定了他不能离开岗位太久，所以只

能自己吃着药，慢慢地挺过去，都不敢告诉家里。

而在发病的时候，杨媛媛总在身边照顾他，特别是在饮食上，要求丈夫不能吃火锅，于是她就会主动准备一些清淡的蔬菜。

表白被拒绝但被分到同一项目组

虽然韩一平和杨媛媛现在已经完全适应了婚姻生活，但这段缘分来得并不容易。2011年5月8日，中冶建工在重庆举办了一场联谊活动。韩一平在活动上对杨媛媛一见钟情，并大胆当众表白，但被杨媛媛拒绝了。韩一平说，虽然自己平时话不多，但遇到喜欢的女孩还是敢鼓起勇气表白。

活动之后，韩一平也勇敢地向杨媛媛展开爱情攻势。不过，杨媛媛心里有顾虑，加上接触的时间不长，所以一直没答应。

2013年，韩一平被调到阿尔及利亚工作。他心想，或许真的与杨媛媛无缘，相隔万里，想追到心目中的女孩，希望更加渺茫。

没想到，该来的缘分总是会来。2015年初，杨媛媛也被调到阿尔及利亚工作，而且与韩一平在同一个项目组。韩一平掩饰不住内心的喜悦。实际上，杨媛媛要去阿尔及利亚这事，重庆的同事早已告诉韩一平，还让他去接机。虽然韩一平心里燃起了希望，但他认为这事不能着急，要用真诚打动杨媛媛。

杨媛媛初到阿尔及利亚，韩一平自然当起了向导。哪里拍照好看，哪里旅游不错……时间久了，杨媛媛真正发现韩一平是个很贴心的人，两人自然在一起了，不仅找到了共同爱好，在工作和生活上也更加得心应手。这里虽不能花前月下、江边漫步，甚至逛街、看场电影也成为奢望，却有一种别样的浪漫。韩一平的电脑上存着很多电影，闲暇时，他会和杨媛媛一起看。共同的事业追求，同在异乡打拼的经历，让两个人的心越走越近，逐渐擦出爱的火花。成为恋人后，韩一平曾问过杨媛媛，当年在联谊会上，为何会很干脆地把他拒绝的原因。

杨媛媛说，自己毕竟比韩一平大3岁，心里有顾虑，不敢接受这份感情。但韩一平上台向她表白的举动，还是令她非常感动，因为那天恰好是她的生日。后来，虽然韩一平又追了她两个月，但她觉得是这个小伙子一时"头脑发热"。直到来非洲工作，两人了解逐渐加深，才成就了这份姻缘。公司知道了两人的情况，也给予了充分的支持。海外公司副总经济师郝秀运说，公司希望他们在一起，有利于工作，也有利于员工的稳定。2015 年 9 月 2 日，两人回重庆领了结婚证。如今，他们打算抽时间到欧洲旅行，补过蜜月。

希望将来有机会建设重庆

异国打拼，想家是必然的。由于爱好摄影，他们常常通过社交平台收集一些重庆的美丽图片，关注家乡的变化。他们在朋友圈里常展示"重庆蓝天"的美图，连阿尔及利亚人看了都说美。

虽然想家，但夫妻两人对现在的生活已经很知足。他们说，建筑行业都是人跟着项目走，他们还年轻，在这个行业里还有很多东西要学。如果将来有机会建设重庆，他们会把积累的经验用于建设家乡，这是一件幸福的事情。

与其说它是一家火锅店，倒不如说它是一种乡愁。

张静莎

重庆渝中人。为音乐梦远走他乡，因想念重庆火锅，在福建漳州开办"宽门火锅"，
如今已有两家店。

张静莎：摇滚女生将乡愁融入火锅

□ 李晟

一个土生土长的重庆女孩，带着自己的音乐梦，她从重庆一路唱到广州、汕头、厦门，最后在福建漳州落脚。如今，她开了一家地地道道的重庆火锅店，既能解自己的思乡之情，也能更好地向别人推介重庆文化。

带着音乐梦离开家乡打拼

和一头短发的张静莎初次见面，重庆女孩的热情、直爽扑面而来。"经营火锅店是我业余的工作，音乐人才是我一直以来的职业。"

张静莎说，她3岁就开始接触音乐，学习电子琴。2000年，13岁的张静莎在学校里组建了自己的第一支乐队，名字有点另类，叫"窗户上的女妖"。当时她们是重庆唯一一个女子乐队，她们演出、唱自己的原创作品。"我还记得自己第一次登台演出，观众很多，我那时候还很瘦，还没有贝斯高。"张静莎说，当时读初中的她一边上学，一边玩音乐。

大学毕业后，张静莎的乐队经常受邀到外地演出，有着原创才华和鲜明个性的张静莎是乐队中最受关注的人。同时，她身上那股浓浓的重庆风格同样吸引着身边的朋友。

"我那时剃了一个光头，站在舞台上唱摇滚，每到一个地方，总能赢得不少的掌声。"在漳州，张静莎很快赢得了一大批歌迷，但这时她对家乡的思念越来越强烈。"怎么才能在异地他乡找到家乡重庆的感觉，想来想去，最后决定开一家地地道道的重庆火锅店。"

开重庆火锅店解思乡之情

2008 年，张静莎开始筹划自己的火锅店。"我开的不只是一家火锅店，它是我的乡愁寄托，我要在这里解决我对重庆味道的想念，满足我对家乡的记忆。"开一家承载乡愁记忆的火锅店是个好创意，可要把想法变成现实，就需要花费不少心思。"其实一个普通店面在漳州还是很容易找到，但是以前我组过乐队，对店面的要求很高。我理想中的店铺要有户外空间，要有重庆的感觉。我骑着电动车在漳州找了一个月才找到。"

对店里的用品，张静莎也有自己的坚持，土碗、桌椅、装饰等全部都要产自家乡重庆。"我们店是漳州第一家用土碗的，这些土碗从重庆运过来时摔坏了很多。有人认为不一定要从重庆运来。但是我很坚持，这是重庆特色，就一定要从重庆运过来。"投资伙伴说她固执，但是张静莎仍然坚持自己的想法。

张静莎说："我觉得一个地方的文化是代替不了的，店里的竹椅子，大家认为漳州也可以制作，或者从重庆寄过来一个，这边照着制作。而我却认为，重庆的特色就是重庆的。店里的盖碗、茶具也是从重庆运过来的，全部都是我们亲自去挑的。"

重庆情结藏在每个细节中

经过一番精心筹备，2008 年，张静莎的"宽门火锅"在漳州的一个小巷里开业。火锅店是张静莎和朋友耗资 300 多万元打造而成。店里共有 40 多张桌子，墙壁上都挂着老重庆的物件、贴着印有重庆方言的字画。这间有着地道重庆特色的火锅店让食客们欲罢不能，常常晚上 6 点就要排长队了。

打开菜单细看，传统九宫格、老油九宫格、重庆特色毛肚、武隆苕粉……仅仅是锅底便有 10 种，甚至还有"老乡推荐款"，专供漳州当地的川渝人享用。菜单上还有一个空运系列，重庆油豆皮、精品爽口鸭血、新鲜猪黄喉等，全部由重庆空运而来。张静莎介绍，除了这些菜品，辣椒、花椒、酱料等调料也从重庆空运来，店里一半以上的工作人员也是重庆人。宽门火锅的重庆特色，不仅体现在菜品、环境上，张静莎还准备了家乡客人专属折扣，如果到店的客人能说上几句地道的重庆话，结账时还能优惠。

拿起身边的山城啤酒瓶，31岁的张静莎穿梭在翻滚着红油的火锅桌间呼朋唤友。醉了，拿起手机对着空酒瓶拍一张发到朋友圈，配文只有五个字——重庆，我爱你！

"来来来，你看，这是我从重庆运过来的土碗，这根棒棒是和我一起坐飞机来福建的，山城啤酒也是重庆运来的，吃重庆火锅，哪里少得了山城啤酒。"拉着我们在店里走，微醉的张静莎眼眶湿了，"我想家了，只有在店里，我才会觉得自己回了重庆，回了家。"

如今，张静莎创办的"宽门火锅"已经成为了重庆在福建漳州的一张名片。

走到哪里都不忘向人介绍重庆

在外打拼多年，走到哪里都能交一帮知心朋友，张静莎认为这和她的重庆性格有关。"重庆人热情、直爽的个性很吸引别人。我说我是重庆人。朋友就会说，啊！你是重庆的，重庆女孩很豪爽！"怀着对家乡的热爱，张静莎走到哪里都不忘向朋友们介绍重庆，带漳州的朋友回重庆，朋友对重庆的发展赞不绝口，张静莎也觉得很自豪。

从音乐人到火锅店老板，张静莎说，尽管从事的行业变了，但骨子里重庆人的性格没变，有困难就要去克服，但自己坚持的音乐梦不曾改变。

"重庆给我所有的记忆就是学习音乐，重庆人团结、无私。现在最想念的是乐队的朋友。"张静莎说。

中医文化博大精深，希望通过自己和其他华人医生的努力，使之被越来越多的外国人了解、接受。

阳剑锋

重庆铜梁人。毕业于成都中医药大学，1992年应邀到美国以访问学者的身份讲学，目前在西雅图开中医诊所，并受聘为成都中医药大学客座教授。

阳剑锋："赤脚医生"在美国传播中医针灸

□ 徐菊

他曾是一名"赤脚医生"，后成为针灸专家，远赴美国传播中医。在西雅图，他授课 10 年，让上千名外国学生了解到中医的博大精深。现在，他创立了针灸东方医学中心诊所，希望通过自己和其他华人医生的努力，让祖先的智慧得到传承与发扬，让更多外国人士认可、信赖中医。如今，年过花甲的他还在奋斗的路上，尽自己的力量，为重庆培养更多的中医人才。

从赤脚医生到针灸专家

1950 年在铜梁出生的阳剑锋，从小勤奋好学。

有一次他鼻子流血不止，父亲请来当地的老中医，用 4 根银针 20 分钟就止住了鼻血。这令他非常惊讶，于是拜老中医为师学医，后来在当地的生产大队医务所当上了赤脚医生，从此走上从医之路。

1973 年，阳剑锋考上了成都中医学院中医专业，毕业后留校当了老师，1980 年开始攻读针灸专业研究生，毕业后回针灸教学研究室任教。1983 年，他与当时的谢克勤主任、杨义兰书记共同创办了成都中医学院针灸系，任办公室主任。此后，他参加了北京中医人员涉外班培训，还在外语学习班学了两年，回校后担任成都中医学院针灸系副主任。

后来，卫生部组织中医人员对外交流，阳剑锋赴欧进行第三届国际针灸学术会讲学。在外待了两个月，阳剑锋发现海外人士对中医有比较多的误解，他决定去国外发展并传播中医。

1992 年 9 月应"美国西北针灸东方医学院"邀请，阳剑锋以访问学者的身份来到西雅图，在该院授课并担任临床实习指导。

"刚开始的半年很难受，感受到非常强烈的文化冲击，各方面都不习惯，很想回去。"阳剑锋说。从每天讲 8 个小时到讲 10 个小时，再到讲 12 个小时，阳剑锋一直在努力提升课程的质量，但学生的评价却不好。原来，美国人说话是美式发音，阳剑锋在国内学的却是英式英语，学生很难听懂，这让他的自尊心受到很大打击。

"觉得自己是代表中国来到这里的，不能给祖国丢脸，只好拼命备课，那段时间写下来的讲稿可以凑成三本书。"不仅如此，阳剑锋还苦练美式发音，慢慢地纠正了自己的发音，让学生都能听懂他的讲课。

此后的 10 年中，阳剑锋一直担任美国西北针灸东方医学院的核心主讲教师，他主讲的课程包括了全美国家级课程与学院课程，指导了超过 1500 名外国学生学习中医。

在教学、创业中传播中医

在大学讲堂上成功立足，阳剑锋并不满足于此，一方面他觉得应该多积累临床经验，另一方面，随着中医在美国的推广，越来越多的美国人增强了对中医针灸的信任。于是，1998 年阳剑锋创立了一个中医针灸诊所。为了节省开支，他和夫人段国俊利用工作之余，亲自装修，5 个多月后，建成了西雅图最大的中医诊所。

"天有不测风云"，2001 年，阳剑锋任教的学院因管理不善倒闭，新诊所开张不久入不敷出。阳剑锋遇到了人生中富有挑战的考验。考虑到自己和夫人都是中医医生，2002 年阳剑锋又办起了家庭养老院。没想到美国对家庭养老院的管理非常严格。他们先后雇佣的七八名护理人员都辞职了，最后只有夫人段国俊亲自上阵，既当医生，又当护工、营养师，很多时候一天只能睡 3 个小时左右。

为了集中精力办诊所、进行中医教学工作，阳剑锋夫妻转让经营了 4 年的养老院。凭着扎实的中医基础理论，丰富的临床经验以及优质的服务，阳剑锋的诊所很快在当地小有名气，慕名而来的病人越来越多。

为中医发展而奔走

2006年，阳剑锋又在市中心开了第二家中医针灸诊所。

阳剑锋坦言，在美国的24年，除在"美国西北针灸东方医学院"和"美国自然疗法学院"两所学院通过教学和临床，宣传中医和中国文化外，他还在全美与华盛顿州中医和针灸协会，倾注了大量的时间和精力。他带领在美国的中医和针灸从业人员从立法和政府的角度，推动与促进中国传统医学在美国的发展，多次获得学院与学会的嘉奖。

在美国盛行"废医存药"与"废医存针"时，他多次赴华盛顿州参众两院游说，近3年来，在他与同仁的共同领导下，"反干针"的行动在华盛顿州取得节节胜利，极大地提高了中国传统医学在美的影响。

2015年3月，阳剑锋回国专门回到母校。他说，华盛顿州成立了一个针灸协会，他作为董事会成员，负责联系华人针灸专业人员，此次回学校，他把董事会成员也带来了，让他们了解国内的中医学习环境。

阳剑锋说，以前芝加哥的中医针灸甚至是不合法的，现在已经被认可，并且有些医疗保险也纳入了中医针灸，未来他希望美国所有州都可以将针灸纳入医保，让中医得到更多美国人的认可。

看着自己的心愿逐渐实现，阳剑锋非常开心，他说，自己现在还在创业阶段，等时机成熟了，会把美国的技术带回重庆，对家乡的人才进行培训，为重庆的中医发展贡献自己的力量。

进行科研要沉得下心、耐得住寂寞，看准方向后就要坚持到底。

周华

重庆梁平人。现为澳门科技大学中医药学院教授、副院长。他作为核心成员完成的项目分别获 2012 年度国家科技进步奖二等奖、2014 年度教育部自然科学奖一等奖。他所发表的论文，有近百篇被 SCI（美国《科学引文索引》）收录，拥有 20 多项国际专利。

周华：潜心研究 25 年创下多个"澳门第一"

□ 黄宇

17 岁那年，重庆人周华与中药学结缘，从此潜心研究中医 25 年，创造多个"澳门第一"。每天工作近 12 个小时，周华已是满头银发，但在他看来，再苦再累也值得。只要还有新的疾病出现，他就要坚守岗位，研制出新药物，要做中医学的"魔法师"。

从小在医院长大

周华出生于重庆市梁平县屏锦镇。父亲是铁路局的工人，母亲在铁路医院当护士，家中还有一个哥哥，一家人其乐融融。

童年时的周华有很长时间是陪着母亲在医院里度过的。"那时候，很多病人来医院看病，来时一脸痛苦，但离开时心情好了很多。"周华说，母亲告诉他，医生是治病救人的"魔法师"，可以药到病除，起死回生。耳濡目染下，周华对医学产生了浓厚的兴趣，立志要成为一名医生。

初中时，周华从梁平来到主城，进入重庆第三十中学读书。那时的他成绩优异，老师讲过一遍的题目他总能举一反三，迅速掌握。1989 年高考时，他考出全校理科第一名的好成绩，成为全校唯一考上大学的学生。

填报志愿的时候，一心想要学医的周华所有志愿都跟医学相关。因为与第一志愿有几分之差，他被调剂到了广州中医学院的中药学专业。"收到通知书时没想太多，看到学校和专业名称里又有'医'又有'药'，就觉得错不了。"周华说，当时自己对中医、西医的概念还不是很明确，就这样，他带着简单的行李来到广州。

大学里的周华受到很多先进学术思想的影响，也对中医药研究产生了浓厚的兴趣。毕业后，他决定继续在广州中医学院攻读硕士研究生。研究生毕业后，他又边工作边读博。2001 年，拿到博士学位后，周华远赴美国哥伦比亚大学攻读博士后。

研究出国际领先的中成药

由于在治疗上缺乏临床数据，此前，中医并未得到国际主流重视。在周华看来，中医、西医都是治病的体系，表面上看西医治疗效果更快，但西医主要是对抗疗法，"身体哪里出现问题，就设计一个药物针对性治疗，达到杀死病毒的目的，这存在一定的滞后性。"

在哥伦比亚大学完成博士后研究后，导师提出，让周华留下继续研究，并承诺涨一倍工资。但周华没有过多犹豫便婉言谢绝了，他选择回国从事中医科研项目。他说："中医学研究发源于中国，要想做地道的中医研究，最好的选择就是回国。"

2006 年，周华获聘进入香港浸会大学中医药学院担任助理教授，成为一项与抗关节炎药物有关的科研项目主管。他发现，香港受西医的影响较大，中医领域并不是主流研究阵地。恰好当时国家正鼓励澳门经济转型，从以博彩业为支撑的经济，适度向中医药、游览观光、文化娱乐、购物美食、会议展览、文化创意等多样化产业发展。

为了获得更好的研究环境，2011 年，周华与科研团队来到了澳门科技大学，任职中医药学院教授、副院长。在这里，不仅有中药质量研究国家重点实验室作为平台支撑，还有专门的科研经费，这让周华找到了更大的施展空间。

"很多时候，生病是人体的免疫系统出了问题，中医治病的原理更多的是调节身体的机能，去对抗疾病。"周华说，"比如类风湿性关节炎，它不仅仅是一个关节病，也是一种系统性自身免疫病，它会累积到除了关节以外的其他组织和器官。"周华说，长时间发展，不仅会致残，还会影响其他内脏器官，如呼吸系统、心脏等，甚至会并发心血管疾病。

为了攻克这一难题，周华与他所在的研究团队耗费了大量的时间和资源，围绕抗关节炎中成药的创新研究方法、技术、标准和产品进行了系列研究，率先从中药青风藤中成功研发出抗关节炎的有效成分——青藤碱，并开发出全国首个中药缓释剂。这个药物已经成为全国治疗类风湿关节炎等风湿病的主要中成药之一，并向国际市场推广。

这项研究成果达到国际先进水平，具有重要的理论意义和应用价值，被国内外学术界广泛引用，也推动了中成药产业的发展与进步。为此，周华作为团队的核心研究人员，荣获 2012 年度国家科学技术奖励科技进步奖二等奖，这是港澳地区在中医药领域首次获得国家级奖项，在澳门和内地中医药界引起广泛关注。

愿推动重庆中医药发展

在周华眼中，进行科研就像长跑，要耐得住寂寞，坚持下去，不放弃才能冲到终点。

"科研中遇到最多的就是失败。"有时必须连续几天几夜泡在实验室里，就连睡觉时，大脑也在高速运转，但难以避免会得到错误的结果，周华说："这需要有强大的心理素质来承受。"

继 2012 年获得国家奖励后，周华和他的科研团队继续奋战在一线。后来，他们又凭借"中医药整体治疗的网络调节机理研究"获得教育部 2014 年自然科学奖一等奖，"类风湿关节炎的发病新机制和治疗新途径"项目获得澳门特别行政区 2016 年度科学技术奖励自然科学奖一等奖，这些在澳门均为首次。

周华本人也因为所取得的研究成果，获得 2016 年度国家自然科学基金委海外及港澳学者合作研究基金的资助，这是澳门地区首次有科研人员获得该类国家重点合作基金的资助。迄今为止，他所发表论文中有近百篇被 SCI 收录，还拥有 20 多项国际专利。

尽管研究硕果累累，但周华并没有停下前进的脚步。年过四十的他已满头银发，每天仍保持着早上 8 点到实验室，晚上 7 点离开的习惯。除了科研、参与学院的行政管理外，身为学院教授，他还要负责研究生教学，与博士后讨论课题等，一天工作将近 12 个小时。

　　在外打拼多年，周华骨子里还是重庆人，改不掉嗜辣的习惯。"每次回重庆都要带花椒、豆瓣等调料，做一些家乡味来解馋。"有学生来访，他都会一展厨艺，端出水煮鱼、酸菜鱼等拿手菜，还会拿出怪味胡豆等家乡特产与学生分享。

　　如今，周华每年都要回重庆和家人团聚。周华说，不管人在哪里，他都忘不了生他养他的家乡。他退休后希望能回到重庆，献出自己的毕生所学，推动重庆中医药事业的发展。

保护野生动物无国界，希望更多人参与其中。

星巴

原名卓强，在重庆工作了 10 多年。2010 年辞去国内稳定的工作来到肯尼亚马赛马拉奥肯耶野生动物保护区，与当地人同吃同住，并成立马拉野生动物基金会，致力于保护狮子等野生动物。

星巴：非洲草原上野生动物的守护者

□ 傅柃畅

他是肯尼亚马赛马拉国家保护区巡守员，在非洲大草原上以帐篷为家，与狮子、猎豹、大象、犀牛等野兽为伴，与马赛部落人为友，与盗猎者为敌。他在中央电视台直播节目《东非野生动物大迁徙》中担任转播顾问，成为第一个深入非洲保护野生动物的中国人。他与当地人同吃同住，甚至成为部落的一员，被誉为"中国野生动物保护第一人"，他有着和"狮子王"同样的名字——星巴。

为了梦想只身来到非洲

太阳刚刚冒出东方的地平线，广袤而又苍凉的非洲大草原开始缓慢复苏。在肯尼亚马赛马拉保护区下属的"奥肯耶"保护区营地外，一辆打着探照灯的军绿色吉普车，开始沿着往日碾过的泥土路外出巡逻。车上除了两名马赛人巡逻员外，副驾驶上还坐着一位黄皮肤的中国人，他叫星巴，一个与"狮子王"同名的男子。

吉普车在颠簸的泥土路上发出"吱嘎"的声响，发动机的轰鸣声回荡在草原上。"清晨是观赏动物的最佳时机。"星巴转过头，很快打开了话匣。

星巴原名卓强，1996年大学毕业后在重庆工作，过着朝九晚五的日子。2004年一次偶然的机会，星巴来到肯尼亚马赛马拉保护区，成群结队的角马、随意奔跑的野猪、难得一见的狮群……让他兴奋不已。

"从小我就喜欢狮子，那次经历后一直梦想能够再次踏上这块神奇的土地。"从那之后，星巴利用业余时间了解非洲和野生动物保护，并在几年里，先后 6 次前往非洲看狮子。

保护狮子如同保护亲人

　　为了时刻提醒自己前往非洲的目的和肩负的责任，卓强参照《狮子王》主角"辛巴"的发音，取斯瓦西里语中狮子的音译，给自己取名"星巴"。

　　"其实和狮子接触多了，你就会发现它们很有灵性，就如同你的亲人。"星巴说，从事野生动物保护工作后，他每天都要带上 GPS（全球定位系统）、望远镜，和巡逻员一起在数十平方千米的保护区内巡逻，他们的任务就是救助受伤的野生动物、研究狮子等大型猫科动物的生存环境，防止非法放牧和旅游违规行为，发现盗猎者及时打电话通知当地警察和军队。

　　有一次，星巴在草丛中发现了一只 3 岁的受伤公狮，那只公狮可能是在和其他公狮争斗中败下阵来，半边脸被咬得血肉模糊，脸上布满了蚊虫，奄奄一息地躺在草丛中。如果不及时加以救治，公狮也许两三天后就会死亡。星巴赶紧找来了兽医，给那只公狮注射了麻醉药，然后对它受伤的脸进行了手术。手术结束后，当这只公狮醒来，艰难地站起来，缓慢离开时，还不时回头望着他。

　　星巴和他的同事们挽救了越来越多动物的生命，和保护区内的动物一起成长，渐渐建立了深厚的感情。"看到被救治过的动物懂得感恩，这是最有成就感的时候。"星巴说，一次自己驾车巡逻时被发狂的大象围攻，在最危急的时刻，是一群狮子分散了大象的注意力，救了他一命，而狮子群里就有他曾经救助过的狮子。

　　2011 年 9 月，为了联合更多力量进一步加强保护区的保护力度，星巴向肯尼亚相关部门申请注册了"马拉野生动物保护基金会"，成为第一个在非洲注册 NGO（非政府组织）的中国人。

　　如今，在星巴负责的"奥肯耶"保护区内，野生动物数量较以往有了很大增长，狮子数量由 6 年前的 10 只增加到 30 只，花豹、猎豹数量也增加到 20 多只，还吸引了成群的大象、斑马和犀牛"落户"。

星巴　非洲草原上野生动物的守护者

打算在国内建一个真正的野生动物保护区

在奥肯耶野生动物保护区有许多马赛人居住的部落，马赛人以骁勇善战闻名，据说曾经成年男子的成人礼是杀死一头雄狮。星巴说，为了解决这一矛盾，他通过马拉基金会的捐赠资金，一方面帮助当地人修建"防狮围栏"，避免当地人与野生动物发生矛盾；另一方面，引导当地人开设旅店或制作传统手工艺品，谋求新的赚钱门路。

通过长久的努力，当地人终于认识到，野生动物的存在和良好的生态环境，是未来生存的根基，并逐步形成了如今人人参与保护野生动物的良好局面。正因为星巴的这一突出贡献，在 2015 年星巴 42 岁生日时，奥肯耶部落举办了盛大的传统仪式，邀其加入"马赛"部落，并成为"名誉酋长"。

"我现在已经不是一个人在战斗了！"星巴说，通过马拉基金会，越来越多的中国人来到非洲，参与野生动物保护。但他还有一个宏愿，就是希望借鉴非洲野保的成功经验，在中国建立一个真正意义上的野生动物保护区，保护中国特有的野生动物种群。

任重道远，我将不忘初心，继续前行，执着追寻航空强军梦。

李应红

重庆奉节人。航空动力技术专家，空军工程大学航空等离子体动力学国家级重点实验室主任，空军飞机推进高新技术中心主任、教授，专业技术少将军衔，中国科学院院士。

李应红：空军首位中国科学院院士

□ 黄宇

15 岁那年，李应红第一次走出重庆奉节大山，到西安求学。后来投身军旅的他成长为空军首位中国科学院院士，成功攻克战机"高原病"问题，使得我国战机作战范围覆盖到青藏高原全边境。如今，李应红仍活跃在战机科研一线，为提升我国战机作战能力贡献智慧。在他眼中，将自身理想与国家需要结合起来，吃苦耐劳、坚韧不拔，才能实现人生价值。

生于奉节山村

1963 年 1 月，李应红出生在重庆奉节县一个小山村。由于父母常年在外工作，他从小跟着外婆生活。5 岁那年，外婆离世，李应红搬去和爷爷奶奶住。

年少时的李应红很懂事，为了减轻爷爷奶奶的负担，他主动分担家务、农活，又是砍柴、挑煤，又是挑水、割猪草。"小时候放学，跟着同乡大哥哥背着竹篓，走很远的路去割猪草。回家时天已经黑了，背着猪草看不见路，很多次停下来哭。"李应红说，那时物资匮乏，丢了猪草心疼，只有抹抹泪，再难再累也要背回去。

到学校得走七八公里的山路，头一天干农活干到再晚，次日天还没亮李应红就起床上学。由于家里缺粮，他经常早上吃一顿，中午饿着肚子，晚上回家干完农活才能吃上饭。

尽管如此，李应红的学业一点也没有耽误。从小学到初中，他年年考试成绩都名列前茅，体育成绩也不错，这为他考入空军工程学院打下了坚

实的基础。

毕业后留校潜心科研

　　李应红前往 70 千米之外的奉节县城参加高考，分数竟超过全国重点大学招生分数线，成为当地第一个考上大学的人。他被空军工程学院（现空军工程大学）提前批录取，进入飞行器动力工程专业学习。这一年，他15 岁。

　　上大学前，李应红最远只去过县城。当时，从奉节出发，坐船要一天一夜才到重庆主城朝天门码头，然后再坐火车去西安。第一次从山里走出来，来到大城市，李应红充满了期待。来到空军工程学院，更是让他大开眼界，从小就赤脚的他，在军校里第一次穿上了皮鞋。

　　本科毕业时，恰逢院校急需青年人才，李应红留校任教。他满腔热情投入教学工作，很快就被学校评为"十佳青年教员"。

　　1986 年，李应红如愿以偿考上南京理工大学自动控制专业研究生。这里的交叉专业学习、研究，对他后来的科研教学产生重要的影响。

后来，他又被派往俄罗斯如可夫斯基军事航空技术大学等交流学习、合作科研，开阔了眼界，掌握了业界发展动态。返回空军工程学院后，他潜心研究科研，从副教授、教授到博士生导师，一步一个脚印，在科研的道路上努力前行。

解决战机"高原病"问题

当时，先进战机高原作战是空军的重大课题。两种引进的新型战机在平均海拔 4000 米以上的青藏高原机场上，存在发动机不能启动等一系列"高原病"。要诊治"高原病"，面临缺乏技术资料和试验设备等诸多困难。

"过去，我们没有相关经验，国内没有相关经验。一方面我们要勇于承担，另一方面，无论是国内专家还是俄罗斯专家，都明确表示这个事情做不成。再加上在高原，试飞本身就有很大风险，当时做起来压力很大。"李应红说，尽管如此，身为空军工程大学飞机与发动机工程系主任的他勇担重任，主持开展了新机高原作战工程研究。

挑战接踵而来，最关键的是发动机高原启动。一旦发动机启动不了，价值数亿元的战机将成为无用的废铁。

困难和压力没有令李应红退缩，他提出发动机高原启动新型控制方法，解决了发动机高原不能启动的关键问题，并解决了"通过有限的试验数据，预测不同条件启动特性和监测参数"问题。

2000 年 6 月 28 日上午，两架新型战机在海拔 3500 米的西藏某机场顺利起航，我国战机的作战范围首次覆盖到青藏高原全边境。

"飞起来的时候，真的感觉非常庆幸。说重一点，就像是在生死关前溜了一圈。"回忆起当时的场景，李应红仰头一笑。

正因如此，李应红获得国家科技进步一等奖，还被中央军委记一等功。顶着巨大压力在高海拔地区主持试飞工作，让他落下了高血压的病根，直到现在还时常犯病。可他并不在意："注意一下就行，不是什么大事。"

愿重庆科技腾飞

不仅是攻克先进战机高原作战课题，作为空军工程大学航空等离子体动力学国家级重点实验室和空军飞机推进高新技术中心主任、教授，李应红先后获国家与军队科技进步奖15项，其中，国家科技进步一、三等奖各1项，国家技术发明二等奖1项；发表SCI和EI收录论文300多篇，获授权发明专利50多项。

2013年，李应红当选中国科学院院士，是空军第一个中科院院士。在他看来，这份荣誉得益于成长过程中历经的艰辛磨难。他说，吃苦是一种本钱，面对选择，贵在坚持。

他常寄语年轻一辈："你做的事情，做的工作要跟国家的需求、社会的发展联系起来。真正做事，要吃苦耐劳、坚韧不拔、不断坚持。"

空军工程学院常务副主任张白灵这样评价李应红："李院士从办公室主任到系主任，最后到重点实验室主任，为人很随和，但学术要求很高，尤其在学术建设上发挥着重要作用。"

在李应红的书房里，挂着一幅描绘奉节夔门的油画。虽然15岁就离开家乡重庆，但渝东北地区的美丽风景时常浮现在李应红的脑海里。

2016年10月，李应红回到重庆开展学术交流活动。平时工作繁忙的他只有在这时，才有时间踏上重庆的土地。他说，有时候到重庆大学、西南大学进行学术交流，就抽空回老家，再去白帝城、夔门转一转，"那里有我的根"。

离乡38年，李应红仍保持着巴渝的饮食习惯。每次回家，他都会去街边小店，寻找土豆饭、包面等小吃，寻找当年的味道。

记忆中的味道仍然不变，而家乡却发生了翻天覆地的变化。看到一栋栋高楼拔地而起，一条条大道通往远方，对于重庆的未来，李应红充满信心："现在不是讲科技创新、创新驱动吗？从创新来讲，科技创新是它的核心。因此，在科技创新和加强科技实力方面，重庆还是有很多工作要做，在这方面，我想它的空间会更大，重庆会发展得更好。"

祖国变得越来越强大，我们在海外的华人也越来越有发言权。

薛海培

重庆北碚人。美国华人著名社会活动家，曾任美中事务委员会主任，美国华人全国委员会荣誉主席，美国竞选团队亚裔事务顾问。同时他也是美国《排华法案》（19 世纪末 20 世纪初）道歉议案的主要推动者之一，他还是美国国会里注册的唯一华人政治游说者。

薛海培：曾在美国帮助奥巴马竞选总统

□ 徐菊

薛海培年轻时就关心时事，热衷社会事务。2008年，他担任奥巴马竞选团队亚裔事务顾问，负责组建美国大选中首个亚裔办公室。现为美国华人全国委员会荣誉主席。

热衷于社会事务的热血青年

薛海培的妈妈是重庆北碚人，父亲在成都铁路局重庆分局工作，他的童年是在重庆度过的。11岁后，他随父亲去了西昌。薛海培说，他少年时最大的理想就是像爸爸妈妈那样，当一名铁路工人。

有一次跟随父母回重庆姨妈家，让他的人生从此与重庆又有了联系，并且在这里，他的人生轨迹发生了改变。"姨妈家住在沙坪坝烈士墓。有个冬天的早晨，我路过烈士墓，看到里面有个学校，一些穿着大衣的学生一边走着一边读书，我好羡慕啊。"薛海培说，后来他才知道，那是四川外语学院（现四川外语大学）。

1977年恢复高考，他如愿以偿地考入了四川外语学院英语系，在重庆度过了4年难忘的大学生涯。薛海培说，是党的政策圆了他的大学梦。毕业后，薛海培被分到四川省旅游局，由于英语比较好，他在旅游局下属的学校当了两年的英语老师和导游。

生性不安分的薛海培始终向往更广阔的天空。1985年，他应聘去了经济特区珠海办公室，体验沿海开放的激情。后来，他通过了托福考试，决定到美国深造。1987年初，薛海培到美国威斯康星大学麦迪逊分校攻读社会学和政治学。当时，他对社会事务、公共环境保护都有着浓厚的兴趣，也成立过与环保相关的社团组织。

在华盛顿开启游说生涯

毕业后，他来到了美国政治中心华盛顿。一个偶然的机会，让他开启了这一生的游说生涯。"20世纪90年代初，每一年，美国和中国都要就第二年是否给予中国临时最惠国待遇进行激烈争辩和洽谈。"薛海培回忆说，1995年，他在华尔街日报发表了一篇名为《不能关闭中国开放大门》的文章，呼吁美国政府给予中国的最惠国待遇不能中断。他的这一呼吁引起了当时美国国内企业界及政界的关注。

"这篇文章发表后，就有企业人士找到我，让我和他们一起游说国会，同意给予中国最惠国待遇。"薛海培说，后来他还成立了一个美中贸易关系委员会之类的组织，吸引了一大批华人教授、学生参与，他以这个组织的名义参与了对美国国会的游说。

1998年，美国国会终于同意给予中国永久最惠国待遇，解除了美中贸易一大隐患，他的游说生涯算是首战告捷。

在薛海培的游说生涯中，最轰动的是2012年推动美国国会通过对1882年以后曾实施过的《排华法案》进行道歉。在华人众议员赵美心等人的支持下，发动在美华人签名，再加上对美国议员们的反复游说，最终，美国参众两院在2012年一致通过了道歉议案，还给华人一个迟来的公道。薛海培说，这对广大在美华人来说是一件扬眉吐气的事。

帮助奥巴马竞选

2008年开始，薛海培成为了奥巴马竞选团队的亚裔顾问，并为奥巴马大选成功立下功劳。

在这次大选中，他帮助奥巴马在作为"摇摆州"之一的弗吉尼亚州选拉票。他说，当时做的工作就是联络各类团体、筹办活动、发动捐款、联系广告等。"为这次大选，我早在一年多前就加入了奥巴马团队，最后两个月基本上每天工作时间长达十六七个小时。"在费城唐人街，他策划了一个活动，结果附近各州的 20 多个华人团体都站出来支持奥巴马。最终，奥巴马在"摇摆州"争取到了主动权。

薛海培说，游说是美国政治生活中一个十分常见的现象，每个游说群体都代表着一定阶层或团体的利益。而他所在的游说群体主要是代表华人阶层的利益。他要为华人争取发言权、维护华人的权利是他的工作重心。他希望把全美华人联合起来，发出更强大的声音。

和重庆的联系更紧密

离开家乡多年，游走于美国政界，乡音不改的薛海培对家乡的的思念也与日俱增，他说："妈妈的家在北碚，妈妈家里的兄妹很多，现在是一个有 60 多口人的大家庭。"薛海培说，两年前，他们大家族建起了一个微信群，家里人会在第一时间为他分享国内的政策、事件。今后他与重庆家人的联系会更加紧密，如果有可能，他还想回重庆高校讲学。

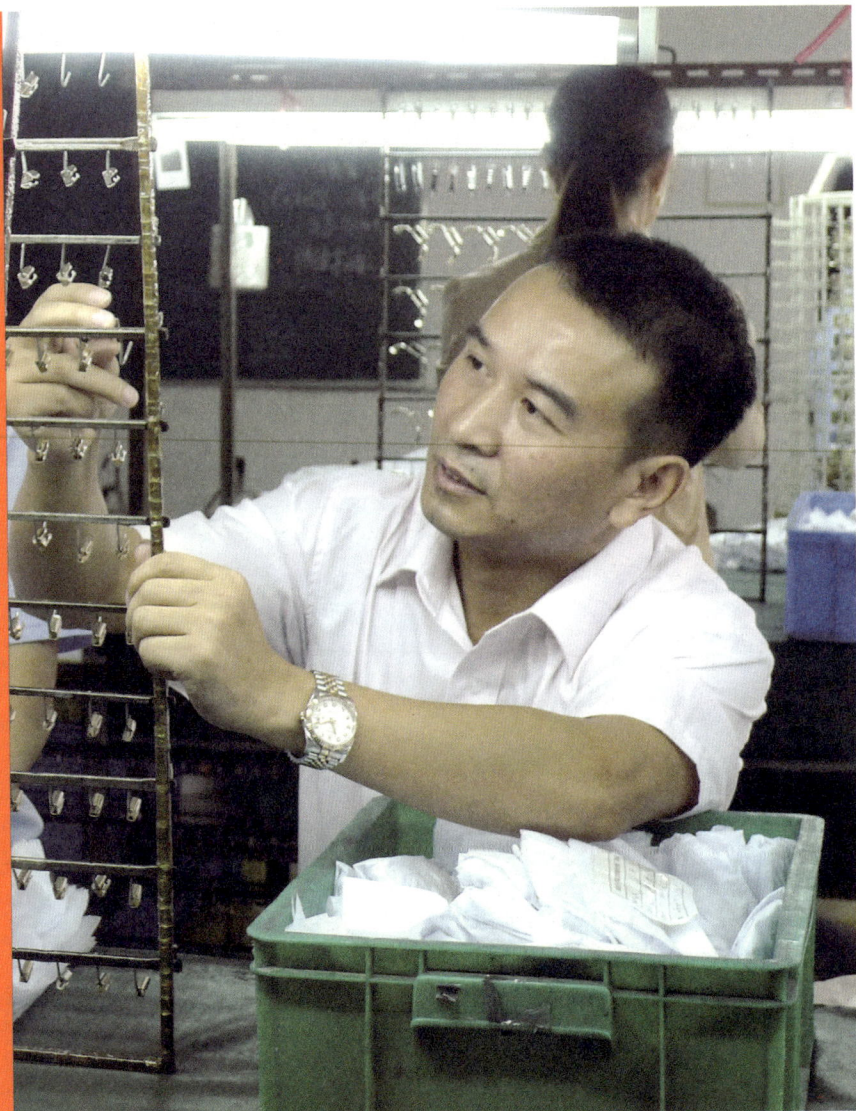

独具风格、自成一派，做中国自己的品牌。

唐国云

重庆合川人。广州益派五金制品有限公司董事长，为数十个国内外知名皮具制造商提供五金产品。

唐国云：为世界顶级品牌皮具"画龙点睛"

□ 杨新宇

唐国云曾经当了 10 年的五金厂工人，对五金配件产品有了全面的了解。现在，唐国云的公司和迪士尼等大品牌合作，在事业上他不会满足于此。

与挫折斗争

与很多来广东打拼的企业家一样，唐国云初来广州时并非一帆风顺。他卖过菜，挖过煤，在建筑工地当过工人。

唐国云出生在合川燕窝镇。读书的时候，他聪明好学，人缘好，深受老师和同学们的喜爱。不过，在 1993 年高中毕业时，他未能走进大学校园。高考的意外失利，让唐国云产生了外出闯荡的念头。

"我觉得自己到社会也能创造成就。"但是，真正从校园走向社会，唐国云面对的却是接踵而来的挫折——1993 年，他来到广东，当时需要暂住证，而他没有。为了站稳脚跟，没少吃苦。"我记得最窘迫的时候，是在东莞凤岗，治安队到处抓没有暂住证的人。"唐国云回忆，治安队的车来了，他和几个老乡就往山上躲，没有暂住证，睡过路边甚至下水道。尽管条件十分艰苦，但唐国云并没有退缩。为了留在广东，唐国云甚至找到建筑工地的老板说工作不要钱，管饭就行。

唐国云说，他印象最深刻的打工经历是在一家台资企业做清洁工。那个时候觉得很委屈，自己一个大小伙子，有一身力气，又上过高中，多少是个文化人，每天却要和一个 70 多岁的老大爷一起打扫卫生、烧水、倒垃圾。

"曾经有一个人对我说过一句话，深深影响着我。"唐国云回忆起高中时期校长对他说的话，"唐国云，你很聪明，但是聪明反被聪明误。踏实一些，他日必有出息。"

也是这份工作，给了唐国云思考、沉淀的时间，正是这三个月的清洁工经历，渐渐让他在沉淀中成长，让他更加耐心、细心、用心。终于，唐国云迎来了机会。正如唐国云所说，"台资企业老板如果有重要的任务给你，就一定会先考验你、锻炼你"。完成三个月的清洁工作之后，唐国云如愿以偿地走上了管理岗位。

从工人起家最终自立门户

1996年，勤奋的唐国云拥有了一份稳定的工作，在一家五金厂做工人，一干就是10年，从一名技术工慢慢成长为管理几百名员工的厂长。

唐国云做了10年普通工人，对五金配件产品有了全面的了解。从做磨具、压铸，到精加工、抛光、电镀，到后面的包装，每个工艺环节，唐国云都熟练掌握。

十年磨一剑，2006年，唐国云开始追逐另一个梦想：创业。"也许你们不相信，我创业的时候，身上只有4万元。"8年里，凭借精湛的技术和行业内良好的口碑，唐国云的小作坊发展成为年利润5000万元的大企业。

走进益派五金，便看到一排很长的标语——"建设国内具有广泛影响力的一流制品五金企业集团，争创具有国际影响力的手袋配件制品商"。唐国云说，这是他的目标，也是益派五金的目标。用优质的产品为国际大牌"画龙点睛"。

在管理和技术方面上，益派五金已经达到了做高端品牌如Prada、Gucci的实力，他说他将继续努力，抓住机遇，勇攀高峰，为辛苦跟随他多年的员工创造更多福利；让自己多年的付出得到更好的回报。现在很多国际上的大品牌都是在中国生产的，实际都是内地的工人做的，但国内企业获得的销售利润却很少。唐国云说，现在他心里有种使命感：就是一定要在他们这个行业带领中国制造，走上这个行业的世界之巅，造就一个中国的奢侈品品牌。

发扬重庆人的精神

性格直率，勇于开拓，敢于拼搏，讲义气，为人厚道……这些重庆人的精神，在唐国云身上淋漓尽致地体现出来。

以前当部门负责人时，他就深得手下员工的喜爱，也曾因多次给员工争取工资，而与老板起争执。在自己的企业里，他对待员工毫不吝啬——开厂第一年所赚的钱，除了买了一辆9万元的车之外，其余全部用作给员工的奖金。第二年、第三年……直至今天，他仍坚持着。

正是他的豪气感染了企业，企业的部门负责人没有一个离开过他的工厂。益派五金更是因为唐国云的亲和力而更有凝聚力，老板对待员工胜似亲人，员工对待老板也是尊敬有加。除此之外，唐国云还在老家合川区燕窝镇鞍山村，捐资修建了一条长3公里的村级公路，方便老人、孩子们出行。

"敢于冒险、吃苦耐劳，能够为了理想奋斗终生。"唐国云觉得是重庆老家的这片土地孕育了他这种坚韧的性格。唐国云表示，乡情难忘，他也将为家乡办更多实事，造福家乡父老。

一个人不管走多远，家乡永远是温暖的港湾。

潘贵生

重庆璧山人。现为青海重庆商会秘书长、西宁市政府高级雇员、青海中垦投资管理有限公司董事长。

潘贵生：下岗工人变融资能手

□ 谢鹏飞

都说"知识就是力量"，这句话对丁潘贵生来说再贴切不过了。偶然接触到管理类书籍，让潘贵生从昔日的下岗工人逐渐成长为融资能手，不仅为青海多个重大项目成功融资 100 多亿元，他还参与到青海省多个自治州"十三五"规划研究，咨询业务遍及西北五省。在异乡闯出一片天地后，潘贵生没有忘记家乡，出资赞助贫困学子，在渝投资创办公司，用实际行动回馈家乡父老。

下岗工人变身公司的"领头羊"

潘贵生自幼家境贫寒，为了走出大山，过上好日子，他自幼努力学习。1995 年，潘贵生从重庆立信会计学校顺利毕业，被分配到重庆光电仪器公司，有了一份体面的工作。但好景不长，2000 年，他不幸成为下岗大军中的一员。

"刚刚结婚生子就下岗，心情十分低落，经济压力也随之增大。"潘贵生说。失业下岗，苦寻工作无果，令潘贵生万分苦恼。"山重水复疑无路，柳暗花明又一村。"一次闲逛时，在重庆师范大学门口的书摊上，一本《知识管理》的书吸引了潘贵生的注意。潘贵生如获至宝，把这本书买回去仔细阅读，从此，他开始埋头学习管理与咨询的相关知识。

2002 年，恰逢当时中央电视台《对话》栏目正在专访重庆力帆集团董事长尹明善，这让正在找工作的潘贵生起了写信毛遂自荐的想法。

"信中写了关于力帆怎样利用知识管理提高企业核心竞争力的建议。

没过多久就收到了力帆集团的回复，对方称看中了我在企业管理方面的才能，希望我可以去集团投资部工作。当时我觉得简直是天上掉馅饼，十分惊喜。"即便现在回忆起这段经历，潘贵生的眼中仍闪现着光彩。

踏上新的岗位，潘贵生珍惜来之不易的机会，没多久就被力帆集团指派到重庆力帆三江羽绒集团公司任管理人员。在潘贵生等人的管理下，该公司被评为全国第二批国家级农业产业化龙头企业。

辞职创立公司

为了得到更好的发展，2004 年初，潘贵生从力帆集团辞职，前往北京、上海、广东等地闯荡。虽然见了世面，学到了很多管理知识，但他还是觉得碌碌无为，这让他心里感觉不踏实。2005 年，他便回到重庆打算创业。

2005 年，潘贵生在大溪沟花 500 元租了一间小屋，买来了一台打印机、一台电脑，风风火火地开启了创业之旅，并成立了重庆上龙投资咨询有限公司，主要为中小企业提供咨询服务，为客户解决项目融资的难题。

但创业之初，公司发展并不顺利。2006 年，重庆各区县开始成立融资平台公司，通过政府融资模式加快投资，拉动发展。各大金融机构需要融资平台公司委托专业机构提供咨询服务。潘贵生敏锐地发现了其中的商机，公司实现转型，主要为地方融资平台提供融资服务，当年就净赚 20 多万元，他挖到了人生的第一桶金。

渐渐地，潘贵生在业界小有名气。2010 年，潘贵生受青海省西宁市政府的邀请，担任西宁市政府的融资顾问。融资顾问就是客户和金融机构沟通、联系的纽带，一方面要为地方政府相关人员提供培训，另一方面要及时掌握金融信贷政策。

当时，青海有多个重大建设项目，对融资需求很大。靠着重庆人吃苦耐劳、刻苦钻研的精神，潘贵生终于打开局面，顺利完成多个项目融资服务。包括青海西宁火车站、南北山绿化工程、西宁轨道交通、青海省藏区棚户区改造、海东市地下综合管廊等项目融资服务，金额高达 100 多亿元。这也让他成为青海省知名的融资能手，还出版了《地方政府融资实战录》一书。

围绕投融资改革，潘贵生投资的公司还在产业规划、国企改革、投融资策划以及 PPP 咨询等方面取得了不菲的业绩，其开办的西宁翼志公司被青海省评为全省第一批现代服务业示范企业。

心系家乡父老

现在的潘贵生已经小有成就，身在异乡的他时时思念家乡。"外边再好，也不如自己的家乡好。无论走得多远，家乡永远是心灵的港湾。"潘贵生说，生活好了，心里想着的就是多多回报家乡父老。

"要相信知识的力量，有了知识才能改变命运。"在他看来，从一无所有到今天的成就，主要原因有两个：一是个人的不断努力；二是知识的力量。潘贵生深知知识对一个人成长的重要性，他资助了家乡很多贫困学子，帮助他们完成大学学业。在潘贵生公司工作的焦晨超就是曾经受资助的一员，焦晨超大学四年的学费都是潘贵生资助的。焦晨超说："潘总40多岁了，依然坚持每天学习，是我们年轻人学习的榜样。"

2015年，潘贵生在璧山投资创办了一家文化农业公司，文化农场种满了各种庭院专用的花卉。他的公司还提供从设计、施工到养护的一条龙服务。潘贵生说："要用实际行动来回馈家乡，带动更多家乡人就业，为家乡经济发展贡献力量。"

我做的事情，不是每一件都能成功，但我愿意谨慎并乐观地去尝试。

王艳

重庆渝中人。1993年考入华西医科大学护理系。硕士研究生毕业后，在四川大学华西临床医学院当老师，其间仍经常参与临床工作。2008年到澳门，现任澳门理工学院讲师。

王艳：重庆姑娘赴澳门投身生死教育

□ 郑亚岚

从古至今，有两种职业始终受人尊敬：一种是教师，塑造灵魂，给人以健全的品格；另一种是医护人员，治病救人，给人以健康。而王艳则将这两种她喜爱的职业"合二为一"，试图实现更大的人生价值。

病床前，她是耐心呵护病人的白衣天使；讲台上，她是教书育人的灵魂工程师。对于王艳来说，二者没有本质上的差异，只是一种角色转换。她把多年来积累的护理知识对学生倾囊相授，让他们在岗位上把知识发扬光大是王艳最大的梦想。

立志学医

王艳出生于重庆渝中区一个知识分子家庭，作为家里的独生女，从小父母对她的管教就比较严格。

小时候，父母过于严格的教育方式，一方面让王艳感受到压力，另一方面也让王艳变得出类拔萃，考试总是学校前几名。"现在看来，小时候被父母逼着去学的东西对我都是有益的，比如学乐器让我对周围的一切变得更敏感、细心。"随着年龄的增长，王艳渐渐明白了父母的苦心。

1995 年，王艳被华西医科大学护理专业录取。王艳表示："我喜欢照顾别人、帮助别人的感觉。"对护理专业，王艳充满了好奇心。下课后，她经常跑到自习室去看几个小时的书。大三的时候，王艳就有了去重症监护室实习的机会。在那里，20 岁的她第一次目睹了病人的死亡。

当时，一位 20 多岁的女病人因心脏衰竭去世。她的丈夫在病床前，不愿意相信妻子已经离开，捧着妻子的脸颊并在耳边一遍遍轻声呼唤她的名字，但妻子却没有任何反应。这一幕让王艳除了悲伤外，根本不知所措。王艳至今仍记得，那天太阳很大，她却瑟瑟发抖。

也就是在那时，王艳立志要用自己的专业来帮助更多的人。

赴澳门求学

2000 年，王艳被保送至华西医科大学护理教育专业继续读硕士研究生。毕业后，王艳成为四川大学华西临床医学院的一名教师。同时，她要经常参与临床工作。

那时候，王艳亲眼见到多位病人离世，最多的一次，一晚就有 3 个病人去世。每一次经历病人的死亡，王艳都和病人家属一样承受巨大的悲伤。在护理病人的过程中，王艳意识到好的护士不能只会照顾病人，还要尊重生命，正确对待生死。

2008 年，为了争取系统地学习生死教育的机会，已经结婚生子的王艳辞去了华西医学中心稳定的工作去了澳门。在澳门理工学院任教的同时，

王艳在澳门科技大学攻读公共卫生博士。

在医院，与病人接触时间最长的不是医生而是护理人员。这就意味着做好护士工作一定要有爱心、有责任感。因此每学期期末考试的时候，王艳从来不给学生"划重点知识"。

在王艳看来，学生不仅需要学习专业的护理知识，要站在病人的角度思考，帮助他们接受死亡；还应该学会对家属加以关怀。"长时间在医院工作免不了接触死亡，这需要每个医护人员接受系统的教学和训练，树立正确的生死观。"

2016年，是王艳到澳门工作的第八个年头，她已经教了400多名学生。王艳每次带着学生去各大医院实习时，都能见到带过的学生和她打招呼。

难忘故土

刚来澳门的时候，王艳将3岁的儿子也一起带来。为了解决孩子的入学问题，她到处去找幼儿园。因为当时还不会粤语，她只能操着一口普通话去各个幼儿园咨询。当时并不是招生季，而且澳门的公立幼儿园是全免费的，刚来的外地人不符合就读的条件。本来不抱多大希望的王艳，决定试一试，直接到幼儿园去找园长，没想到园长接受了她的请求。

提起这段"疯狂"的往事，王艳至今仍然很激动。"我相信我做的事情，不一定每件都能成功，但我愿意谨慎并乐观地去尝试。"

如今，逢年过节王艳都会回重庆和家人、朋友聚一聚。"每次回来都会被重庆的变化震惊。轻轨遍布重庆主城，人们出行更方便了，重庆的发展越来越快、越来越让人惊喜。"王艳一家人还是习惯用重庆话交流，在她看来重庆是根，在哪里都不能忘。

重庆是一座英雄之城，有特别多的历史故事，我想为它创作长篇文学作品。

赵晓梦

重庆合川人。1996 年毕业于西南师范大学（现西南大学），资深传媒人。获得全国及省级文学与新闻奖 60 多个，出版个人著作 5 部。现为中国作家协会会员，四川省报业协会副理事长，四川省报纸副刊研究会副会长。

赵晓梦：想为重庆创作文学作品

□ 李华侨

　　他是一名才子，少年时靠着文章在家乡小有名气，靠作品给自己争取到了知名大学的录取名额；他是一名游子，离开重庆到《华西都市报》工作，靠着严谨的新闻作风和崇高的职业素养，从实习生做起，一步步做到常务副总编。中年的赵晓梦重拾年轻时的文学梦，再次提起笔创作。这次，他想为思念多年的家乡写一部作品。

给报纸供稿被学校特招

　　1973 年，赵晓梦出生于重庆合川盐井镇。"我的爷爷、父亲是会计，算得上是农村知识分子。受他们影响，我从小就喜欢读书、写文章。"赵晓梦回忆，真正爱上文学创作还得感谢初中一位胡姓的语文科任老师，"胡老师很有趣，很喜欢文学，也喜欢鼓励学生写作文。在他的影响下，我渐渐走上了创作这条道路。"

　　1988 年，赵晓梦接连在《合川报》上发了两篇文章，拿到了人生第一笔稿费，虽然加起来只有 2 元，但他很满足。随后，他一鼓作气又连续投了多篇作品，但一篇也没被采用，"这时我意识到，写作不是你听到什么写下来就行，要有中心思想和恰当的表达方式。"渐渐地，赵晓梦开始写诗歌、写散文，文学之路开始步入正轨。这个少年，逐渐在合川小有名气。

　　初中毕业后，赵晓梦想到合川县城里的高中上学，可自己成绩不拔尖。于是，他提着一袋子作品和奖状，找到合川二中一名老师，说服老师向学校领导推荐自己。终于，赵晓梦如愿进入合川二中，成为该校第一个不属于招生范围，却被破格录取的学生。

到了高中，赵晓梦办起了文学社。没有场地，团委老师就把办公室钥匙给他。搞创作、探讨文学、印制……文学社大大小小的事务都需要处理，他常常忙起来就忘了时间，常常是宿舍关门了进不去。

回不了宿舍，赵晓梦经常在团委办公室的桌子上凑合着睡，"夏天的时候蚊子咬，我就用塑料袋蒙住头"。

文学社搞得风生水起，但赵晓梦的学习却被耽搁了不少。马上就要高考了，他的数学、英语却一直得低分。他再次毛遂自荐，把材料寄给了5所大学，被当时的西南师范大学看中后破格录取，成为文学特招生。

从实习生做到副总编

1995年，赵晓梦进入《四川日报》实习，并在毕业后进入《华西都市报》，在社会新闻部当记者。

那段时间赵晓梦将精力都放在采访上，"我是外地人，要想写好稿子，只能深入地了解成都。"于是，他骑着自行车把成都大街小巷都跑遍了。虽然累，但环境熟悉了，以后的采访工作也方便了。

在记者生涯中，赵晓梦参与报道了不少重大事件。最让他印象深刻的莫过于"国庆50周年"报道。1999年9月23日，赵晓梦被派往北京报道国庆庆典。"从领导办公室出来，心里有些忐忑。作为地方媒体，去北京采访如此重大的活动，对我而言是机会，也是挑战。"到北京后，焦虑、迷茫涌上心头，"刚住进酒店就开始焦虑，不知道每天应该报道什么。"不过，赵晓梦还是积极联系采访。

10月1日这天，他将自己关在房间里，一边看电视直播，一边写稿。写完一张纸，撕开，放进传真机；又写完一张，撕开，又传……后来，同事告诉赵晓梦，她在办公室收稿件，用了整整两卷传真纸，报道长达2万多字。

早起采访、熬夜赶稿，这样的日子对于记者而言是家常便饭，赵晓梦也不例外，但他总能保持一种超高的工作热情。从记者、一级记者、编辑、主编、主任、编委、副总编辑到常务副总编辑，赵晓梦将报社采编系统的各个职务几乎都体验过了，可他觉得最珍贵的时光，还是当记者的时候。

想为家乡写一部长篇作品

1994 年赵晓梦加入了重庆市作家协会，1995 年又加入了四川省作家协会。作为媒体人，他每天都要面对很多文字。一个个标题、一个个句子、一个个标点符号的过滤和审读，花费了他大部分的精力，让他暂时放弃了文学梦。

2012 年，赵晓梦在北大进修的时候，开始写日记。他发现，如果自己将时间挤一挤，还是有时间追寻文学梦想。那段时间，他连续写完了 23 支签字笔笔芯，10 万多字的日记挤满了好几个笔记本。从那以后，他又开始诗歌创作。

"这些年我见过了很多人的故事，文字也比以前成熟了很多。"赵晓梦常年在成都，难免会想起故乡重庆，只好写诗歌表达思乡之情。

"以前，从成都到重庆交通不方便，每次回家只能挤大巴车或者坐绿皮火车，特别耗时间。现在高铁也通了，回重庆只要一两个小时。周五下班回去，还能和重庆的亲朋好友吃一顿火锅。"对赵晓梦来说，这些年家乡的变化让他欣喜，更让他骄傲。

赵晓梦透露，虽然自己写了不少关于重庆和合川的诗歌，但他更想为家乡写一部长篇作品。

"合川是一座英雄之城，有很多历史故事，这些都可以写进我的作品。自己熟悉的事情写出来也更有生命力。"赵晓梦说，他已经开始从老乡们口中收集素材，并做好记录。"我希望通过自己的文字，让更多人认识重庆、喜欢重庆。"

无惧艰难险阻，才能获得成功。

傅良权

重庆垫江人。2000 年前往非洲，现为重庆外建利比里亚分公司总经理。埃博拉病毒肆虐非洲期间，他临危受命，率团队仅用 27 天高标准建成中国援助利比里亚埃博拉诊疗中心，创造了广受赞誉的"中国速度"。

傅良权：重庆男人在非洲创造了"中国速度"

□ 李锦成

他一身蓝色衬衫、戴着金丝眼镜，文质彬彬，就是这样一个儒雅的中年男人怀揣着对建筑行业的热爱，在非洲这片土地上奋斗了 16 个年头。从坦桑尼亚到利比里亚，从野外的无人区到战后的城市废墟，都有傅良权的身影。

无人区施工经历生死考验

41 岁的傅良权在非洲从事道路施工已经有 16 个年头，每当谈到为何会有这样的坚持，他都笑着说这是他儿时的梦想。傅良权童年记忆里最深刻的是家乡基础设施非常落后，公路的落后导致出门几乎靠步行。从那个时候起，他一直想成为一名筑路人，梦想修建通往世界的道路。

1999 年，从包头钢铁学院环境工程系毕业后，傅良权进入了以修路筑桥为主业的重庆外建集团。靠着自己的努力，傅良权逐步走上了自己预定的人生轨迹。"在国内修路已经算是达到自己的目标，但万万没想到自己儿时的心愿真能实现。"2000 年 7 月，工作还未满一年的傅良权作为技术人员被公司派往非洲，参与海外道路的修建。

怀揣着筑路梦的傅良权信心满满地踏上了非洲大地。然而，在非洲的第一个项目就让年轻的傅良权震撼了。"当时在坦桑尼亚的厄尔尼诺路项目上只有三四名中国人。项目很大一部分位于'无人区'，工作条件十分艰苦，人喝的水和动物喝的一样，都是泥塘里的积水。"傅良权说，有了这次经历，自己才算认识了非洲，也明白了自己这份工作的意义。

　　有一次，因为喝了没有经过净化的水，傅良权感染了疟疾，营地里没有医生，他只得自己找了些药吃，但病情却没有一丝好转，高烧到41℃，意识也开始模糊。项目负责人紧急派车送他到附近的医院，但在穿越60多公里的野生动物园无人区时，意外发生了：由于是雨季，突如其来的暴雨让汽车陷到了水塘里，前后数十公里都荒无人烟，手机也没有信号，这让他几乎陷入了绝境。

　　"那时，水淹到了汽车座位的位置，我和司机就泡在水中，但不敢下车。因为在这无人区中，到处都是狮子、鬣狗、鳄鱼等，一不小心就会成为它们的盘中餐。"回忆那次经历，傅良权仍心有余悸。就这样，他在雨水中浸泡了4个小时，整个人奄奄一息。所幸，他最终坚持了下来，一辆路过的汽车将他们救起并送往了医院。

　　"这是我第一次真正感受到死亡，也正是这次经历让我学会不放弃。"傅良权说，在非洲有着很多不确定的因素，要在这里生存就要让自己变得坚强。

　　那一次与死亡擦肩而过，傅良权更加意识到公司派自己来到非洲的意义。"因为非洲国家的基础设施落后，像这样的'无人区'还有很多，我是运气好得到了救援，或许还有其他人没有得到救援而就此死去。"从那一次以后，傅良权更坚定自己的目标，把中国的道路、桥梁技术运用到这片大陆上，修建出"中国速度"的道路。

生日当天临危受命

　　随着重庆外建业务在非洲的不断扩展，傅良权也从最开始的施工员，到项目总工，再到项目经理，在非洲完成了自己的一次次成长。2008年，傅良权成为重庆外建利比里亚公司的负责人，他敢闯敢拼的工作作风一直保持下来。

　　在刚接手利比里亚公司的时候，这个国家才经历了内战，满目疮痍。"我们公司承接的第一个项目就是首都蒙罗维亚的城市道路恢复工程，由于内战刚刚结束，城市道路千疮百孔，不少地下管道的图纸遗失，让工程施工困难重重。"傅良权坦言，经过公司员工的一致努力，在工期内做出了一个获得"完美"评价的工程，赢得了当地政府和人民的赞扬。

2014 年，埃博拉病毒肆虐非洲，利比里亚成为重灾区，不少外资企业纷纷撤离利比里亚。在保证员工避免感染病毒的基础上，傅良权带领自己的团队留在利比里亚继续推进项目建设，展现了中国企业"负责任"的企业形象。

2014 年 10 月 29 日是傅良权的生日。傍晚时分，公司总部打来的一通电话让那次生日聚会变得不同寻常。"集团领导告诉我，国家进一步加大了对埃博拉肆虐国家的援助，准备在利比里亚援建一所埃博拉诊疗中心，而这个任务交给了外建集团。"

时间紧迫，事关中国国际形象与责任担当，诊疗中心必须在 1 个月内建成！而一般类似的工程，在国内也需要 3 个月。傅良权感到压力巨大，但他一口答应了下来。原本的庆生会变成了"战前动员会"，傅良权当着众人的面，第一个立下了"军令状"。简短的动员讲话之后，原本不怎么喝酒的他也端起一杯白酒："建好埃博拉诊疗中心，我为大家请功、庆功。"

3 天后，重庆外建支援项目建设的技术人员、物资和设备就到达了利比里亚，诊疗中心的建设进入到具体实施阶段。超高的效率，让时刻关注诊疗中心建设的当地政府、媒体和民众感到不可思议！

为了加快施工进度，傅良权带领自己的团队，每天早上五点半开工，晚上十点收工，吃住在工地。最终，他们用时 27 天，完成了占地面积 2 万多平方米、建筑面积 5800 平方米、共 19 栋板房、配备 100 张床位的诊疗中心的建设。

2014 年 11 月 25 日，诊疗中心正式交付并投入使用，为利比里亚人民抗击埃博拉，并最终战胜埃博拉病毒作出了重大贡献。利比里亚政府和国外媒体纷纷称赞，重庆外建创造了"中国速度"。

把重庆的影响力带到非洲

多年的海外打拼，让傅良权觉得亏欠最多的是自己的家人：2005 年结婚后不到 10 天就离开重庆，紧急赶往坦桑尼亚处理问题；2008 年小孩出生不到 1 个月，也因为业务需要返回利比里亚。他心里感谢家人对他的理解和支持。

　　"还好现在非洲和国内的交流越来越频繁，从非洲回重庆也十分方便了，虽然常年在外，但每年都能回家一两次。"谈到未来，傅良权说，如今，非洲已经成为了他的第二故乡，未来，他还会继续留在非洲，做好自己的本职工作，通过重庆外建业务的扩展，把重庆的影响力带到非洲的每一个角落，为促进非洲基础设施建设作贡献。

（右）

（左三）

很多人都以为我毕业后会选择留在日本，但我从来没有这么想，我一直想回到故乡，用我所学，为故乡建设和故乡的学生们做点事情。

吴天一

重庆渝中人。日本广岛大学在读文学博士研究生，广岛大学中国留学生学友会会长。

吴天一：搭起中日高校沟通的桥梁

□ 刘萍

　　这个微胖、戴着黑框眼镜，外表很斯文的小伙子叫吴天一。他端坐在广岛大学中国留学生学友会办公室，耐心解答留学生们提出的各种问题。他目前是广岛大学中国留学生学友会会长。

　　吴天一从小就非常痴迷日本漫画，《名侦探柯南》《灌篮高手》等，每一部都如数家珍。因为这样，他一直想去日本深造。

去日本研究"敬语"

　　2011年，正就读于长江师范学院日语专业的吴天一迎来机遇。

　　"当时学校和日本广岛大学有合作，一个老师听说我想去日本留学，就建议我去北京考试，争取赴日本留学的机会。"吴天一说，"自己从小对日本动漫和文化比较感兴趣，大学也是学习日语专业，我觉得应该出去开开眼界。"

　　2012年4月，吴天一顺利通过了竞争激烈的广岛大学外国留学生特别选拔考试，来到了广岛大学文学研究科攻读研究生。"选这个专业，一方面是兴趣爱好所在，另一方面是毕业之后想回国当老师。"

　　吴天一学习的是比较日本文化学，把日本和中国的文化、政治、经济、社会各方面进行比较，选取的角度是语言学，主要研究"敬语"。"日本礼貌用语非常规范，可借用理论完善汉语的敬语体系。中国作为几千年的文明古国，一直都有敬语存在。"

　　吴天一解释说："我们平时经常说的'麻烦您''请惠存'……这些

都是敬语。"

在朋友的帮助下了解当地文化

虽然带着无限期待来到日本，但刚到日本的时候，因为没有研究目标、没有朋友，心里产生了落差。"刚来不久，情绪就从最开始的兴奋变得消沉，把自己关在寝室 3 天，没有踏出寝室半步。"吴天一说。

在这个时候，广岛大学中国留学生学友会的前辈们主动联系他，拉着他出去玩，带他去吃当地的美食，和他聊天，让他和日本人更多地接触。在他们的帮助下，吴天一开始了解当地文化，身边也多了一些朋友，心情慢慢好了起来。

也因为这样，吴天一接触到了广岛大学的中国留学生学友会。"广岛大学中国留学生学友会是在中国驻大阪总领事馆处指导下开展服务和管理中国留学生的组织。对中国的留学生，尤其是刚来广岛大学的留学生展开学习和工作的帮助。"吴天一拿出手机介绍说："我们在微信公众号'镜山酒香'，发布一些留学生的活动，同时也让国内以及其他华人了解留学生最真实的生活状况。"

自制幻灯片宣传重庆

2012 年底，吴天一加入了学友会，帮助更多留学生。"我记得有一次，一个刚来的留学生遇到日本老太太'碰瓷'，他一下就慌了，人生地不熟，不知道该怎么办，后来闹到了警察局。那个留学生刚来，语言交流能力不好。"吴天一得知此事，马上赶到警察局，"经过我的沟通，警方认定他没有撞到老太太，要不然就成了刑事案件，特别麻烦。"

如今，吴天一已经成为学友会的会长，他经常组织留学生参加广岛市的社会公益活动。"我觉得日本人对中国的了解还是太少了，而留学生就是他们了解中国的窗口。"

作为重庆人，吴天一不遗余力地为家乡作宣传，每年新生欢迎会，他都会准备一个幻灯片，给在场的日本老师和同学介绍重庆。当他们看到渝中半岛美丽的夜景时，非常惊讶，都说有机会一定去重庆看一看。

希望重庆高校与日本高校多交流

广岛大学在日本是排名前十的公立大学，校园面积位居日本高校前三名，但偏处一隅，远离繁华。因此，和其他日本大学相比，中国学生对这所大学的了解并不多。2015 年征得导师同意后，吴天一回重庆拜访了重庆大学、西南大学等高校，希望建立起重庆大学生和广岛大学的交流渠道。在他的努力下，2016 年 4 月，重庆大学对广岛大学进行了回访。

"很多人都问我毕业后是否留在日本，但我依然想回故乡重庆，我想当一名老师。我对故乡有很深的感情。"如今，吴天一正在完成他的博士论文，他的目标很明确：毕业了回家乡，去高校当老师。

吴天一说："回国之后，我将把学到的知识、学校的管理，以及留学的平台等资源，都带回重庆，让重庆更多的学生有机会走出国门，去学习先进知识、开阔眼界。"

成功的人生和三个"想"有关——理想、梦想和思想。

陈刚

重庆合川人。甘肃省川渝商会副会长、甘肃同辉医药有限公司董事长、甘肃财智梦教育发展有限公司董事长。

陈刚：销售员变身兰州医药行业领头人

□ 谢鹏飞

都说"胆识与拼搏是成功不可或缺的因素"，这句话在陈刚身上得到了印证。陈刚早年跟随表姐前往甘肃兰州打拼，通过自身的不断努力，从销售员成长为拥有 5000 万元资产的医药公司董事长。陈刚心里还有一个梦想：回乡发展，反哺家乡。因为在他的心里，自己是重庆人，自己的根永远在重庆。

机缘巧合进入医药行业

陈刚自幼家境贫寒，父母都是农民。在农村长大的他，直到上初中才第一次进了县城。城里上学花费较高，虽然家里条件不好，但一心望子成龙的父母还是咬紧牙关为他凑足生活费，送他上学。

陈刚至今还记得，那是一个阴雨天，他从学校回家，远远地看到瘦小的母亲正背着背篓，冒雨在田间劳作。当母亲拿出小小的钱包，用带满污泥的双手将钱包中仅有的 10 元钱拿给自己时，陈刚已是热泪盈眶。从那时起，他便立志长大要闯出一番事业，让父母过上好日子。

为了改变家里的窘境，初中毕业后，陈刚就外出打工挣钱。刚开始，他跟着别人学习宰猪、做生意，后来又到贵州做皮鞋生意，成为乡里乡亲眼中的"小老板"。

2000 年，远在甘肃做医药生意的表姐缺人手，她看中了头脑灵活的陈刚，就想让他来帮忙。刚开始，陈刚有些迟疑，因为他放不下已经取得的成绩，但他也想去外面的世界闯一闯。多番比较后，他最终决定出去拼搏。就这样，陈刚随表姐来到甘肃兰州，从此与医药行业结下不解之缘。

创立医药公司

初到兰州，陈刚从医疗器械销售员做起。原本只想赚够 10 万元就回家，没想到这一干就是 10 多年。

初入医药行业，语言不通成了陈刚与客户沟通的最大障碍。因为不会普通话，别的销售员几句话就可以向客户说清楚的事情，他往往要用重庆话解释半天。客户常常听得不耐烦，一周下来，建立不了几个客户。于是，陈刚决定苦练普通话，将业务提升上去。

为了尽快熟悉兰州，他用 7 天时间走完整个城区，还自己手绘了一本地图，标明哪里有医院，哪里有药店，方便跑业务。

渐渐地，陈刚的业务量有了一定的提升。为了得到更好的发展，善于思考的他开始寻找新的商机。陈刚发现，要将药品推广做好难度较大，做连锁店又需要高额费用。要想在医药行业有所发展，一定要创新。于是，2013年初，陈刚成立了甘肃同辉医药有限公司，为零售商提供市场资源，为他们做市场推广。

陈刚觉得，自己是一个善于思考的人，也善于将自己的经历总结成经验，再把经验转化成理念，最后将理念转化为自己的"经营原理"。这让陈刚的发展更上一个台阶。

在以往做药品营销的时候，陈刚发现在医药行业里，如果医院回款不及时，资金周转会出现困难，上柜费就成了很大的负担。如果人际关系有限，势单力薄难以深入行业内部。而且，传统的医药营销，已经遇到了瓶颈，而OTC（非处方药）的营销才是医药经营的大有可为之地。就这样，陈刚做出了同行们都不敢想的事情：把公司的利润分给员工，让他们自己做老板，联络下级营销商建立营销网络。全新的经营模式，不仅让公司的业绩大幅增长，还成了很多同行效仿的对象。

通过不断健全销售渠道，完善经营模式，公司渐渐步入正轨。但他发现，拥有健全的销售渠道还不够，公司要想发展，还要有健全的管理体系。于是，他在管理方面狠下功夫，弥补不足，创新管理模式，带领企业步入了新阶段。

靠着不屈不挠的精神，公司业绩不断增长，先后收购了 45 家连锁药店，吸引数百家药店加盟。如今，甘肃同辉医药有限公司已经成为兰州医药行业的领军者，公司资产已达 5000 万元。

打算回渝发展反哺家乡

　　"创业没有想象中的容易。我始终认为困难是最好的老师，只有发现困难与问题，勇于面对，勇于克服，才能得到更好的发展，能够积累丰富的经验。"在陈刚看来，胆识和拼搏是获得成功必不可少的因素，重庆人本身就具备这两大品质，"我之所以能取得今天的成绩，和骨子里重庆人的性格有很大关系"。

　　经过 10 多年的发展，公司规模日益壮大，陈刚本人也从昔日的销售员成长为在兰州商界小有名气的企业老板。事业有成的他始终挂念着家乡重庆，希望可以回乡发展。

　　"这些年，重庆发展得越来越好，环境好了，交通好了，政府的服务也在不断升级。"陈刚说，无论身在何处，自己仍旧是地地道道的重庆人。未来，他打算用 3 年左右的时间回乡置业发展，回报家乡父老，"毕竟重庆才是我的根"。

有了目标就会有勇气、有动力。

杜青苗

重庆铜梁人。毕业于英国牛津大学，曾任职于伦敦摩根斯坦利，现为重庆紫苑实业（集团）有限公司副总经理，紫苑实业在韩国济州岛"海伴山"旅游文化、房地产项目的负责人。

杜青苗：在韩国操盘房地产项目

□ 周盈

汉拿山巍然耸立于韩国济州岛的中部，山脚下有一大片面朝大海的平地。其中 1300 亩土地正在热火朝天地开发，而操盘手则是重庆的"85 后"时尚妈妈——杜青苗。现在她正准备着迎接第二个宝宝的降临，虽然怀有身孕，但她还为公司的新项目忙里忙外，往返于重庆、济州岛两地。

独自前往英国求学

杜青苗虽然身材娇小，但嗓门却不小，这一特点被她形容是重庆典型的"辣妹子"性格。她的父亲杜锦刚和很多人的观念相悖，并不信奉"女儿要富养"这个教条。杜青苗从小接受"粗放式"的教育管理。杜青苗在重庆南开中学读高中时，成绩一直名列前茅。父亲给她定的目标是北京大学和清华大学。独立的杜青苗向来是自己的事自己决定，她将目标定为世界名校：牛津大学或剑桥大学。

虽然杜青苗从小并没有被"富养"，但作为一个未满 20 岁的女孩子，只身前往大洋彼岸的欧洲去读书，父母说什么也不同意。可是，以杜青苗骨子里的倔强，父母的反对并没有效果。高二时，经过详细地搜集资料，杜青苗决定前往英国读高中，为进入剑桥大学作准备。

女学霸旁听拿到全班第一

父亲眼看着实在拗不过女儿，不得不给杜青苗交了学费，而生活费却一分钱都没有给她。杜青苗说："以我的性格，我根本不觉得没有生活费是个多大的问题，我有手有脚，我去打工，总不会把自己饿死。"就这样，2003年1月13日，杜青苗带着亲戚给的300美元独闯英国。

在英国，杜青苗并不满意开始所选择的中学。一个月后，她联系上英国协和中学，但是因为弄错地图坐错了火车，直到深夜11点多才赶到学校。杜青苗说，现在想来，那时为了读书，胆子够大的。

进牛津大学需要高一和高二的成绩单。杜青苗是插班生，成绩单是空白，没资格走进牛津后备班的课堂。于是，她苦心游说老师，获得了旁听的机会。经过一个多月的旁听，她的数学成绩考了满分，全班第一，在学校引起了轰动，也给老师留下了深刻的印象。后来，她又斩获"全英中学生数学奥林匹克竞赛"金奖。

同年10月底，杜青苗同时报考了牛津大学和剑桥大学，而在给这两所大学的推荐信中，高中校长给出了"不能忘记的小女孩"的评语。12月，杜青苗收到了牛津大学的录取通知，她选择了金融数学专业。

从普通职员到部门经理

"牛津大学汇集了全世界最优秀的人才，而数学又是非常枯燥的科目，加上到英国才一年多时间，对英国文化了解不够深入，在整个学习过程中，真是非常艰苦，一步都不能走错。"杜青苗坦言。

"在英国伦敦，有一天清晨起床，大雾，顿时觉得很亲切。有了家乡重庆的感觉，突然心里酸酸的。"杜青苗说。

在这个人才济济的世界顶尖大学，杜青苗要付出比别人多几倍的努力。早上起来跑步，然后背单词，下午放学后，再继续去图书馆自学。大学4年，她每年的成绩都是A。

2007年7月，世界级投行摩根斯坦利来学校招实习生，10万人中只选 20 人。杜青苗通过 3 轮激烈的面试，脱颖而出，得到了实习的机会，并以优秀的表现顺利拿到了正式的工作机会。

在摩根斯坦利工作的 5 年里，杜青苗完成了从学生到世界级精英的蜕变。她亲身经历了世界金融市场的变动，如 2008 年金融危机、雷曼兄弟倒闭、各大投行大裁员等。凭着自身的努力，杜青苗从一个普通职员做到了分析师，然后又成长为部门副经理。

辞职回重庆执掌家族企业

在杜青苗看来，从小到大，父亲并非对她放任不管。在英国留学期间，父亲坚持不断地给她寄国内的各种财经类杂志，几年下来，家里留下一大堆。父亲这样做是让她时时留意祖国的变化，不能因为遥远的距离而与祖国脱节。虽然远在英国，杜青苗心里始终关注着亚洲市场，了解到重庆发展势头良好，她有了回国的念头。

2013 年 9 月，处于事业上升期的杜青苗辞去摩根斯坦利的工作，回到了重庆，实现了一次大跨度转身：从金融业切入房地产；从世界级投行到中国地方民营企业；从金领到未来企业的接班人。

在父亲的企业里，她从掌握公司的财务资本运作开始，把父亲的事业从铜梁做到了重庆主城。在独立运作重庆一个项目的销售后，杜青苗又不安分了，她把眼光放得更远。

这次她选择了韩国济州岛，以一个投资人身份拿下济州岛 1300 亩土地。站在工地上，杜青苗兴奋地说："不久，这里将有住宅、酒店、研修院、博物馆、主题公园等。"

我是重庆的儿子，骨子里流着重庆人的血液，我希望尽我所能回报故乡。

谭卫东

重庆万州人。曾在万州读书、工作5年多，现为厦门东科工程建设有限公司董事长。

谭卫东：创建福建重庆商会的万州人

□ 吴黎帆

20 世纪 90 年代初期，谭卫东辞去了令人羡慕的银行工作，不顾家人、朋友的阻挠，用全部积蓄接手了一个负债 300 万元的公司。如今，这家公司的产值已达 3 亿多元。不仅如此，他还一手创立了福建重庆商会，帮助在福建打拼的重庆老乡创业。

舍弃"铁饭碗"投身房地产

谭卫东少年时代是在福建度过的，直到 1982 年，才随部队转业的父亲回到重庆。在万州读了 3 年高中后，谭卫东考上了宜昌的三峡大学，毕业后被分配到原来的万县工业设计院工作。

谭卫东的确是个不安分的人，仅仅工作了两年就放弃了"铁饭碗"，去了武汉水利电力大学（现武汉大学工学部）结构工程专业读研究生。毕业后被分配到厦门工商银行，但他没去前台，而是去了工商银行旗下的一家房地产公司。

谭卫东说："之所以选择房地产，除了因为不喜欢银行柜员朝九晚五的上班模式外，更重要的是导师曾对我说过，中国的房地产行业很有前途。不过，那家公司我只待了一个多月，因为工作太轻松，根本没有挑战性。"

谭卫东辞去第二份工作，来到了一家小型房地产公司。他应聘的是项目部经理，需对工程各方面进行协调。由于之前没有做过这方面工作，开始有些抓不着头绪。不过，谭卫东坚信勤能补拙。

在这家房地产公司 5 年里，谭卫东每天早出晚归，大部分时间都泡在工地，还骑着摩托车跑遍厦门的大街小巷与他人谈项目的规划和建设。

谭卫东说："那时我每天带着个'大哥大'，骑着摩托车到处跑，有时一天要跑十几个部门。那段时间虽然很累，但却很充实，几年下来，我的人际交往能力有了很大的提升，也对房地产行业有了深刻的了解。"

接手负债公司迈出第一步

1999年底，谭卫东得到了一个消息——由于经营不善，厦门市湖里建筑工程总公司正在寻求转让。

虽然这家公司有着300多万元的债务，但能享受很多政策优惠，更重要的是，经过几年的摸爬滚打，谭卫东意识到中国的房地产行业正在走上坡路。于是经过2个月的准备，东拼西凑了10万元，接手了这家公司，并把它改名为厦门东科工程建设有限公司。

谭卫东说："在刚刚接手的那几年里，我是一个货真价实的'负翁'。最初的3年，我甚至做梦都在想如何还清公司所欠的债务。那时，我四处给公司招揽工程，还拼命降低办公成本，但依然收效甚微。中间我曾无数次想退出，但想到已经为之投入的精力，我就打消了这个念头，决定继续坚持。"

把握机会赚得第一桶金

2002年，一件发生在工地的小事改变了公司的命运。东科工程建设有限公司成立初期主要以招揽工程并承包给包工头，通过定期收取管理费的方式来实行运营。2002年6月，由于旗下的包工头偷工减料被客户发现，客户要求换包工头。就在谭卫东一筹莫展之际，客户一句"你手下这么多人，为什么不自己来做这个项目呢？"让他茅塞顿开。谭卫东当即就决定调整公司的主营业务。

谭卫东说："第二天，我辞退了包工头，并用了一个月的时间来清理现场、组织人员、准备施工材料。经过 2 个月的紧张施工，我的团队顺利完成了这项工程，并获得了客户的肯定，我也因此赚到了人生的第一桶金。从 2003 年开始，凭借我前几年在房地产行业攒下的人脉，公司先后承接了数十个工程项目，在 5 年里顺利还清了债务，公司也得到了快速发展。截至目前，东科工程建设有限公司旗下已有 500 多名员工，总资产达 3 亿多元，项目涉及厦门、洛阳、漳州等地。2016 年年初，我注册了'川藏零公里'的商标，把公司业务拓展到旅游行业。"

成立商会帮助重庆人

谭卫东在 2008 年牵头成立了福建重庆商会，主要帮助那些在外漂泊的重庆人。如今，商会的规模已从最初的 40 多人扩大到 200 多人，大家会定时聚在一起，通过切磋交流的方式共谋发展。

谭卫东说："下一步，我希望能和重庆市的有关部门展开合作，为发展重庆市的休闲旅游作出自己应有的贡献。例如，梁平的双桂堂拥有悠久的历史，如果有可能，我希望能和当地政府一起对它进行开发，进一步挖掘其中所蕴含的禅宗文化，让更多人感受到它的独特魅力。"

重庆是我的根，我越来越想回到故乡。

彭宇洁

重庆江北人。在日本京都大学攻读博士学位期间，致力于研究非洲一个原始部落。

彭宇洁：重庆女孩独闯非洲原始部落

□ 周盈

初中开始学习日语，大学毕业后留学日本，学习亚非区域研究。2010年暑假起，彭宇洁多次只身一人前往非洲喀麦隆的热带雨林原始部落进行学术研究。在那里，彭宇洁学会了狩猎、搭帐篷、吃虫子……体验到了从未有过的人生。

女学霸连获保送

"他们就是我的研究对象——在喀麦隆东南部热带雨林里生活的俾格米人。"彭宇洁在办公室里一边播放着她在非洲原始部落拍摄的视频，一边解说当地的人文风情。

"其实我小时候物理特别好，本来那时候还一直梦想着长大能当一个科学家。"彭宇洁初中、高中都就读于四川外语大学附属外国语学校。由于从小患有先天性心脏病，不敢多运动，所以小时候彭宇洁不太与同龄人接触，常常都是独来独往，性格也比较孤僻、内向。直到上了初中以后，开始住校，彭宇洁才渐渐打开社交圈。

"从小我就喜欢看科幻小说，还有自然类、物理类的书籍。"彭宇洁读初中就获得了物理奥林匹克竞赛的一等奖。此外，她对语言也很感兴趣，在初中的时候就开始学习日语。

"因为初中物理奥林匹克竞赛得了一等奖，就被保送进了高中。"彭宇洁回忆道，"后来高中再次获得了物理奥林匹克竞赛三等奖，加上日语特别好，又被保送进了北京外国语大学。"

在北京外国语大学读大三时，身边不少同学都计划着出国留学，彭宇洁心里也有了出去看一看的想法。大四的时候，彭宇洁联系到了京都大学的教授，打算去那里继续深造。"当时到日本要先读研修生，通过半年一次的考试才能正式入学读研究生。"

一开始，彭宇洁学习的专业是城市声学环境。"跟我喜欢的物理不太一样，当时学起来觉得特别吃力。"半年后，彭宇洁参加了考试，而她的导师觉得彭宇洁在工科方面并不合适，甚至一点潜力都没有。

"之前，在国内准备留学的时候，我查到了京都大学有一个亚非区域研究所，高中的时候就想着以后一定要去非洲看一下。"于是，2009年4月，彭宇洁着手开始准备亚非区域研究所的考试。她每天起早摸黑，一边准备考试，一边靠打工维持在日本的生活。她搬过货、做过洗衣店接待，还在超市打过工，这样的生活持续了接近半年。"功夫不负有心人"，彭宇洁顺利地考入了京都大学亚非区域研究所。

在非洲"小人国"做研究

2010年暑假，彭宇洁终于有机会去非洲，并且一待就是5个月。出发前，除了要打各种疫苗外，最重要的就是要带一些药物。

"其实，出发前，我内心更多的是兴奋，并没有去考虑那里的生活苦不苦或是危不危险。"彭宇洁说，"家里人知道后特别担心，担心我会遇到危险或者生病。"

就这样，彭宇洁提着一个箱子，背着一个包，只身一人来到了喀麦隆东部省热带雨林中的一个村落。那个安静的原始部落，人数加起来还不超过200人，距离最近的小镇有80多公里，由于路特别不好走，只有坐摩托车，要花整整一天时间才能到达镇上。

"我主要研究这个村落里的俾格米人，他们被称为非洲的'袖珍民族'，在丛林里过着封闭的原始生活，目前已经濒临灭绝。"彭宇洁说，"俾格米人男性一般身高1.50米左右，女性身高1.40米左右。俾格米人很友好，爱好和平，并且部落中每个人都是平等的。"

刚到那里，彭宇洁没有朋友，也没有可以说话的人，更听不懂当地人的语言，生活上的各种不适应几乎把她击倒。"森林里的夜晚比想象中冷，晚上有时候会被冻醒，带的东西全盖在身上也不行。"让彭宇洁最不能适应的是"吃"。当地人吃什么，她只能跟着吃什么，从野草、芭蕉，到羚羊、耗子，全吃了个遍。"最痛苦的是吃虫子，第一次吃了白蚁后，当天就上吐下泻，浑身长荨麻疹。"

一个人，又远离现代文明的社会生活，在非洲原始部落里进行枯燥的人类学研究，这个 1985 年出生的女孩，有点迷茫了。虽然来之前，彭宇洁设想了无数种可能，作了面对各种困难的心理准备，但她没想到科研调查工作如此枯燥无聊，每天拿着本子不知道做什么。于是，彭宇洁把自己封闭起来，甚至一个星期都不和当地人交流。后来，她意识到与其这样浪费时间，不如和当地人多聊聊天。

期望回归故乡重庆

渐渐地，彭宇洁学会了当地语言，和当地人成为了朋友，也完成了自己的研究。2011 年、2013 年、2014 年她先后去了四次，最短的一次在那里待了 2 个月。每次去的时候，彭宇洁都会带很多衣服、调料、糖等，在那里她还认了非洲"爸爸"和"妈妈"。"他们是一群很乐观的人，特别珍惜现在的日子。这对我的影响很大，在我看来，我喜欢作研究并享受这个过程。"彭宇洁说。

2011 年，彭宇洁从部落回到喀麦隆首都时，收到父亲生病的消息。2012 年的春节，彭宇洁回到家乡重庆，发现父亲的身体状况比自己想象的还要糟糕。"我当时就在反省，觉得自己特别自私，从小到大总是想着追寻自己的梦想，却忽略了与家人的联系、对他们的关心。"彭宇洁说。一个月之后，父亲离开了她。"父亲离开后，我打算不去日本了，就待在家陪着母亲，但母亲还是支持我回到日本继续完成学业。"

2016 年博士毕业，彭宇洁又面临着去与留的问题。可离家越久，答案似乎也越来越清晰。"刚离开重庆的时候，对重庆没有太多挂念，但后来我在看人家研究文化的时候，会想到我们自己的文化，也越来越想要回去。"彭宇洁说，"希望不断提高自己的学术水平，才好回去见江东父老啊。"

我相信知识能改变命运。我之所以能有今天的成就，就是因为掌握了一定的专业知识。

王跃林

重庆永川人。享受国务院特殊津贴专家，国家标准化管理委员会轻质建材装饰与装修技术委员会委员，广州吉必盛科技实业有限公司创始人、董事长，成都硅宝科技有限公司董事长。

王跃林：农村孩子成长为上市公司董事长

□ 王伟

王跃林负责公司诸多经营、管理事务的同时，还亲自率团队开展项目研究。不久前的一天，王跃林在位于广州的办公室里感叹："'知识改变命运'，我之所以能有今天的成就，就是因为掌握了一定的专业知识。"

勤奋的农家孩子成为"学霸"

王跃林是重庆永川区朱沱镇滩子口村人。他从小学习刻苦用功，初中毕业后，顺利考上了永川城区一所高中。

"进城"之路并非一帆风顺。上高中后第一次化学测验，他仅考了 10 分，全班倒数第一名！王跃林回忆："当时我无地自容，找了个树洞，把那张仅得了 10 分的试卷扔了进去。"

强烈的自尊心，让这个农家孩子越发努力。高一上学期期中考试，化学考了 85 分。期末考试，各科成绩总分进入全班前三名。

一直到高中毕业，王跃林的化学成绩在全年级都是遥遥领先，成为大家公认的"学霸"。更重要的是，他从此爱上了化学这门学科。

高考填报志愿时，王跃林毫不犹豫地选择了成都科技大学（后与四川大学合并）化学专业。1985 年大学毕业后，又顺利考上该校高分子材料科学与工程系的硕士研究生。

1988 年，王跃林硕士研究生毕业，被分配到化工部成都有机硅研究中心工作。农村孩子特有的朴实，让刚刚参加工作的他无论什么工作都抢着干、拼命学。当时单位图书馆内各种图书和资料繁多，他在工作之余总是泡在图书馆内如饥似渴地学习，希望在自己的研究领域内有所成就。

一名与众不同的专家

1992 年初，王跃林离开化工部成都有机硅研究中心，进入广东南海嘉美精细化工公司工作。广东南海嘉美精细化工公司是一家港资企业。王跃林原本的设想，是在这家新成立的公司内担任工程师一职，负责技术开发事务。

但事实上，他扮演了多个角色：除了负责技术开发，现场管理、市场推广、客户服务等工作王跃林也是"一肩挑"。

1995 年，王跃林"跳槽"，进入广州白云粘胶厂负责技术研发工作。在该企业任职期间，他主持玻璃密封胶、结构密封胶等材料的研发，最后一举攻克技术难关，研发出了玻璃密封胶和结构密封胶这两种高分子材料，终结了同类进口产品在国内市场上的垄断局面。

"我在广东最大的收获是市场理念：科研人员开发的产品如果不被市场认可，那就是空中楼阁，没有任何意义。"王跃林说。

2002 年，广州白云粘胶厂进行改制，当时已经担任副厂长的王跃林出资几十万元，获得了企业部分股权。

同年，王跃林受命负责广州白云粘胶厂的气相法白炭黑开发项目。不久，这个项目从广州白云粘胶厂剥离出来，单独成立了广州吉必盛科技实业有限公司。王跃林将自己在广州白云粘胶厂的股份全部置换到吉必盛公司，成为吉必盛公司的大股东之一。

2005 年，王跃林投入 360 万元，成为成都硅宝的最大股东并担任董事长。2009 年，在他的努力推动下，成都硅宝成为首批在中国创业板上市的公司之一。王跃林主持开发的有机硅室温胶产品具有世界先进水平，主要用于建筑玻璃幕墙、电力环保、电子电器、汽车制造、新能源等领域，在市场上具较大的影响力。据王跃林介绍，国家体育场"鸟巢"、三峡大坝、酒泉卫星发射基地机场跑道等工程的建设中，都使用了硅宝公司的密封胶产品。

因为在高分子材料研发领域多有建树，王跃林成为一名享受国务院特

殊津贴的专家。在业内许多同行看来，这是一名与众不同的"跨界专家"：擅长高分子材料研发，同时在企业经营、市场营销方面也有过人之处。

希望为家乡的建设出力

最近几年来，每逢中秋、春节，王跃林都要陪着老父亲回老家转一转。

王跃林说，作为重庆人，他希望为家乡的建设出力。2015 年 9 月，王跃林捐款 50 万元，在老家朱沱镇设立"王跃林教育基金"，用于资助朱沱镇的贫困学生、奖励当地的优秀教师和学生。在该教育基金成立仪式上，王跃林表示，希望家乡有更多孩子能够实现"知识改变命运"的梦想。

"我的根在重庆，在永川朱沱镇。"王跃林表示，他始终希望回家乡投资兴业，为家乡的发展作贡献。

王跃林对回乡发展生态观光农业特别感兴趣。但秉持多年来一以贯之的经营理念，王跃林表示，将把市场摆在第一位。因为一个项目的投资必须慎重、必须充分考虑市场，所以需要经过反复考察、论证。如果各方面的条件尚不成熟，他宁愿暂缓投资。

王跃林常陪老父亲回家乡的另一个原因是，要为父亲写书收集材料。他的父亲80岁那年提出，要写一本关于家乡的书，时间跨度是从1928年到现在。从那时候起，王跃林和姐姐只要有时间就想方设法为父亲收集材料，希望帮助老父亲在有生之年完成这个心愿。"这本书出版后，我愿意赠送一批给家乡的父老乡亲和文化机构，也算是为家乡的文化建设出力。"王跃林坦言。

作为英国华文媒体从业人员，我得以参与对众多"中英大事件"的采访报道，那种感觉特别棒。

张雪

重庆南岸人。北京大学中文系毕业，后赴英国留学取得媒体文化与分析专业硕士学位，2010 年参与创办英国第一份简体字中文报纸《华闻周刊》，现为该刊执行主编。

张雪：英国《华闻周刊》年轻的执行主编

□ 肖子琦

伦敦市中心的高尔街 99 号，一幢显得古旧的英式建筑门口低调地挂着一块很小的牌子，上书"华闻周刊"四个字。相比之下，分别摆放在大门左右两侧的两个红色报刊箱还算显眼。也多亏了这两个报刊箱，否则，就是沿街寻找下去，也未必能发现《华闻周刊》"隐匿"于此。这里就是张雪工作的地方。

加入《华闻周刊》创刊团队

在空间并不大的办公室内，《华闻周刊》十几个员工正坐在电脑前忙碌着。张雪的办公桌也在这里，桌上堆满了各种杂志。"尽管我们是华文媒体，但因为在英国，所以运行方式跟英国媒体的运行方式比较接近。"她介绍。

张雪与媒体结缘，是在北京大学中文系念本科的时候。那时，她在北京大学校刊从事采编工作，从此喜欢上了记者这个职业。从北大毕业后，她远赴英国攻读媒体文化与分析专业硕士学位，毕业后就职于英国一家华文媒体。

2010 年，《华闻周刊》创办，张雪作为创刊团队的核心成员，负责内容框架搭建。

"在《华闻周刊》出现之前，英国的华文媒介全都采用中文繁体字，目标受众主要是老一代港澳移民。随着来自中国内地的新移民越来越多，对中文简体字刊物的市场需求出现了。"张雪说。因此，就有了《华闻周刊》

这第一份全英发行的中文简体字报纸。《华闻周刊》和在英国发行的其他中文报刊相比，内容定位上有很大不同。

在张雪看来，相比老一代移民，新移民总体上受教育程度更高、经济地位更高。这些新移民更关心的话题不是被边缘化之后如何维权，而是如何在各个领域更好地表达自己的想法。

"这也是我们在创刊时提出'文化自信源于优质阅读'这一口号的原因。"她表示，新移民有了更多的文化自信，更希望通过优质阅读得到更多思想和观点上的启发。

策划全媒体直播

如今，在遍布英国的 W.H.Smith 书店，在维珍航空、英国航空等主流航空公司的中英航线飞机商务舱，以及英国不少五星级酒店、奢侈品商店内，都能看到《华闻周刊》。

"2014 年《华闻周刊》从报纸改为精装新闻类杂志后，我们锁定目标人群，更大程度地实现了杂志的精准投放。"张雪介绍。

为了方便读者在交通工具上阅读，《华闻周刊》规格变小了，但页数从 98 页增加到了 122 页。更重要的是，该刊采编团队根据目标读者对于信息的需求不断调整内容结构，在原创内容生产上下了一番功夫。目前，整个采编团队已从过去的纸媒团队，扩充成了纸媒团队、网站团队和新媒体团队，人员规模是原来的 2 倍。3 个团队在内容生产上各有侧重却又密切配合，从而形成合力。

《华闻周刊》进行的诸多新闻报道中，对"巴黎恐袭事件"的系列报道是最成功的。而张雪正是此报道活动的策划人。

"事件发生之后，杂志、网站、新媒体 3 个团队在第一时间抽调人手组成了一个突发事件报道小组。"张雪介绍，他们第一时间在新媒体上推出了一个"24 小时直播帖"，实时发布"短平快"的各种消息。与此同时，在网站上开设"专家访谈"栏目对事件进行评价、分析，最后在杂志上对此次事件进行深度反思。

这种全方位的全媒体报道得到了广泛关注。以新媒体为例，"24 小时直播帖"获得了 25 万人次以上的阅读量，这对于一家英国华文媒体来说，已经是相当高的数字了。

《华闻周刊》在英国华人中的影响力由此进一步上升。

重庆越来越有国际风格了

作为英国华文媒体一名从业人员，张雪有较多机会参与对"中英大事件"的采访报道，"那种感觉特别棒"。

外出采访时，她多次偶遇重庆老乡。"重庆人身上似乎有一种特别的气质，很容易被'识别'出来。"她打趣说。在张雪看来，这种特有气质，是做事靠谱、有讲取心，在自己的岗位上默默地把事情做到尽善尽美，"这也是不少在英重庆人成为所在领域精英的原因吧"。

《华闻周刊》以及张雪本人一直非常关注中国国内发生的各类重大事件，比如"中新第三个政府间合作项目"落户重庆后，《华闻周刊》采编团队就进行了专门的策划报道。在这种"远距离"关注过程中，他们也越来越明显地感受到国内近年来发生的各种变化。

"我刚来英国时，周围不少留学生希望在毕业之后留在英国。现在情况不一样了，越来越多人想回国发展，事实上不少人回国之后也确实发展得不错。"张雪说。

近年来，只要有年假，张雪就回国一趟，切身感受国内发生的各种变化。"重庆越来越有国际风格了，这不光体现在城市规划与建设上，还体现在城市居民的视野上。"

信诚为本功绩半。

陈信立

重庆璧山人。1983 年赴甘肃兰州从事建筑工作，现为甘肃省川渝商会常务副会长，甘肃渝庆建筑劳务承包有限公司总经理。

陈信立：重庆老板借钱也要给工人发工资

□ 谢鹏飞

陈信立的公司曾经被拖欠工程款，还欠下大笔债务。当工人找到老板陈信立，希望早点拿到工资回家过年时，陈信立也急了。他抵押房产、找朋友借款，终于凑足工钱并第一时间发放到工人的手中。在兰州打拼了30多年，陈信立始终不改重庆人的耿直本色。在他的眼里，做人诚信才能赢得外界的信任、赢得市场。

从当学徒到成立施工队

陈信立高中毕业后，怀揣几百元，独自一人坐上北上兰州的列车，投奔远在兰州的叔叔。当时他的想法很简单：想外出闯一闯，努力拼搏一番。

刚到兰州，陈信立在叔叔的介绍下，跟随一个经验丰富的老师傅学习泥瓦匠活。虽然每天起早贪黑，但陈信立从小就吃苦耐劳，他没有叫苦，也没有喊累。

大西北的冬天，气温低至零下十几摄氏度是常有的事。在工地上，陈信立每天都早出晚归，潜心学习。他一心想着将手艺学好，多挣点钱寄回家给父母补贴家用，这一学就是5年。

5年后的陈信立已经熟练掌握了建筑行业的相关施工技术，抹灰、砌墙样样精通，从一名学徒变成了经验丰富的老手。给别人打一辈子工，不如自己当老板。有了一定经验后，陈信立产生了成立施工队的想法。

在兰州人生地不熟，想招人不是一件容易的事。"当时我就想回老家招人，带领老乡来兰州干。"1987年，陈信立回老家招了几十名工人，成立了自己的施工队伍。施工队从小工程做起，由于技术过硬、完成的工程质量高，渐渐在兰州小有名气。

借钱也要给工人发工资

跟陈信立干过的工人都知道他从来不拖欠工资。正是凭着这份诚信，越来越多的工人从重庆来到千里之外的兰州，跟随陈信立打拼。施工队也从当初的几十人发展到后来的几百人。

随着业务量的增长，以及施工队伍的不断扩大，2008年，陈信立成立了自己的劳务公司，公司员工达到4000多人。

然而，公司发展并非顺风顺水。2012年，陈信立的公司接到了一个20多万平方米的项目。但由于土建施工成本上升，合作双方出现分歧，对方迟迟不结算工程款，这一拖就是两年。截至2014年年底，合作方拖欠工程款高达1亿多元。

眼看年关将至，等着结账回家的工人找到了陈信立，希望解决工资的问题。"我那时候比他们还着急，可开发商拖欠工程款，我们也没钱啊。"陈信立说，那时有近千名工人的2000多万元工资没有结算。

就在陈信立感到无助时，书房墙上的"信诚为本功绩半"点醒了他。"这是我一直以来的信念，我下决心自己筹钱来解决。"接下来的几天，陈信立通过银行贷款、朋友周转等途径，最终在春节前将所有人的工钱足额发放。

"做人要诚信，工人是因为相信我才会跟我干。辛辛苦苦一年，不能让他们白干，就是砸锅卖铁，也要让他们拿着足额的工钱回家过年。"陈信立说，看到工人们拿到工钱时的笑脸，一切都值了。

"做这行的都知道，这两年钱不是很好赚，陈总从不拖欠工人的工资，很难得。所以大家都信赖陈总，愿意跟着他干。"公司员工赵治伦说。在工人们眼里，陈信立耿直、讲信用，用诚信赢得了大家的尊重。

就这样，在兰州建筑行业内，陈信立获得了"当代季布"的名号。他的企业被甘肃金融机构评为"诚信企业"。

在陈信力和工人的不断努力下，公司又接到了一些项目，扭亏为盈，之前的欠款也全部还清。目前，公司已经完成了多个上千万元甚至上亿元的房地产项目，在兰州建筑行业赫赫有名。

想回璧山开辟休闲度假区

"少小离家老大回，乡音无改鬓毛衰。" 18 岁离家，转眼已经 30 多年。变的是外貌，不变的是对家乡的思念，在陈信力心中，重庆始终是他的根。"这些年，重庆发生了翻天覆地的变化，环境越来越美，交通越来越便利，相信未来一定会越来越好。"

如今，他还思考着回重庆发展，回报家乡。

"重庆的山水养育了我，离家这么多年，真心期待回乡发展，为家乡人做点事情。"陈信立准备在璧山开辟一个集文化、健康、产业、养生于一体的休闲度假区，带动更多家乡人就业。

我是农民的孩子，在农村长大，做任何事情，都要像种庄稼一样用心。

郑建刚

重庆大足人。毕业于原重庆建筑工程学院土木工程专业。2012 年，郑建刚承包了包头市最大的棚户区改造工程，解决了 1100 余户居民的居住问题。

郑建刚：帮 1100 余户居民住进新家

□ 周晓雪

　　怎样才算是一名成功的建筑者？在郑建刚眼中，并不是所建的房子能卖多少钱，而是能给多少人一个温暖、高品质的家。郑建刚本来在家乡有一份不错的工作，但他却辞去工作出外闯荡。如今，他的足迹遍布大江南北。在郑建刚看来，做工程好比做人，要讲良心。

成立建筑总承包公司

　　从事建筑行业 10 多年，郑建刚俨然一副行家模样。他高中毕业后进入一家建筑公司工作。因为聪明勤奋、刻苦好学，两年后被公司推荐到原重庆建筑学院土木工程专业深造，毕业后顺利进入公司管理层。

　　郑建刚有拼搏的梦想。1999 年，不甘于现状的郑建刚从公司辞职，决定外出打拼。"老家的市场小，竞争也激烈，想出去闯一闯。"

　　听朋友说云南的机会多，郑建刚辞职后去了云南。一开始，他承包了援建学校的工程，后来又与人合作承包了过亿元的工程。10 多年间，郑建刚从四五人的小团队做起，队伍逐渐壮大，成立了一家建筑总承包公司，足迹遍布云南、湖北、内蒙古等地。

　　眼界和人脉慢慢打开，经济实力也逐渐积累，终于在机会降临的时候，郑建刚一把手抓住了它。4 年前，郑建刚以顾问的身份陪同行来到包头考察棚户区改造项目，不过同行未能接下这个过亿元的项目，反倒是他正好资金充足，总包了这项大业务。

　　"那时实力、人脉、经验这几个条件都具备了，机会来临时才能牢牢

z

273

郑建刚　帮 1100 余户居民住进新家

抓住。"在郑建刚看来，成功取决于各种因素，只要用心做事，总会开花结果。

帮助棚户区居民住进高楼

北方的冬天气温低至零下二十摄氏度，可郑建刚只穿了一件黑色皮衣，帽子手套都没戴，脸和耳朵冻得有些通红。来到包头的第5年，他已经习惯了与重庆截然不同的气候。

位于包头东河区的鹿鸣上苑小区是内蒙古包头市最大的棚户区改造项目之一，项目共计12万平方米，涉及12栋20层高住宅楼。赶在寒冬来临之前，郑建刚让住在棚户区的居民搬进了新家。

作为一名来自重庆的建设者，能够在遥远的内蒙古为当地居民作贡献，郑建刚觉得特别自豪。"这里以前都是棚户区，屋外砖石、木头杂乱堆着，屋里也挤得很，很多都是一家几口挤在几平方米的屋子里。"望着敞敞亮亮的高楼，郑建刚不禁回忆初识这块土地的情景。

"楼房附近仍有部分棚户区，以后也会改造成这个样子。"指着项目完工的彩图，郑建刚说，"这里以后不仅有大量绿化，车库、商业门面等配套都很齐全。"

凭良心、讲质量，机会就会找上门

抓住机会并不意味着成功，2012年底，初到包头的郑建刚一接手工程就面临一道难题。和重庆的建筑规范不同，由于冬天气温低，北方的楼体建筑外墙要加上一层保温层，厚度至少7.5厘米。"每立方米要达到24千克，并且工艺和材料都需要通过消防认可。"虽然从事建筑行业已有10多年，但郑建刚和团队常年接触的是南方的项目，这次算是遇到一个大难题。

为了攻克外墙保温施工工艺，郑建刚和技术团队连续奋战了一个星期，白天在其他工地观摩学习，晚上通宵达旦制订施工计划，终于解决了技术难题。

郑建刚这股迎难而上的劲头，得到了包头多个政府部门的称赞，称这支队伍特别能战斗，特别能吃苦。"我们都是农民的孩子，在农村长大的，做任何事情都要像种庄稼一样用心去经营。"郑建刚笑了笑。

做了多年工程，郑建刚认为，做工程就像做人一样，不能总想着自己的利益。哪怕工程没赚到钱，只要用心把工程做好就会留下良好的口碑，机会自然就会找上门。反之，如果自私自利，就算有商机别人也不会想到你。

团队中 300 多人是重庆老乡

值得一提的是，郑建刚的团队从项目管理层、技术工种，再到会计、出纳等核心团队成员，有 300 多人是重庆老乡。很多人跟着郑建刚一干就是好几年。

"自己赚了一点钱，就想带更多人出来，让大家都过上好日子。"郑建刚看得很远，他希望团队成员能学会一些管理、技术知识，都有一技之长，即使不跟着他干了，也能靠着手艺吃饭。"离家的游子最思念家乡，如果能吃点火锅、麻辣烫，那就不错了！"在外闯荡多年，家乡始终是郑建刚心里最牵挂的地方，只要项目上的事情理顺了，他总会抽空回家。"回家不难，包茂高速15个小时就到家，上午出发，过了凌晨就可以在家烫毛肚。"

每次回到重庆，郑建刚都不禁感叹："高楼越来越多了，交通越来越发达，家乡一天比一天好！"

对我而言，乡愁或许是一碗家乡的凉面、一碟母亲做的牛肉干。

任杰

重庆开州人。1999 年高考以开县中学理科第一名的成绩被北京大学录取，大学毕业后被北京大学保送读研。2005 年进入中国工商银行总行工作，2012 年被派到香港任工商银行亚洲私人银行部副总经理，2014 年进入高盛集团。

任杰：开州小伙子闯荡香港金融界

□ 郑亚岚

尽管任杰在香港打拼，但他从不刻意融入当地人的生活。他给自己的定位是"港漂"，他的根仍在重庆，他对家乡和家乡的亲人有着浓浓的眷恋之情。

考入北京大学

1981 年，任杰出生于重庆开县（现开州区）。母亲是当地乡村小学的一名教师，父亲在供销社上班，一家人的生活还算宽裕。

母亲一直对任杰比较严格，在母亲的言传身教下，任杰从小就养成了独立自主的好习惯，不管是学习还是生活，他都安排得井井有条。

1999 年，任杰以开县中学理科第一名的成绩被北京大学经济管理学院金融学专业录取。

任杰的母亲后来也跳槽到了父亲的单位工作，但 2000 年父母双双下岗。已经 46 岁的父亲从头开始学，改行搞建筑。家里的变化让任杰更加勤奋，不想给家里增加负担的他，大学期间多次获得各种奖学金，毕业后他被学校保送攻读硕士学位。

进入工商银行工作

研究生刚毕业的任杰没有确定自己的方向。他向超过 50 家公司投了简历，其中包括会计师事务所、外资银行、中资银行、各大投行、咨询公司等。

有两家知名的会计师事务所愿意直接录取他，后来几番考虑之后，任杰准备签下其中一家。"去公司签合同的地铁上，我接到了工商银行人事部打来的电话，对方告知我被工商银行录取了。"任杰说，那个电话帮他下定决心进入中资银行，甚至决定了他今后的命运。

任杰进入中国工商银行总行个人金融部，2007 年，作为总行的新员工，他被安排到安徽芜湖基层锻炼。第二年，回到总部的他加入一直参与筹建工作的总行私人银行部，做产品经理。

2012 年，任杰被单位派到香港，任工银亚洲私人银行部副总经理。

加入高盛集团

初到香港，任杰就负责一个部门。"和内地相比，香港很早就开始发展金融业，交易系统已经全球化了，当地的监管机构非常严格。"任杰说，他首先要学习的就是监管要求，因为稍有不慎就会被罚款或入狱，"大环境逼着这个岗位的人成为一个国际化、专业化的人，我只能逼着自己不断去适应、提高"。

为了工作时更好地交流与沟通，任杰主动学习粤语，"不用特意融入当地人的生活，现在也有了自己的朋友圈。"任杰说，这是他们与老一代"港漂"最大的不同，他们更侧重于由事业来决定未来的发展。

任杰到工商银行亚洲私人银行部的时候，部门刚刚结束多年亏损，实现了盈亏平衡。任杰调整了工作思路，配合总行的资源重新搭建了机制，为高端客户提供境外理财产品，这一做法帮助工商银行亚洲私人银行部实现了利润年年增长。

2014 年，任杰被高薪邀请加入高盛集团。"不知道是否能适应外企的企业文化，不是特别有把握。"任杰说，进入高盛集团前，他面试时见了不下 10 个人，未来的同事、领导等，来自不同的国家，也就是在这个过程中，他迅速找到了自己的价值所在和未来的定位。

希望回重庆发展

2016 年 1 月，随着儿子的出生，任杰在香港安了家。

尽管人在香港，但经常可以在任杰的社交软件里看见他展示重庆美食。在外"漂"了这么多年，家乡的凉面仍然是他的最爱，老婆知道他爱吃，还特意向母亲学了制作方法。"每次都是母亲把山胡椒和面寄过来，然后老婆下厨做给我吃。可惜每次都只能尝尝鲜，因为面放久了会变质。"

每逢亲朋好友上门，任杰都会从冰箱里端出一碟母亲亲手做的香椒牛肉来。"每隔两三个月，母亲就会寄一些她亲手做的零食过来。"任杰说，连周围不怎么吃辣的同事都爱上了他母亲做的重庆零食。

事业有成、家庭美满是任杰最大的追求。"每次回重庆都会被重庆的发展速度所震惊，西部地区特别是重庆在金融市场上还有很大的发展空间，需要专业金融从业人员和金融产品的提供者。"任杰说，他的工作不一定局限在香港，他很看好重庆的发展潜力，有机会回内地发展，重庆是他的首选之地。

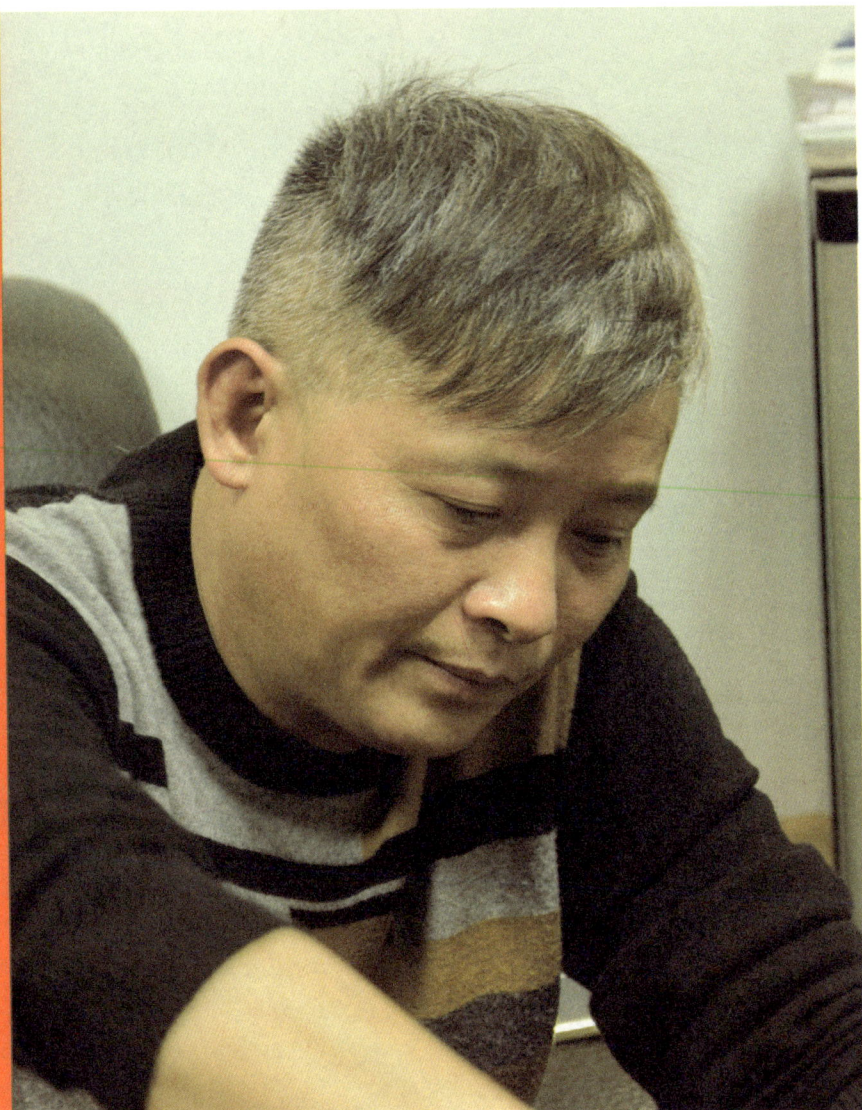

人在商界，不守合同不行，不讲诚信不行。

黄正彬

重庆潼南人。15岁开始外出打工，先后辗转多地，最终在福建厦门成就了自己的企业王国，现任福建漳州潼南商会会长。

黄正彬：重庆汉子终成企业掌门人

□ 周梦莹

为了生计外出务工，曾有一个月仅靠辣椒拌饭填肚子，也曾身无分文，在停尸房睡了整整 3 个月。这些磨难与艰辛并没有让黄正彬退缩，反而激励他不断前行，最终创立了年产值 1 亿多元的企业王国。现在的黄正彬正逐渐把工作重心向重庆转移。对黄正彬来说，回家是当下最重要的事情。

15 岁离家闯荡

黄正彬的办公室在福建厦门的一处商务楼里，进门便能看见一张颇具闽南特色的功夫茶桌。除了茶桌外，大到家具，小到食物，其余的一切都显得很有重庆特色。

"在这边聊天、谈事情，功夫茶桌是必备的，也算是工作使然。"黄正彬笑着说，"不过我还是习惯重庆的麻辣味。"

1968 年，黄正彬出生在重庆潼南，家里有 7 个兄弟姐妹，他小小年纪便懂得了赚钱养家的意义。

"10 多岁的时候老家发洪水，冲垮了不少房子。洪水退后，我就去淤泥里掏砖出来卖，多少能补贴点家用。"黄正彬说。20 世纪 80 年代初，看电影还是一件很新奇的事情，电影票常常一票难求。黄正彬每天凌晨三点就去买票，然后再转手售卖，往往被一抢而空。

渐渐地，黄正彬萌生了到外面闯一闯的想法。15 岁的黄正彬带着梦想，只身一人来到江西，跟着师傅当了油漆工。然而，最初的欢呼雀跃很快被残酷的现实磨灭得一干二净。

黄正彬回忆说："做漆工的时候，我涉世未深，懂得不多，想得太少，就觉得工作还行，一心一意想跟着师傅干。但一年以后，突然在一夜之间，师傅就丢下我一个人离开了。"

当时油漆工的收入并不高，仅够维持日常温饱，因为是跟着师傅干活，黄正彬真正拿到手里的钱很少。师傅走后，黄正彬身无分文，生活成了问题。还好租的房子没有到期，有住的地方。房内还剩一袋米，可以吃上一段时间。就这样，黄正彬每天去菜市场捡辣椒，靠着辣椒、酱油拌饭填饱肚子。

在好心人的帮助下，黄正彬终于回到了潼南。可第一次的挫折并没有让他一蹶不振，反而让他更加坚定地想要证明自己。1987年，他再次离开家乡，先后辗转四川、河南、山东等地打工。其中的辛酸只有他自己知道，"我们在外乡打工，苦没法说，你们想都想不到那种苦。"

在四川打工的时候，由于事先没有联系好，黄正彬甚至连一个落脚的地方都没有。"没办法，不得不在附近的停尸房住下来，一住就是三个月。"尽管听上去挺吓人，但回忆起那段日子，黄正彬的表情很释然，"还好当时那个停尸房是闲置的，附近的人都不敢进去，才没有人赶我走。"

1989年，黄正彬到河南的一家工地做搬砖工人，"现在想起来还有点害怕，但当时完全没在意。"原来，有一次黄正彬在6楼砌砖的时候，由于地板没有浇牢固，一下子连人带砖掉到了5楼。

20世纪90年代初期，黄正彬敏锐地觉察到了在改革开放的大势下，东部沿海城市蕴藏着更多的机遇。于是，他把下一站，也是人生中重要的一站，定在了厦门。

做工程亏钱也要讲信用

刚到厦门的黄正彬先在工地干了半年，每月能挣300多元。因为做事实在，不少工友愿意跟着他干。半年后，他当上小包工头，开始承接一些门窗安装的小工程。

1996年底，黄正彬突然接了两个大项目，总共500多万元的全包工程。这次他赚了100多万元，用这个钱盖了两个厂房，事业开始起步。

2004年，正当黄正彬的事业风生水起的时候，一场意外再次让他陷入了低谷。在厦门一个楼盘的门窗安装工程中，由于没有完全按照甲方的意见安装，甲方要求全部返工。

怎么办，拆还是不拆？如果拆掉重装，就意味着前期投入的一大笔资金将打水漂。可如果不拆，今后还怎么在业内立足？这一刻，黄正彬果断地选择了拆掉重装。

一夜之间，从19楼到31楼的门窗全部拆完。第二天，黄正彬召集所有工人重新订材料、重新做，每天晚上通宵加班，一个月后终于把项目按要求赶完了，可不但没赚钱，反而亏了几十万元，但黄正彬并不后悔："必须这么做，不是钱的问题，是名誉的问题。"

这次的经历让黄正彬重新认识了商界的规则，而他的诚信和魄力也赢得了业内人士的认可。正因如此，黄正彬这个外地人在厦门建筑行业越走越坚定。如今，他创办的两家工程公司年产值达1亿多元。

"重庆人性格豪爽，舍得拼搏，肯干实事，福建这边很多工程都是我们重庆人在做。"黄正彬说。在他身上，重庆人吃苦耐劳的性格特质得到淋漓尽致的体现。

正因为这些特质，黄正彬很快在当地结识了一批关系很好的朋友，朋友赵保忠就对他赞不绝口。"正彬为人非常豪爽，非常具有重庆人的性格，仗义、麻辣，对家乡的慈善事业非常关心。"赵保忠说，"有一次重庆老家遭遇洪灾，正彬听说以后非常着急，委托家乡的朋友捐钱，具有很大的正能量。"

准备回重庆投资

2011年，厦门潼南商会成立，黄正彬被推举为会长。在积极带动会员企业抱团发展的同时，黄正彬也没有忘记回报家乡。只要商会开展活动，他都会积极宣传家乡发展环境，号召大家回乡创业，为家乡经济社会发展作贡献。

2012年，黄正彬返乡创业，在潼南群力镇成立了一家公司，搞起生猪养殖。尽管在经营初期遇到了一些困难，但很快，黄正彬迅速对养殖设备进行了改造，仔猪顺利长大。在当年9月宰杀了一头"科技猪"送检，检测报告显示各项指标都为优异。10 月又重新抽检了一头猪，报告结果更加优秀，黄正彬这才吃下一颗定心丸。如今，公司年产值达到数千万元。

"我来了厦门这么久，还是不会说闽南话，我的户口还在潼南，和家乡人在一起吃饭聊天是最舒心的事情。"黄正彬说，重庆很美，这几年变化特别大，发展太快了。"现在如果不回重庆投资就太傻、太落伍了。"由于自己的建筑老本行有一定资本，黄正彬计划在重庆开一家分公司，还打算今后退休后落叶归根，回到重庆养老。

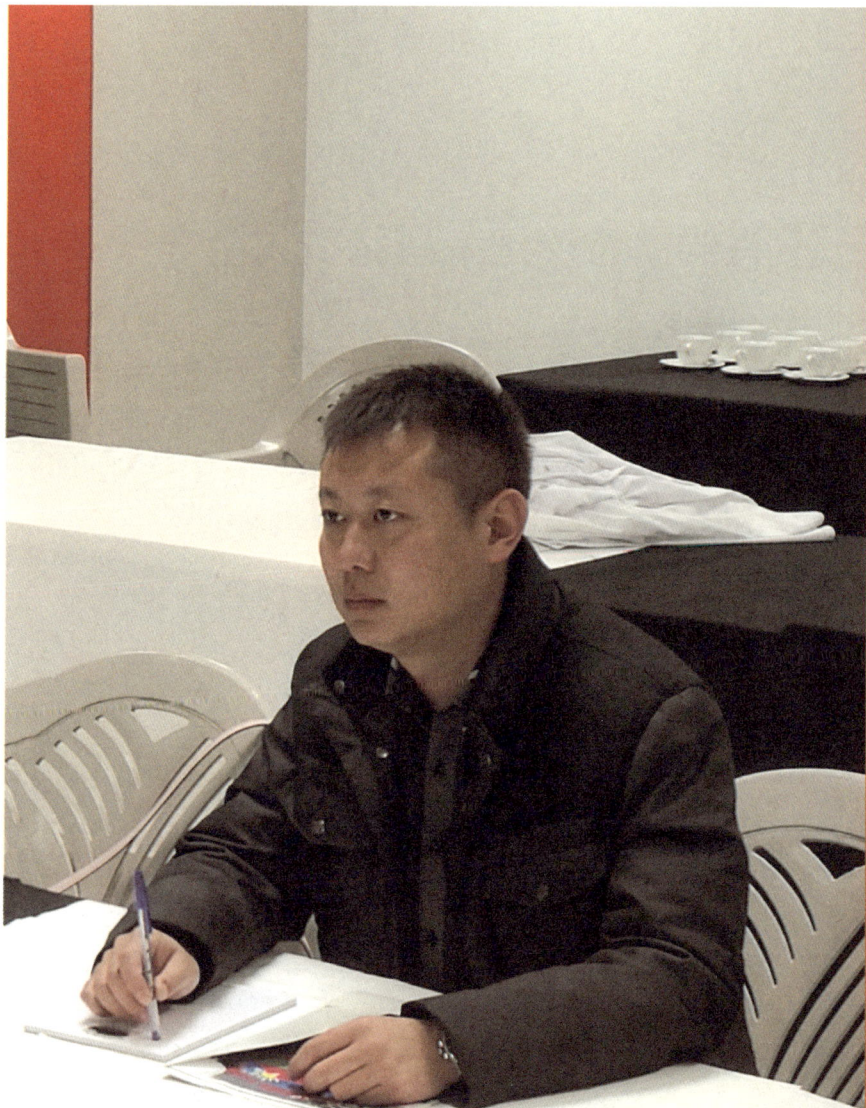

人要敢闯，闯过去之后你会发现，自己所经历的艰难困苦都是最宝贵的财富。

肖钧

重庆荣昌人。现居南非约翰内斯堡，南非四海进出口有限公司创办人、董事长。

肖钧：希望把荣昌猪引入南非

□ 肖子琦

荣昌猪好吃、好养，不仅在重庆，在全国都有很高的知名度。肖钧在南非打拼多年，一直从事进出口肉类生意。他有一个梦想，就是把荣昌猪引入南非，让南非人能够品尝到重庆产的优质猪肉，让荣昌猪的名号在国际上打响。

有闯劲的荣昌小伙子

肖钧与合伙人开的屠宰场规模在南非位居第二。他们拥有自己的农场，待宰生猪都是从农场拉来的，屠宰场有 300 多名员工，一天屠宰量约 1600 头。在屠宰场可以看到一整条现代化的生猪屠宰流水线，既高效又卫生。

肖钧身上从小就有着一股闯劲。21 世纪初，他孤身前往巴基斯坦，给在那里做海鲜生意的一个朋友打工。

据肖钧回忆，白天干活又苦又累，夜里很多人挤在一间宿舍里，蚊子很多，咬得他经常睡不好。但是，那样的状态磨炼了他的意志，也让他逐渐懂得如何做生意。

2005 年，肖钧到伊朗从事食品贸易方面的生意。但是，只在那里待了一年多就遭遇当地政局混乱。有一次在街上遇到枪战，他躲在一辆汽车背后才幸免于难，几乎与死神擦肩而过。2007 年，肖钧回到重庆，在盘溪市场租下一个摊位，做肉类生意。

转战南非成立进出口公司

2010 年，在一位朋友的推荐下，肖钧来到了南非。由于一直从事与肉类食品有关的行业，他还是选择了自己的老本行。到达南非的第二年，他创建了南非四海进出口有限公司，主攻肉类进出口业务。

刚开始没有合作伙伴，交际范围不广，他从当地黄页上找屠宰场、主动联系，以此来揽业务。经过多年打拼，肖钧的生意越来越好。如今，公司规模已近百人，年产值 4000 多万元。

公司合作伙伴中有很多南非知名大企业，其中就包括一家名为"酒园集团"的企业，其猪肉在当地市场占有率排在南非第三位，出口量居南非首位。肖钧主要负责技术和销售渠道，对方负责提供原材料和养殖场地。

从 2014 年开始，为拓展海外市场，酒园集团将中国定为一大目标市场。酒园集团一直以来使用的是英国约克猪，在生猪品种上，肖钧却有自己的想法。

身为重庆荣昌人，他从小吃着荣昌猪肉长大。在他看来，无论是口感还是香味，荣昌猪更胜一筹，也更符合中国人的饮食习惯。肖钧建议引进中国本土的优良猪种进行培育，比如荣昌猪。这样不仅可以借助公司养殖优势，改良猪种，还可以让南非当地人品尝到中国的优良品种猪肉。

2016 年，肖钧的公司已与中国畜牧科技院签署了意向协议，对方将为其提供技术支持，帮助荣昌猪早日进入南非市场。目前，针对引进猪种问题，肖钧正和"酒园集团"沟通。他表示，把家乡的荣昌猪引入南非，就是他现阶段最大的梦想。

让家乡人尝到南非的牛肉

2015 年，南非重庆商会成立，肖钧成为首批会员之一。对他而言，商会就像一个大家庭。他说，自己刚到南非时，人生地不熟，无依无靠，一切都要靠自己摸索、打拼。现在有了商会，感觉在南非有了根基。未来，如果还有重庆老乡来南非发展，商会将为其搭建一个更好的平台。

谈到家乡重庆，肖钧说，在外打拼多年，思乡之情越来越浓厚。如今，他经常回重庆，虽然回趟家要乘坐近 20 个小时的飞机，路上很辛苦，但能够回到故乡与家人团聚，再累也值得。

从事肉类食品行业多年，肖钧说，除了想把荣昌猪引入南非，他还想把南非优质牛肉引入重庆。南非的牛肉口感细腻，有回甜味，甚至可以生吃，是公认的营养价值很高的牛肉。

"我的理想状态是有朝一日，荣昌猪能登上南非人民的餐桌，家乡父老也能品尝到南非的牛肉。"谈到自己的梦想，肖钧满怀憧憬。

宁作傻坚持，不作小聪明；实基固本，锲合开新。

张培武

重庆忠县人。画家，中国美术家协会会员，中国书画院安徽画院院长，重庆市巴渝画派中国书画研究院院长，他创作的国画以"平和中透出大气"而著称。

张培武：从山里娃到国画名家

□ 张亦筑

　　"拿起画笔，周围一切都是空的了。听不见、也看不见，只有眼前这张画纸。"从砍柴的农村娃到国画名家，张培武对艺术的坚持令人敬佩。年过花甲的他从少年时期拿起画笔那天起，就不再放下。无论去过多少地方，重庆的山山水水永远让他魂牵梦绕。他憧憬着能为家乡的传统艺术发展作贡献，培养出更多优秀的人才。

山里娃踏上绘画道路

　　北京通州区宋庄是北京新兴的文化艺术重镇，大大小小的艺术画廊坐落在此，张培武的画室就是其中之一。推开画室大门，挂在墙上的一幅幅大型国画映入眼帘，浓浓的艺术气息扑面而来。

　　沏一壶茶，配一段古乐，谈及画画这件事，平时言语不多的张培武打开话匣子。

　　1949 年，张培武出生在重庆忠县拔山镇火炉村。在那个物质匮乏的年代，他没穿过一件新衣服，冬天更没有棉衣，尝尽了酸甜苦辣。

　　10 多岁时，张培武每个周日都要步行 25 公里上山砍柴。第一次砍柴，回来时他背着几十公斤的湿柴跟在大人身后，走几步歇几步，但是一根柴都舍不得丢，几乎是挪着回去的。张培武回忆，到村子的时候已经天黑了，黑暗中他看到母亲等候他的背影，"她背着背篼，手里端着一碗红薯饭，我放下柴，扑到她怀里就哭。"

　　那时候的他每天想的都是明天怎么才能不饿肚子，根本不知道艺术是什么，只是常常好奇地看着做木匠的叔叔刻刻画画。

1966年，铁路招工，张培武到了云南。"我知道，我要珍惜这个可以吃饱饭的机会。记忆里，我从来没有睡过一天懒觉。"张培武所在的铁路班有40多个工友，年轻的他爱唱爱跳，是最活跃的一个。后来，他顺利进入铁路文工团宣传处，在一位美工的引领下，他正式接触到绘画。

拿起画笔就忘我

从1968年起，张培武在铁路文工团一边搞宣传，一边开始自学绘画。5年后的一天，一位领导对他说："培武啊，你的油画画得非常好，但油画是西方画，你还可以学学国画。" 一句话激起他内心的涟漪："我从小就热爱家乡的山山水水，工作后又常年浸泡在山野与田园之间，画国画正是我的梦想。"

经人推荐，张培武买了《芥子园画谱》，开始自学国画。"那本黄皮书，翻烂了又补，反反复复。"他回忆道。

功夫不负有心人，他终于画出成绩，2000年在台湾成功举办个人画展，这更加增强了他绘画的信心。

为了画好山水画，他在山水秀丽的黄山安顿下来。著名画家张仃看他很有前途，推荐他去中央美术学院进修。但由于家境困难，他失去了这次进入高等学府的机会。但在这期间，他与妻子关彩鸾相遇相知，关彩鸾成了他绘画事业上最坚固的后盾。

张培武对画画这件事有多爱？关彩鸾说："画永远排第一，后来他教学生以后，学生排第二，我和孩子排在后面。"

张培武是个画痴。他特别较真，拿起画笔后全身心投入画画，可以整整一个月不出门。画好一幅画后，还要反复找瑕疵，不断调整，如果不满意，干脆就撕掉。痴迷画画，他常常会把衣服穿反，甚至曾错穿妻子的衣服见客。忘我的时候，不会顾忌自己穿的是白衬衣，扯起袖子就擦毛笔，甚至画案旁边的窗帘都"难逃一劫"。

对于这一切，关彩鸾从未埋怨过。两个人结婚的时候，全家唯一的新物件就是一条价值11元的裤子而已，"我爱的是他这个人，虽然我不懂画，但我知道，那是他看得比生命还重要的事情，我无怨无悔。"

"凤凰岭"里教学生

2002 年，受邀担任中央电视台一个节目的评委，张培武到了北京。虽然已经年过半百，但出于对艺术的追求，张培武选择留下来。

2006 年，张培武前往国家画院，拜龙瑞为师，继续深造。凭着骨子里那份执着，他的画作多次参加全国大型美术展览并获奖，作品被人民大会堂、中南海、毛主席纪念堂、国家商务部等收藏。

几年里，他先后担任了北京凤凰岭美术馆馆长、清华大学美术学院高研班导师、中央国家机关美术家协会艺术顾问、中国书画院安徽画院院长。

2008 年，张培武一手创立了北京凤凰岭美术馆，并任首届馆长。5 年间，他邀请了全国 50 多位知名画家到美术馆设立工作室，举办多期书画研修班和龙瑞山水画课题班，并成立凤凰岭书院，专门从事美术教学工作。"我想让这些书画大家把自己从艺的感受传播给其他人，培养出高水准的中国画画家。"

卸任凤凰岭美术馆馆长之后，张培武来到北京宋庄，成立了北京龙脉家园中国书画研究院，并任副院长兼秘书长，带领众人继续中国书画艺术的探讨与研究，同时在清华美院书画高研班和荣宝斋画院办班教学，如今已是桃李满天下。传道授业，教书育人多年，他像蜡烛一样牺牲自己照亮别人，也就是张培武常说的"点亮别人的艺术心灯"。

要为重庆传统艺术发展出力

如今，张培武创办了个人画室，继续从事美术教学。他常说，艺术是永远学不尽的，并把"宁作傻坚持，不作小聪明；实基固本，锲合开新。"当作箴言，悬挂在画室。

张培武每年都会带着学生外出写生，去过很多地方，但最让他记忆深刻，最想用画笔去描绘的，还是家乡重庆的山山水水。

在他的画室二楼，挂着一幅题为《孩时怀旧》的巨型山水画，这幅画创作于 2015 年春节期间。张培武说，有几天连续做梦，梦里都是家乡的样子，"担着担子吆喝的小贩，吼着川江号子的船工，错落的吊脚楼，让我流连忘返。"于是，他提起画笔，花费 20 天，将山城的吊脚楼、"棒棒军"、吃火锅等生活场景融入到了自己富含深情的山水画中。

"我会常回老家忠县，家乡有什么事需要我，叫一声，我马上就到。"张培武说，他还回到忠县举办了一次中国书画艺术学术讲座，并将在万州举办一个荣宝斋画院画家书画展及学术交流活动。

除了开讲座、办画展，张培武还有一个心愿。目前，他正着手一个传统书画艺术推广的策划，策划书写了整整几十页，他说："虽然我都一把年纪了，还是希望为家乡的传统艺术发展出力。"

宁愿给予，不愿索取。

罗开勇

重庆铜梁人。云南省沪滇合作促进会常务副会长，云南大姚枭瑞农业开发公司"黑佳猪"品牌创始人，香格里拉市圣黑金生物资源开发公司"圣域黑金"品牌创始人。

罗开勇：浪子回头金不换

□ 钱也

　　罗开勇初中毕业就到云南打工，凭着自己的努力，不到 30 岁就身价上百万元。但他却迷上了赌博，短短 3 个月输光了所有家产，还倒欠了几十万元外债。他几番挣扎，终于在泥潭里爬了起来。

百万富翁被赌博毒害

　　"老家有人在云南做建筑，我就跟了过来，在工地当学徒，做小工。"头脑灵活的罗开勇，1995 年就当上了小包工头，后来又在堂哥的带领下，改行做起了猪饲料生意。

　　2002 年，不到 30 岁的罗开勇已经积累了人生的第一桶金，有了上百万元的财富，"用现在的话来说，就是车子、房子、老婆、孩子都有了，我把父母也从铜梁老家接到了昆明居住，一家人在一起，日子挺好！"但是，罗开勇还想着"做更大的生意"，他开始接触边境贸易生意，经营红木、楠木。

　　长期在境外"很无聊"，他开始接触到了赌博。"第一次带了 400 元去，竟然赢了 1 万多元。"罗开勇忍不住内心的激动，"这种钱来得太快了，太刺激了！"罗开勇认为，凭着自己的聪明，赢钱绝对比做生意赚钱来得更快！他痴迷了。

　　事实证明，赌博从来都不是发财致富之路，罗开勇短短 3 个月输了 150 万元，还借了 30 多万元的外债。母亲在此期间因车祸去世了，感觉自己"没尽孝道、没听父母的话，对不起老婆、孩子"的罗开勇追悔莫及，精神将近崩溃。他开液化罐自杀，幸好堂哥及时发现，砸窗救了他。后来，从境外回国，他甚至连 170 元路费都拿不出来。"回国后半年没出门，不接触朋友。"

2004 年，他从报纸上找了一份卖保险的工作。"这一年，我每天都参加晨会，但除了对'责任'两个字有了更深刻的认识外，并没有多少收入。"2005 年，他拿着父亲的 4 万多元积蓄代理堂哥的猪饲料销售业务，但又亏了。

这让罗开勇进行了深刻的反省，赌博把他击倒，他下决心从此不再沾染赌博。

东山再起出成绩

2006 年是罗开勇人生的重要转折点，这一年，他赚回了 50 万元。

"我对猪饲料行业最熟悉，当时还想继续销售饲料。"罗开勇只有再次求助亲人。尽管对罗开勇感到失望，但是，他的父亲、姐姐、叔叔等亲人还是凑了 4 万元，支持他再创业。

"关键时刻，你才知道亲情多么宝贵！"这一次，罗开勇做起了猪饲料的代加工，他的客户只有杨芝凤一个人。这个昔日的百万富翁住在离客户不远的廉价民房里，天天帮客户扛饲料、扫猪圈，销售员、驾驶员、业务员、搬运工，他一人包干。身高不到 1.7 米、体重 60 多公斤的罗开勇，可以扛 80 多公斤的饲料。那一年，遭遇了 3 次车祸，但他都挺了过来。最终，罗开勇踏实、肯干，赢得了客户的信任。

2007 年，罗开勇开办了自己的代加工厂，接着，他又相继开办了数个加工厂。到 2011 年，罗开勇生产的饲料不仅在云南有了市场，还远销缅甸、越南等国，年收入上千万元。

这时，他又开始松懈了，生意场上的朋友邀约，"经常打麻将一两天不睡觉。"只是，有了上次的教训，罗开勇紧急"叫停"了自己的生活状态，他开始做两件事：读书、养猪。

罗开勇报了清华大学、云南大学等数个 EMBA（高级管理人员工商管理硕士）总裁培训班，同时苦苦思考自己的发展方向。做猪饲料起家的他最终定下了目标——做更优质的健康生态食品。

2015 年，罗开勇创办了云南大姚枭瑞农业开发有限公司，流转 1200 余亩土地，打造"黑佳猪"品牌。"我广泛调研后，用内江猪配以云南传统猪，不用普通饲料喂养。"据罗开勇介绍，目前市场上的白猪仅 4～5 个月就能出栏，但他的"黑佳猪"需要 14 个月才能出栏。此外，他还打造了全产业链，"种玉米、青稞，用酒糟喂猪，用酒泡中药。"通过将猪仔分发给贫困户养殖的"精准扶贫"方式，罗开勇的"黑佳猪"成了"送财猪"，1000 多户贫困户每年人均增收上千元。

希望帮助老家人增收致富

罗开勇作为云南省沪滇合作促进会常务副会长，他积极参与沪滇经贸合作，促进沪滇产业深度融合、企业互动发展。"云南有很多有机、生态、健康的特色产品，我们要为这些产品搭建一个更广阔的销售平台！"据罗开勇介绍，2015 年成立的云南省沪滇合作促进会，目前已经有 300 多家会员企业，上千种产品。

对家乡重庆，罗开勇有很深的感情。"来云南快 30 年了，在云南买了房子，但我一直是重庆户口。"罗开勇坦言，总有一天，他要回重庆。"我想把老家的好产品推向全国，甚至全世界。希望能帮助老家人增收致富"。罗开勇一直强调"责任""信念"，这是他从低谷走出来的根本动力，也将是他继续奋进的坚固基石。

作为开发商，我们要给这个城市留下什么？留下文化，留下精神上的启迪。

徐彦平

重庆酉阳人。中柬金边经济特区主席，西安高山流水集团董事长。

徐彦平：有情怀的房地产开发商

□ 郎清湘

徐彦平当过兵，做过记者，做过广告业务员，开过广告公司……最终，在妻子的鼓励下转而经商。如今，他从楼盘的打造者成为中柬金边经济特区主席，柬埔寨国王还任命他为国务秘书级顾问。

自掏腰包为城市留文化资产

一个名为"星币传说"、建筑面积达 34 万平方米、由 8 栋高楼组成的住宅小区坐落在西安市仁厚庄南路 85 号。

走进这个住宅小区，你会发现它与其他住宅小区有些不一样。数十尊高 3 米左右、全铜制作的人物雕塑，将这个小区环抱。"星币传说"小区的营销总监赵鹏说："像这样的雕塑我们一共有 30 多尊，做这种雕塑更多是公益性质的。"如果只是路过这里，很多人都以为这些人物雕塑是当地政府出资打造的"城市雕像"。可实际上，这些雕塑是徐彦平自掏腰包 3000 多万元，为这座城市留下的文化资产。

赵鹏的老板徐彦平笑着说，这些雕塑的主角都是古今中外的名人，比如马克思、柏拉图、司马迁等。在塑像底部的显眼位置，有简短的人物生平介绍。"作为开发商，一是把房子卖出去赚取利润；一是通过打造建筑，为这个城市作贡献。所以，我们要给这个城市留下文化、留下一些精神上的启迪。"

如今，徐彦平的企业已经成为当地闻名的房地产开发商。他说，他造的房子不仅是楼盘，也是赋予人们"人文情怀"的建筑。

成为报社第一个广告业务员

徐彦平 1977 年到新疆当兵。转业后到复旦大学中文系作家班学习文学创作。毕业后，酷爱文学的他成为《铁道兵报》文艺副刊的编辑。

1992 年，看到报社没有广告部，徐彦平自告奋勇地找到领导，说自己愿意为报社的创收出力。于是，报社成立了广告部，徐彦平成为了报社第一个广告业务员。

一次，徐彦平应邀参加一个行业会议，这次会议吸引了业内数十家企业、100 多人参加。徐彦平意识到，这是一次与潜在广告客户建立联系的良机。于是，他报到的时候刻意收集了所有与会者的名片信息。充足的准备工作，让徐彦平在会议当晚的用餐时间顺利争取到了广告客户。"端着酒杯就过去，说我是报社记者，给你们敬杯酒，认识一下，需要做广告、做宣传找我。结果这一桌子的人就说，你来敬酒，知道我们是哪个单位的吗？我说不知道怎么可能来呢，大家就起哄，说叫得上来我给你广告。"

在大家的啧啧称奇下，徐彦平一边敬酒，一边说出了这些只有一面之缘的碰杯者的姓名、单位。徐彦平笑着说，那一次，他为报社拉回了17 多万元的广告。

不忘家乡

1996 年，在妻子的鼓励下，徐彦平重新思考对未来的规划。他决定放弃"铁饭碗"转而经商。于是，他开了一家广告公司，历经创业初期的短暂不顺之后，凭借自己之前从事广告营销积累的经验和人脉，生意渐渐上了正轨。

2000 年，徐彦平已经积累了 1000 万元。在朋友的介绍下，他来到西安，投资了自己的第一个楼盘。这个位于西安市郊、以别墅为主的小区，至今是当地高品质别墅楼盘的代表之一。

如今的徐彦平，已经是陕西省川渝商会的会长，身价上亿元。现在，他又将眼光投向了海外——柬埔寨。"中柬金边经济特区是 2013 年获批的，25 平方公里规划面积。"徐彦平说，走出国门是一个企业生存发展的需求。他不仅出任了中柬金边经济特区主席，柬埔寨国王还任命他为国务秘书级顾问。

　　徐彦平念念不忘的是酉阳老家，他每年要回老家几趟，在日常餐食中，菜豆腐、炸土豆片等家乡传统美食也必不可少。

文化需要传承下去，需要更多的艺术工作者来做这个纽带。

周强

重庆合川人。中国音乐学院声歌系副教授，男高音歌唱家。1992 年考入中国音乐学院声乐系，师从著名声乐教育家金铁霖教授，毕业后留校任教。曾主演《江姐》《党的女儿》《窦娥冤》《小二黑结婚》等多部歌剧。

周强：乡村走出来的"金嗓子"

□ 陈贝贝

"摸鱼儿，打水仗，童年在牛背上短笛回荡。采石、挑担、插秧、割麦、山歌把辛劳点卤成豆花的清香。茅屋的炊烟把乡情越拉越长，故乡的溪水总在梦中浅吟低唱。"已过不惑之年的周强除了哼上几嗓子歌曲外，还会把自己对于儿时故乡的思念以诗的形式记录下来。

"这是我这辈子再也回不去的时光，也是我记忆中最美好的回忆。"说这些话的时候，周强闭着眼睛，嘴角微笑着，仿佛时光已经回到了过去。

从小跟着喇叭学唱歌

"我是一个农村的孩子，没有音乐启蒙老师，真要算的话，我的启蒙老师就是一个喇叭。每天早上都会播放，中午、晚上也会放一个半小时，播放什么歌我都会唱。"回忆起小时候的事，周强笑了出来。

1972 年，周强出生于合川区赤水乡（现合川区龙凤镇），小学、中学在家附近的学校就读，周强对音乐的喜爱，全都来自于家门口的一个广播喇叭。"喇叭天天放音乐，我也天天听，听多了就喜欢跟着哼唱。"

周强对唱歌的热情越来越高，整天琢磨着唱歌。"三年级的时候，有一次，隔壁教室老师在上音乐课，而我们在上数学课，那边在说'曲江水呀，弯又长，预备唱'，我就跟着大声唱起来。'站起来！搞什么乱？'我就这样被老师罚站了。"

周强初中毕业后进入重庆第四棉纺厂当织布工人。后来，他又做过泥瓦工，做过石匠，还务过农。在田间种地、割草、放牛的时候，他常常在山野之间唱歌，大自然给了他唱歌的灵感，他用歌声来抒发他的情怀。一个偶然的机会，有人说他嗓子这么好，让他去报考音乐学院。

1992 年，周强报考了四川音乐学院，却因为文化成绩不达标没有被录取。第二年，周强参加了中央音乐学院、中国音乐学院和上海音乐学院的招生考试。最终，周强来到了中国音乐学院，师从著名歌唱家金铁霖教授。

没想到学音乐遭到父亲的强烈反对。父亲认为他不务正业，好好的工厂工作不要了却去学唱歌，差点把他的录取通知书给烧了，还叫村里的人把他给绑了。周强坦言，自己的音乐之路并不平坦，一方面是因为自己底子差，另一方面是家人极力反对。不过，现在在周强看来，在那个信息闭塞的年代，父亲有这样的想法，其实是爱的体现。

毕竟是村里出了一名大学生，在街坊邻居的劝说下，周强才得以顺利从工厂辞职，带着一家人东拼西借的学费去了北京，踏上了求学之路。

文化传承的践行者

进入了自己梦寐以求的音乐殿堂，周强却一点也开心不起来。"进入大学之前，我没有学过专业的歌唱方法，而且口音很重，几乎天天被老师训。"为了追赶上同学，周强放弃了所有课余的休息时间，除了上课、吃饭就是练习唱歌。

因为之前没有系统地学过乐理和视唱练耳，没有音乐基础，和同学之间的差距较大，导致他在大学前三年非常自卑，曾经想过放弃学业。

"在自己非常迷茫的时候，是金老师的鼓励让我有坚持下去的力量。"周强的努力得到了金铁霖教授的肯定。在他的指导下，周强清楚地认识到自己的不足，也感受到自己的进步。

正是通过自己的勤学苦练，周强逐渐克服了发音方面的障碍，本科毕业时，他成为那一届毕业生中唯一取得留校任教资格的学生。

随后的 10 多年里，周强一边认真教书育人，一边参加各种演出，不但在国内举行了多次独唱音乐会，还多次代表国家出国演出。他主演的《窦娥冤》《小二黑结婚》等多部歌剧和作品，获得了圈内外人士的一致好评。

2006 年，周强攻读金铁霖老师的硕士研究生，2013 年继续攻读金老师的博士研究生，成为继宋祖英之后，金铁霖老师的第二位博士毕业生。

　　"作为大学老师，经常都谈到文化传承。在我看来，文化传承不应是一句空话，而应该融入到某一个具体作品中，这样才更能被人们所接受。"周强希望创造出更多优秀的作品，唱出更动听的歌曲，向世界展示中国文化的魅力。

重庆永远是他最爱的家乡

　　"三年前，我出演了歌剧《回家》，这部剧反映的是台湾老兵历尽艰辛重返大陆回家探亲的感人故事。"对周强而言，这不仅仅是一部歌剧，更是一份对家乡的思念和寄托。周强坦言，他在演出的时候想起了父亲、母亲，泪流满面。

　　周强的父母现居合川城区，所以每年春节他都要回合川与父母团聚。"每年回家我都迷路，合川现在变化太大，新的街道，新的高楼，非常漂亮。"

　　2011 年，周强第一次回到家乡重庆举行独唱音乐会，受到了家乡人民的热烈欢迎。对此，周强一直念念不忘，他认为，一座城市的人民对艺术的接受程度，一定程度上也体现了这座城市人民的生活素养和品质。看到这么多家乡人民支持他，他很有干劲。"未来我肯定会继续努力，给家乡人民带回去更多更好听的音乐作品，为家乡的文化事业发展尽绵薄之力。"

身在异国的时间越长，对祖国、家乡的思念越深。

李建华

重庆人。现居日本大阪，关西华侨华人西南同乡会会长。

李建华：在日本"烹制"文化大餐

□ 杨野

在日本兰梅餐馆有这么一个人，他讲着重庆话，烧的是重庆饭菜，有着典型重庆人的性格，他拉二胡为日本人送上一道文化大餐，用自己的实际行动，关心、支持着家乡的建设。尽管他离开了祖国，但更加关注、热爱家乡。他就是李建华。

不忘初心，思乡成为生活的一部分，李建华用自己的实际行动助推、传播中华文化。

餐馆里的中国元素感染顾客

"独在异乡为异客，每逢佳节倍思亲。"日本大阪泉佐野市区的兰梅餐馆，每到傍晚，就会传出一阵阵二胡演奏的声音。《青藏高原》《彩云追月》《谁不说俺家乡好》……一曲又一曲中国乐曲，拨动的却是思念家乡的心弦。因为思念故乡，二胡的弦音被李建华注入了浓郁的乡情。李建华说，又到思乡时，自己拉动的不仅是二胡的琴弦，也是每一根触摸心底的思乡弦。

思乡已经成为他生活的一部分，在兰梅餐馆，随处可见中国元素，餐厅挂的是中国结，隔断用的是汉字屏风，甚至餐桌、椅子等都是从重庆运过去的。这些精心的布置和二胡的旋律，都深深地感染着每一位来到兰梅餐馆的顾客。

2000 年，日本重庆同乡会成立后，李建华担任会长。到了大阪后，他又担任关西华侨华人西南同乡会会长。一直以来，李建华多次组织日本人来重庆访问、考察。重庆清华中学是李建华的母校，他组织日本教育界相关人士到母校进行教学考察，并捐助贫困学生，助推中日文化交流。

汶川地震发生后，李建华牵头，与当地国际文化交流机构举办了一场赈灾义演。30 名演职人员的倾力演绎，引来近 800 市民的观看、捐赠。李建华说，除去义演的开支后，剩余的款项用于购买投影机、乒乓球桌、樱花树等，捐给了在地震中受灾的 3 所小学。

一切都在变化中演绎，不变的是那份浓浓的乡情，并没有因时光的流逝而淡漠。每年，李建华都要回重庆一趟，他说："我爱我的家乡，我爱生我养我的那片热土。那里有我的亲人，有我儿时的朋友，有我启蒙的老师，有我青春的痕迹。我忘不了家乡的山山水水。"

痴迷日语刻苦学习成出色翻译

光阴荏苒，春秋更迭，来到日本已经 18 年，发生了太多的故事，沉淀了太多的记忆。回首往事，李建华谈起曾经令他意气风发的事迹。

李建华出生在上清寺，6 岁搬到了李家沱。李建华一直对日语情有独钟，学习之余，他开始自学日语。李建华学日语得到了一位日侨的指导。这位日侨回日本后，李建华到重庆市少年宫日语班学习。那时，从李家沱到两路口，要乘车、坐船，但他每天都第一个到教室，"坚持了 4 年，成绩一直名列前茅。"从此，日语成为李建华生命中不可或缺的部分，也成就了他最珍贵的人生旅程。

后来，李建华一边上班，一边进电视大学经济管理专业学习，但他从没有放弃过日语。1983 年，一次机缘巧合，重庆一家无线电厂从日本引进了彩色电视生产线，同时来了几十个负责安装的日本技术人员。当时，重庆懂日语的人不多，很快有人推荐了李建华，"那是第一次当翻译，还是比较顺利。"

因为翻译工作出色，只要涉及翻译方面的事情，大家都会想到李建华。后来，李建华被调到了重棉二厂。1988 年，他被中国科学技术协会公派到日本进修学习，在山梨县印染厂实习。

一年后，李建华学成归来，被调进重庆纺织工业研究所，担任外语室日本组组长。

在异乡弘扬中华文化

1992 年，中国掀起了"下海"热。当时，许多外资企业纷纷到深圳投资建厂。李建华想着凭借一口流利的日语，到深圳应该有用武之地。

在深圳打拼 6 年后，在日本上班的朋友多次邀请他去日本发展。李建华夫妻经过商量后，决定勇敢携手追梦，东渡日本。1998 年，李建华去了日本，最后在一家钢线索公司上班，妻子则在当地的寿司店打工。

"初来乍到的日子过得很艰辛。"夫妻俩经历了 8 年奋斗，生活终于慢慢稳定下来，但是随着开支越来越大，两人有了更大的梦想。李建华说，妻子厨艺不错，打工也辛苦，"我们决定自己开餐馆。"

2006 年 6 月 10 日，以李建华妻子名字命名的"兰梅餐馆"开业。妻子日语不好，既负责厨房工作，又要忙着接待客人，很辛苦。于是，李建华毅然决定辞职和妻子一起打理餐馆，餐馆成为李建华一家人共同奋斗的事业。

渐渐地，生意好了起来，李建华不忘初心，作出了一个决定：在餐馆传播中华文化。妻子的日语不好，但她会弹古筝，还会川剧中的"变脸"表演。现在，李建华在餐馆里以音乐交流情感，宣传弘扬中华文化，让更多日本人了解中国、认识中国。

既然从事这份工作，就要持之以恒地对待学术，不能钻空子，
细节决定成败。

刘清友

重庆开州人。中共中央组织部"万人计划"百千万工程领军人才，教育部长江学者特聘教授，主要从事石油机械、管柱力学、井下工具与管道机器人、计算机仿真等方面的研究工作。现任西华大学党委副书记、校长。

刘清友：带领团队做"钻头"

□ 林楠

2012 年 5 月 9 日，中国首座自主设计建造的第六代深水半潜式钻井平台"海洋石油 981"在南海海域正式开钻，中国海洋石油工业面向深海迈出了历史性的一步。它的成功离不开上千名研发人员无数日夜的辛劳，而来自重庆开州的刘清友便是其中之一。

初中开启"学霸模式"

刘清友出生在重庆开州南雅镇，家中六姐弟，他排行老三。虽然家境并不富裕，但家中学习氛围特别浓厚。1978 年 1 月，大哥考上重庆大学，这对家里人来说是一个很大的鼓舞。这位年长他 6 岁的哥哥成了刘清友的榜样，从初中开始，他逐渐开启学霸模式，对于学习的态度近乎"痴狂"。

惊人的记忆力加上勤奋、持之以恒的毅力，刘清友的成绩一直名列前茅。为此，刘清友也付出了"代价"——由于长期在黑夜的暗光下学习，他患上角膜炎，视力急转直下。如今，也只有 0.2 ~ 0.3 的视力。1982 年，刘清友考上西南石油学院石油矿场机械专业。

成为钻头研究的带头人

刘清友原本可以继续深造，因家里有弟弟妹妹还在念书，他选择了减轻家里负担，留在学校任教。但是，他并没有放弃继续学习。1989 年，刘清友顺利考上了重庆大学的硕士研究生。作为名副其实的学霸，他本来只须修满 10 多门课就能毕业，结果一口气修了 20 多门。毕业后，刘清友返回西南石油学院，一年后进入西南石油总机械厂积累实践经验。1994 年他进入西南石油学院攻读博士学位，对石油勘探的钻头、钻柱进行深入研究。1997 年博士毕业后，他进入重庆大学机械传动国家重点实验室从事博士后研究工作。

凭着出色的科研能力，刘清友这些年获得了不少荣誉。2000 年被评为"四川省有突出贡献的博士学位获得者"，2005 年获国务院政府津贴，2006 年入选"新世纪百千万人才工程"国家级人选，2009 年入选教育部长江学者特聘教授，2010 年被评为"全国优秀科技工作者"，2014 年入选中共中央组织部首批特支计划"领军人才"称号。

助建大国重器

"海洋石油 981"是刘清友科研经历中最为浓墨重彩的一笔。这个项目从 2006 年 10 月开始，2010 年 12 月结题，2012 年 5 月首钻成功。

"海洋石油 981"是我国自主设计建造的第一台 3000 米超深水钻井平台，面积比一个标准足球场还要大。它整合了全球一流的设计理念和一流的装备，最大作业水深 3000 米，最大钻井深度可达 1 万米。"海洋石油 981"在我国开发深海油气资源、维护国家主权中发挥重要作用。这样一个大国重器，离不开百家单位 5000 余人的共同研发，刘清友就是其中之一。

"要从 3000 米下的海底取石油，就必须搭建'隔水管'。"刘清友说，隔水管作为重要的开采生产通道，需要克服海水侵蚀、内流涌动、台风来袭等诸多不稳定因素，避免发生断裂的情况。除了外部环境，隔水管自身也要具备有过硬的质量。

刘清友和团队多次模拟平台生产的全过程，采集重要数据、不断进行改进，最终解决了这一技术难题。他们研制了世界上第一台深水钻井隔水管力学分析实验装置，在国内外首次建立基于钻井和海洋工况条件下隔水管力学行为分析模型。正是刘清友及团队的理论与实践结合，为我国深水、超深水安全钻井发挥了重要作用。在 2015 年 1 月 9 日召开的国家科学技术奖励大会上，"海洋石油 981"研发与应用荣获 2014 年度国家科学技术进步特等奖。由刘清友牵头的研究团队在 18 个联合申报单位中排名第五。

设立奖学金帮助贫困学生

如今，刘清友不希望自己年轻时不顾身体地学习在青年学生中再次上演。他笑言自己虽是长江学者，但更多是负责学子们的后勤工作。他和许多老同学一起，在母校设立校友奖学金——"矿机 82 奖学金"，颁发给那些家庭贫困但学习成绩优异的学生，并想尽办法为更多学生提供更好的学习和生活条件。

虽然身在四川，但川渝一家亲，饮食、生活上高度相似，这让刘清友感觉自己从未离开过家乡。他依然和以前一样，怀着在家乡读书时的热情，带领着他的团队献身于科研事业中。

出来打拼这么多年，越来越想念家乡，希望能为家乡做点什么。

张琦

重庆巴南人。在美国打拼 23 年，在微软公司担任工程师期间成为当地社区合唱团的著名女高音歌手。如今开始与国内企业合作，进军太阳能领域。

张琦：曾获微软最高贡献奖的工程师改当歌手

□ 肖子琦

　　她曾是微软高级工程师，所在团队曾一年创造 400 万美元收益，其本人也被微软授予最高贡献"金星"奖。但为了歌唱梦想，她毅然辞职，大胆跨界，成为西雅图著名的女高音歌手。如今，她又开始与国内企业合作，进军太阳能领域。她就是性格火辣的重庆人张琦，她喜欢折腾，喜欢挑战自己，做不一样的事情。张琦说："我不后悔我的选择，未来的路可能不是一帆风顺，但我愿意为了梦想闯一闯。"

重庆姑娘跨进微软大门

　　张琦的父母在重庆巴南当老师，张琦的小学、初中都在巴南的学校度过。从小，张琦都是出类拔萃的学生。1981 年，她顺利考进中国科技大学物理系，后考入中国科学院电子所激光专业读研究生。

　　1989 年，学业优异的张琦拿到奖学金，前往美国佛罗里达大学，进入电机工程系攻读固体激光研究生。1992 年，她顺利完成学业，跟随丈夫前往西雅图，信心满满地寻找工作。但四处寻觅，竟然找不到满意的职位。

　　无奈之下，张琦驱车 1000 多英里去了犹他州，在一家企业找到了第一份工作，当激光工程师。"说是工程师，其实就是简单的操作工。"这种技术含量很低的活，对于在中美高等学府读了 10 多年的张琦而言，的确有些"小儿科"。干了 3 周，她就辞职返回西雅图了。

　　当时，计算机行业风生水起，张琦看到了其中的机遇，准备向这一领域发展。为了积累经验，她甚至不要报酬，给企业打工。

　　不久后，一家软件开发公司聘用了她，聘请其担任软件开发工程师。但不幸的是，上岗还不到一年，因为收益不好，公司把她所在的部门裁减掉了。

　　虽然工作没了，但张琦在任职期间表现出的才华，得到了公司老板的认可。他把张琦的资料送到了微软公司，并极力推荐她。或许是得到幸运之神的眷顾，1995年2月，张琦跨进了微软公司大门。

为音乐梦想辞职

　　进入微软之后，张琦负责软件开发，这在当时是不少人羡慕的职位。那时，Windows95刚推出不久，张琦进入团队后，其所在的部门一年就为公司创造了400万美元的收益。

　　在微软时，张琦还是一个文娱活跃分子，每年微软举行的亚太春节晚会，她都要上台演唱。

　　在微软工作的16年，对于张琦而言非常有成就感。2004年，她被微软公司授予最高贡献"金星"奖，这个荣誉是微软对员工的最高级别奖励。

　　在旁人看来，在这样一个世界级的公司里取得这样的成绩，足以证明自己的价值。但生性不安分的张琦突然发现，相比于做软件开发，和各种技术打交道，自己更喜欢自由，喜欢唱歌，喜欢做新颖的事情。

　　工作之余，张琦参与了社区合唱团。她嗓音高亢，擅长女高音，曾以一曲《山路十八弯》技惊四座，赢得掌声一片。就这样，张琦成为合唱团的台柱子，并逐渐在西雅图小有名气。

　　2007年，当地拍摄一部讲述20世纪30年代，一名在中国出生的美国人回到美洲新大陆打拼的纪录片，其中的插曲《回乡》由美国知名作曲家谱写，走的是中国民歌风。片方请来张琦试唱，相同的经历和熟悉的文化背景，让她很快找到了感觉，唱得声情并茂。2008年，央视来北美举行巡回演出，特地邀请张琦登台演唱《红旗飘飘》，在华人圈里引起了强烈的反响。

　　站在舞台上唱歌，让张琦觉得找到了自己真正的梦想。不久后，她放弃了别人眼中安稳的工作，毅然从微软辞职。虽然辞职了，但微软有重大活动，仍然会邀请她回去作后援。

愿为家乡重庆作贡献

做每一件事都力求完美的张琦，对待唱歌也是倾尽全力，力求完美。2012年，在排练一首将在春节演唱的歌曲《芦花》时，她始终觉得高音部分有所欠缺，索性自费高价请来一位韩国籍专业声乐老师进行辅导，直到满意为止。

就在她的歌唱天分得以展现的时候，张琦又有了新的发展方向。她与朋友碰出了新的"火花"，准备与朋友合作，进军太阳能领域。因为她看到，不论是美国还是中国，对新能源、清洁能源的需求越来越大。她认定，这是未来的发展方向，政府在税收等方面对此也非常支持，这是一个难得的商机。

新公司刚刚起步，由张琦担任总裁。目前，公司已在开发硬度更强、防腐蚀的新材料方面有了突破，并且与国内一家知名通信科技公司开展合作，在北美推广其产品。她信心满满地说，用不了多久，公司就会在太阳能电站开发方面有新的进展。

如今，远在西雅图的张琦越来越想念家乡重庆。"出来打拼这么多年，总希望能为家乡做点什么。"张琦说，虽然自己现在不算成功，但心里还有梦想，还保持着年轻的心态，她会努力为家乡作贡献。

做人、做事都要耿直，人品好事业才能做大。

谭学田

重庆垫江人。垫江县驻昆明市商会常务副会长，云南省昆明市江北建筑公司创办人、董事长。

谭学田：15 岁借 35 元闯荡昆明

□ 蒋赢

"1983 年，垫江到重庆车费是 4.5 元，重庆到昆明车费是 19.2 元……"30 多年过去了，谭学田依旧记忆犹新。当年，15 岁的他，揣着借来的 35 元，从垫江老家到昆明闯荡。经过 30 多年的摸爬滚打，谭学田成立了云南省昆明市江北建筑公司，在昆明乃至云南全省留下了许多地标式的建筑。同时，他还是垫江县驻昆明市商会常务副会长，竭力帮助在昆明打工的垫江人。回到家乡，他受到乡亲们的夹道欢迎，喊他小名"端阳"，因为老家人修路、修桥、盖房，他都要出钱出力……他还拍着胸脯说，我是农民工出身，深知农民工挣钱不易，我从不拖欠农民工一分钱。

借钱去昆明打工

谭学田，出生在垫江县澄溪镇高兴村一个贫困的农村家庭，在谭学田七八岁的时候，父亲就生病了，丧失了劳动能力，"我们 5 姐弟，就靠母亲一个人拉扯大"。

1984 年，谭父因病去世，留下了 2600 多元的债务，"对于当时的农村家庭，这无疑是个天文数字！"尽管成绩优异，被学校破格学费全免，但谭学田依旧打消了继续念高中的念头，"我要帮家里挣钱还债。"谭学田说。当时，从 1978 年第一批垫江人赴昆明打工开始，已经过去了 6 年。平时听着大人们的聊天，"去昆明，挣钱多！"这念头在 15 岁的他心里发了芽。

他揣着找堂哥借来的 35 元钱，出发了。从垫江坐汽车到重庆，用了 4.5

元。谭学田在菜园坝火车站的广场上睡了一晚，又踏上了开往昆明的火车，票价 19.2 元。在火车上吃了简单的饭菜，到昆明下车时，他身上只剩下了 8 元多。

"工地管吃管住，是个好去处！"和大部分外出打工的农家娃一样，谭学田开始在工地当起了小工，搬砖、混沙，只要能挣钱，他都抢着干，"每天能挣 1.2 元！还有白米饭吃！"当时的谭学田感到很满足，"节约一点，每个月可以寄几十元回家！"

在工地上工作了 2 年，谭学田开始"思变"了。"总不可能一辈子都做这些最简单的工作！"不甘只靠体力吃饭的谭学田开始学砌砖，当泥水匠。聪明好学的他很快就成了公司技术最好的师傅，每天能砌 5000 块砖。这一干又是 2 年，谭学田还清了家里的债务。之后，谭学田向公司负责人毛遂自荐，主动要求做公司管理层面的工作，"我当时也是抱着试一试的心态，没想到公司负责人认同我！"谭学田的踏实和勇气，让他在从"思变"到"蜕变"的路上，迈出了坚实的一步。

进入管理层，接触的东西更多了，视野也更开阔了，谭学田深感自己"底子薄，必须学习！"他主动申请去云南理工大学深造，学习建筑行业相关的专业知识。"白天照常上班，晚上就去听课，系统地学习建筑行业的知识。"1994 年，谭学田开始真正意义地独立承包工程。凭着踏实、诚信的经营作风，谭学田的事业也慢慢发展了起来。近年来，谭学田的公司成功建设了奥宸·中央广场、滇池星城、纳帕溪山、昆明公务员小区等多个项目，在昆明建筑行业闯出了自己的一片天地。

成功躲避金融危机

2008 年金融危机来之前，谭学田的公司乃至整个房地产行业发展态势一路向好，但感觉形势微妙的他却决定"急流勇退"。他没有再投入大量人力、财力发展新项目。"当时很多人都反对，根本不理解我为什么这么谨慎。"事实证明谭学田是对的，这一决定使公司顶住了金融风暴的影响，让公司在逆境中逐渐发展壮大，奠定了公司在昆明建筑业里牢不可破的坚固地位。

2012年，谭学田在前往鄂尔多斯、温州等地考察后，又感觉"不对头"了，他连夜赶回了昆明，短短一个星期内，便处理完了所有债务，低价清理了房地产库存。2013年房地产市场低迷，谭学田的公司却没有受到多大损失。

谈到两次成功避险的经历，商业嗅觉异常敏锐的谭学田只是谦虚地说："说老实话，我就是从小穷怕了，感觉有危险，宁愿稳一点，就当给自己放个假！"

谭学田也有"不稳"的时候，但是对自己"不稳"，让他人觉得"稳"。2015年春节，20多位材料供应商、500余名民工等着结算工资过年。当时资金周转困难，谭学田把房产、汽车等拿去抵押了2000多万元，如数发给大家过年。也有供应商、工人主动表示："不急，过完年再说。"但谭学田依然坚持过年前完成结算。

"我也是从小苦过来的，也是民工出身，知道工钱对他们的重要性，我不想，也不会拖欠农民工一分钱。"谭学田说。

就是这种"不拖欠别人一分钱"的经营作风，让谭学田的企业在昆明有了号召力和公信力，企业承接的项目越来越多，主动来合作的人常常络绎不绝。

出资修桥深受老家人爱戴

事业有成的谭学田一直在回馈家乡，为乡亲们提供各种"福利"。2010年，垫江遭遇特大风雹暴雨灾害，他亲自从昆明回垫江，将20万元捐款送到了县民政局，捐给灾区老百姓，同时还为澄溪镇受灾村民捐资2万元。谭学田从小住到大的高兴村要修活动室，他出资20万元；高兴村修村级公路，他出资11万元；修建缺口滩大桥，他出资10万元……

除了基础设施建设上的资助，为支持家乡发展，2015年，谭学田在垫江沙坪镇创建了集生态、农业、绿色、休闲观光为一体的泰和源生态农业科技有限公司，目前以"808香菇"、蓝莓等为主要产品，带动了300多名当地村民就业。后期，该项目将发展观光旅游、生态养老等产业，计划总投资3.5亿元。

对于重庆老家，谭学田有很深的感情，每年春节，无论多忙，他都要带上一家老小回家过年。不仅如此，他还带动所有垫江人回重庆过年，谭学田任常务副会长的垫江县驻昆明市商会，从2012年开始，每年春节都要包20～30辆大巴车，"停在固定的地方，春节前天天都有，只要亮一下重庆垫江籍的身份证，就免费上车，回家过年！"据谭学田介绍，商会还会为所有垫江人提供免费法律援助，解决劳资纠纷。在昆明起步创业的垫江人，只要项目好，有前景，商会决策层审核评估后，将免息为其提供短期贷款。

每年回家，谭学田都可以从村头吃到村尾，家家都会热情招待他，"看着老家人对我这么好，我觉得做什么都是值得的。"谭学田说。

做好每一件小事，人生路是一步步走出来的。

陈茂湘

自幼在重庆北碚长大。农家出身的他，做过小摊贩、建筑小工，如今成为山西华晟房地产公司及山西华恒泰建筑工程集团董事长，山西省重庆商会会长。

陈茂湘：从工地学徒到房地产老板

□ 周晓雪

从月薪 130 多元的建筑工，到年营业额数千万元的房地产企业董事长，陈茂湘凭着骨子里的坚韧，为太原的城市建设付出了青春和汗水，也实现了自己的人生梦想。身为山西华晟房地产公司及山西华恒泰建筑工程集团董事长，兼山西省重庆商会会长，他正寻找回渝发展的机会与平台，希望和重庆"再续前缘"。

北上太原成老板

位于太原市南中环的"汾河景观 360"，是山西华晟房地产公司开发的第一个项目。因为楼盘紧邻汾水，背靠山西省实验中学，2009 年开盘后很快销售一空。

汾河景观 360 只是陈茂湘麾下的楼盘之一，涉足建筑行业以来，凭借眼光独到、出手果断，陈茂湘在当地商界赢得了极大声望。作为一名建设者，他几乎见证了太原城市建设最近 30 年的变迁。

1987 年春天，年仅 21 岁的陈茂湘背着简单的行囊，跟随老乡挤上绿皮火车，来到千里之外的山西太原。那时候的他只有一个念头，找到一份可以糊口的工作。

回忆起童年生活，陈茂湘的脑子里只有一个字——穷。"饿的时候，走路都走不稳，看到什么都吃，不管好吃不好吃。"陈茂湘出生在与重庆相邻的四川省隆昌县，从小在重庆长大。父母是农民，家里有 14 个兄妹，再加上几个嫂嫂，陈茂湘的生活非常艰苦。改变窘迫的生活状况，是陈茂湘年少时最迫切的愿望。初中毕业后，他就当起小贩，自谋生计。

"刚刚来到太原时，非常不适应这里的饮食。重庆人喜欢吃米饭，吃辣，但工地上的主食以馒头、面条为主，总感觉吃不饱。"让陈茂湘感觉不适应的还有太原干燥的气候，他和老乡们总是上火起口疮，一到冬天，耳朵冻得直裂口子。

但冲着每月130多元的薪水，陈茂湘坚持了下来。这份表面上收入不菲的工作，其实需要付出很多汗水。陈茂湘在工地上身兼四职，当搬运工、库管员，又守夜、开叉车。在这过程中，他不断接触学习其他工种，工地上的各类事情都能驾轻就熟。

几年下来，因为工作勤奋、头脑灵活，陈茂湘从建筑小工当到了包工头。太原市很多学校、单位的办公楼、职工宿舍都由陈茂湘带领工队参与建设。

从十几人的小班组，到工种设备齐全、数百人的劳务大队伍，陈茂湘组织的建筑工队在太原建筑行业里的影响力与日俱增，工程一个接一个，他的触角和视野越来越广，人脉越积越多。到了20世纪90年代末，他先后成立了山西华晟房地产公司及山西华恒泰建筑工程集团，并出任董事长。

重庆建筑工队很受欢迎

事业逐渐上升，陈茂湘却感觉到了一股阻力。"团队一直被一个问题所制约：缺乏文化，缺乏技术，有的人甚至连图纸都看不懂。"现实中，少了这两样，只能做最简单的工种，工资待遇自然上不去。

为了提升团队的专业性，陈茂湘不但自己报了函授，学习土建方面的专业知识，还邀请工程师、技术过硬的老师傅给团队进行指导，组织工人学习。周末白天学习，晚上实践，工人们一个个进步很快，一开始有的人连图纸、符号都不懂，没过多久就会画图纸了。

就这样，陈茂湘的施工队培养出了不少技术骨干，经过这些年的磨炼，如今他们在太原建筑业身价不菲。不仅是陈茂湘，当年和他一起来到山西闯荡的重庆人中，有10多位一直在太原建筑行业打拼，如今他们大多成立了自己的公司。还有些人转战到湖北、湖南、云南、贵州等地，发展也不错。

陈茂湘　从工地学徒到房地产老板

"重庆建筑工队一干活就是一整年，不乱讲条件，也没有每年两季返乡收粮的习惯，不耽误工期。这给甲方留下了良好的印象，愿意把事情留给重庆工队干。"陈茂湘道出背后的秘密。

说起自己的成功，陈茂湘认为是重庆人吃苦、认真、执着的精神带给他无穷的动力和各种机遇。他坦言，像他这样白手起家的农村孩子，要想出人头地，必须埋头苦干，不断进取。要想成功，第一，要认真做事；第二，要刻苦耐劳；第三，要了解政策。

2016年初，因为在重庆籍太原企业家中的声望和影响力，陈茂湘被推选为山西重庆商会会长，他希望以此为平台，通过切切实实的努力，做出成绩，回报社会。

寻找在重庆的发展机会

虽然陈茂湘把家安在了山西，但每年春节回重庆过年的习俗从未改变。"每年腊月廿七、廿八，我都会带着家人和工友回重庆，和老朋友们叙叙旧，说说家乡的变化，聊聊各自的生活状态。"

每次回重庆，陈茂湘都会给亲朋好友们捎去大批山西特产，尤其是汾酒和老陈醋，几乎是成箱地托运回来。春节过后，陈茂湘多数时间是忙着张罗老乡们组建班组，去太原找活干，"乡里乡亲的，相互间也能有个照应。"

2008年汶川地震和2013年雅安地震时，陈茂湘组织山西省重庆商会的企业家们献出爱心，自己驾车1000多公里，将救灾物资送到地震灾区。此外，他还经常到山西各高校看望慰问重庆及四川籍的大学生，资助贫困学子。

看着重庆近年来发展得越来越好，许多和陈茂湘一样在外打拼的企业家动了归心。早在2011年，山西省重庆商会就与重庆市山西商会互动，搭建了一个沟通合作的平台，消息互通。

"能够回重庆发展是我的一个心愿。"陈茂湘说，这几年商会经常和重庆方面沟通，回重庆投资也好，参与建设也好，看有没有合适的平台。商会会员们都盼望着与重庆展开交流合作。

"我们是赶上好时候了，现在过上了好日子，如果有机会，我们就要尽自己所能，为社会作贡献。"陈茂湘笑着说。

每个在国外的中国人，都是外国朋友了解中国的一个窗口。

陈宝剑

重庆石柱人。重庆邮电大学教师，长期在韩国牙山顺天乡大学孔子学院任教。

陈宝剑：让韩国人爱上中国传统文化

□ 杨野

2016 年 5 月的一天，韩国牙山顺天乡大学正在举办一场国际文化交流会。热闹非凡的人群中，突然传来一阵悠扬的笛声，《茉莉花》的乐曲吸引了各国学生，"陈老师又开始吹笛子了，快去拍照。"

不远处的中国展台前，身穿浅色唐装、闭目吹笛者正是陈宝剑。他是牙山顺天乡大学孔子学院的中文老师。

想去国外教授汉语

石柱鱼池镇是陈宝剑的家乡，著名高山避暑景点千野草场就在这里。"小时候，这里还不是旅游景点，我在山上放过牛。"陈宝剑说，上大学之前，他从来没有离开过这片土地。

2002 年，陈宝剑从重庆师范大学毕业后，在邮电大学当了一名负责宣传的后勤干部。但是陈宝剑渴望能作为一名教师站在大学讲堂上。

第二年，陈宝剑终于有机会当上了老师——兼职为该校的韩国留学生教授汉语。第一次真正走上讲台，陈宝剑紧张又激动，可是在教室等了 5 分钟却不见一个学生来，他这才发现自己走错了教室。

在兼职教授留学生汉语的过程中，他的教学技能慢慢提升。陈宝剑越来越觉得当老师是一件很享受的事情，尤其是和不同国家的人交流，向他们介绍中国文化，是一件很有趣的事情。

于是，陈宝剑更加坚定了自己成为专职老师的梦想，并希望有机会到国外去当老师，教授汉语，传播中国文化。

《对外汉语教师（高级）证书》是当时进入对外汉语行业最重要的敲门砖，考取难度也很高。陈宝剑经过两年的努力，在2005年考取了这个证书。

街边下象棋学韩语

2009年，国家汉语推广办公室选派优秀教师赴韩国孔子学院任教，陈宝剑报了名，顺利入选。当年9月，他来到韩国又松大学孔子学院从事汉语教学。

陈宝剑不懂韩语，他就一边上课一边自学韩语。为了学好韩语，他经常外出与当地韩国人交流。他跑到街边与韩国老人下象棋，一边下棋一边学习韩语。

两年后，他任教期满回国。2015年3月，他再次报名参加选派，来到韩国牙山顺天乡大学孔子学院从事汉语教学。

陈宝剑说，最近几年，韩国人对中国人的印象发生了很大变化。他第一次去韩国任教时，给一个小学学生上课，一到教室，就有调皮的学生跑来闻他的头发，原来当地人对中国不了解，认为中国人长期不洗澡、不换衣服。

他第二次去韩国，韩国人早已没了这些误解，他们非常欢迎中国人。很多韩国人在努力学习汉语，韩国甚至还将汉语作为公务员的考试科目。

"几年时间，韩国人彻底改变了对中国人的印象，主要归功于祖国的迅猛发展和开放程度。"他说，每一个在国外的中国人，都是外国朋友了解中国的一个窗口。

工作累并快乐着

在韩期间，陈宝剑的工作相当繁重。除了教授大学生中文课，他还要上大学的教职员课、中小学课、社区课。最小的学生才 5 岁，最大的学生接近 80 岁。"常常上午觉得自己是个大学老师，下午就成了村小老师了。"

给当地中小学生上课，从城市到农村，来回需要乘坐 3 个小时的公交车。韩国的公交车很少，错过一班车，至少要等半个小时。冬天，如果运气不好，可能要在风雪中等上一个小时。

累并快乐着，是陈宝剑在韩国的真实写照。"第一次来韩国，我去孤儿院为孩子上课。一学期上完，我也要回国了，当得知我要走时，20 多个孩子跑上来抱着我，喊着'嘎吉玛、嘎吉玛（不要走、不要走）'。"陈宝剑说，他感动得差点当场掉泪。

将书法和乐器带进课堂

陈宝剑将中国的传统文化植于教学中。他是笛子和书法的爱好者，有时上课，他会带上自己的竹笛，现场为学生吹奏中国传统曲目。有时，他还会带上笔墨纸砚，挥毫书写中国古典诗词。中国与韩国的传统文化非常接近，学生们很喜欢这些课程。

"中国最长的河是哪条？""世界上最高的山在哪里？""中国有多少个民族？""老师是什么民族？"一堂陈宝剑的汉语课，20 多名韩国学生的汉语都不错。他拿着中国地图告诉学生们，他的家乡在重庆，那里有火锅、美女和美丽的夜景。

身在异乡，能结合自己的工作为来自家乡的年轻人做点事情，我很欣慰。

刘彦君

重庆沙坪坝人。曾任教于西南政法大学经济法学系，现为日本大和语言教育学校副校长。

刘彦君：留日学生的"知心姐姐"

□ 彭瑜

脸上时常挂着笑容的刘彦君，在许多学生看来"可敬又可怕"。可敬，是因为她关心大家的学习、生活，就像个善解人意的"知心姐姐"；可怕，则是因为她在学业上总对学生提出十分严格的要求。

刘彦君坦言，"可敬也好，可怕也罢，我最大的心愿就是努力帮助学生，尤其是帮助来自中国的留学生通过日语关。只有这样，他们才能尽快进入自己心仪的学校，才能尽快成才。这些年轻人独在异乡不容易啊！"

频频往返于中日间的"飞人"

1987年，刘彦君进入西南政法学院（现西南政法大学）经济法学系执教。其间，她一边工作，一边在校攻读硕士研究生。1997年，刘彦君离职前往日本，进入大和语言教育学校工作。这是一家知名度较高的日本语教育机构。她负责面向中国学生的招生、教学工作。四川外国语大学是国内第一所与大和语言教育学校建立合作关系的高校。

刘彦君介绍，她经常接待国内高校的教师前来考察、交流，比如西南民族大学、成都理工大学——这两所高校与大和语言教育学校之间，有着较为密切的合作关系。她也经常飞回国内前往有合作关系的高校访问、考察，"在很多人眼中我就是一个'空中飞人'。"

"家乡的高校帮助我打开了工作局面。"刘彦君说，为此她一直心怀感激，下定决心努力推动与家乡高校的合作，"为来自家乡的年轻人服务，也算是对家乡的一点回报吧。"

目前，国内有 25 所高校与大和语言教育学校建立了合作关系，其中川渝地区就有 8 所。

和蔼可亲但要求严格的老师

2015 年 4 月，南方翻译学院日语专业大四学生孙应霞前往日本，进入大和语言教育学校学习日语。在刘彦君帮助、指导下，2016 年 3 月，她顺利考入日本大阪府立大学社会福祉专业学习。在大和语言学校为期一年的学习，让孙应霞的日语水平直线上升。

孙应霞说："刘彦君老师不是上完课就万事大吉了，她还为学生提供'一对一'的家教式辅导，耐心地找出每个学生在日语学习中存在的问题，有针对性地提出建议和要求，并对你的日常学习严加督促。"

"刘老师待人和蔼，脸上时常挂着笑容，但对学生的要求十分严格。"孙应霞说。

刘彦君的确是一位严师，她不但要求学生认真学习日语词汇、句子和语法，还要求他们必须深入了解日本人的思维方式、行为方式，并大胆走出学校去练习日语。这种教学方式科学、有效，但很多来自中国的学生刚开始时不适应，往往叫苦不迭。

"当年我刚到日本留学时基本不懂日语，上课听不懂，课外交流更是举步维艰，十分狼狈，以致在很长时间里无所适从。我不希望来自中国的年轻留学生面临着同样的困境。"说起自己的教学方式时，刘彦君深有感触地表示。

所以，每迎接一批新生，她都要语重心长地叮嘱："你们到日本不是来休闲旅游，而是为了学习、就业或者创业，所以必须对自己狠一点，在最短时间内学好日语。也正是因为这一点，我必须对你们严格一点，再严格一点。"

刘彦君 留日学生的『知心姐姐』

成为留学生的"知心姐姐"

刘彦君是一名严格的教师，但在许多中国留学生看来，她也是一个时刻关心大家、善解人意的"知心姐姐"。

独在异乡，面对完全陌生的环境，必须独自面对学习、生活中的各种困难，很多留学生难免会感到紧张与焦虑。

因此，不管平日里有多忙，刘彦君总要抽时间与在大和语言教育学校学习的留学生们交流，了解他们在学习、生活上的情况，与他们分享自己在日本工作、生活的经验和感悟。

"在遇到困难时，很多学生都愿意和刘校长聊一聊。"曾经在大和语言教育学校学习的一名女留学生说。

事实上，这名留学生初到日本时就很焦虑。刘彦君获悉后，主动找她聊学习、聊生活、聊家庭，最后又帮助她制订了周密而详细的学习计划。一年后，这名留学生顺利考上了研究生班。

还有一名在国内读完了本科的学生，到日本之后曾为求学方向难以确定而痛苦不堪：在日本读本科吧，之前的专业就废了；倘若在日本报考研究生，难度要高得多。刘彦君得知后主动找她交流，帮她分析两种选择的利弊得失，帮助她作出了最佳选择。后来，这名女生顺利考上了研究生。

10年来，至少有500名中国留学生在刘彦君的帮助下，成功闯过了日语关，顺利实现自己在日本的升学、就业和创业梦。

因为工作原因，刘彦君经常飞回重庆。"每次回来都发现家乡有许多新变化，这让我很自豪、很欣慰。"刘彦君说。

在外打工 30 多年，尝尽酸甜苦辣，但只要家乡需要我，我就会回来。

蔡家泽

重庆江津人。现任柳州市汇森建筑劳务有限公司董事长，公司资产达数十亿元。

蔡家泽：打拼 30 多年回乡再创业

□ 蒋赢

说到"石笋山"，现在你也许还有点陌生，不过，这个景区的名气，也许一两年后就会暴涨。想玩攀岩、速滑、蹦极等极限运动，赶快来这里；想走走玻璃廊桥、住住玻璃酒店，这里也可以体验；想逗逗梅花鹿，亲自采摘蓝莓、猕猴桃，这里也有提供；玩尽兴了，鹿茸酒、各类水果加工品，当地村民的土特产，你还能带回家……

目前，位于永川区何埂镇和江津区石门镇交界处的 AAA 级景区石笋山已初具雏形，游客越来越多。它的投资人，正是从小在石笋山下长大的民营企业家蔡家泽，年过五旬的蔡家泽要尽他最大努力打造好石笋山，这将是外出多年打拼的他"养老"的地方，也是他想带动父老乡亲致富的宝山。

为还债辍学外出打工

父亲在蔡家泽 2 岁时就因病丧失了劳动力，全家只能靠母亲养家糊口，家境非常贫困。三兄妹中，他是大哥，所以要承担更多、更重的家务，这也让蔡家泽对石笋山更加熟悉，"捡柴、玩耍，都会往山上跑。"蔡家泽说。

在蔡家泽 14 岁念初二的时候，他不得不辍学。当时，他的母亲因为胆结石做了一场手术，让这个贫困的家庭雪上加霜。"确实是没钱上学，也没心思上学，家里的事情要我做，钱也要我去挣，只有当老大的我，才能撑起这个家。"蔡家泽在家干了 1 年农活，15 岁便跑到当地一家瓦厂去打工。"改变家庭困境"是他拼命工作的唯一动力，虽然他比大部分工人都小四五岁，但是蔡家泽做瓦最多，一年就做了 10 多万匹瓦。

由于过度劳累，蔡家泽患上了黄疸肝炎，但是家里拿不出一分钱，蔡家泽只能躺在医院干着急。最终，江津区民政局出钱让他治疗了1个月，他才恢复健康。"这件事情，让我心里一直都很感谢政府，政府为我家送过棉袄、胶鞋，我都记在心上。"

拼命干活一个月能挣二三十元，但是对于这个父母生病、弟弟妹妹还小的家庭来说，大哥蔡家泽的这点收入无异于杯水车薪。1985年，蔡家泽家里共负债800多元。听说外出打工更挣钱，18岁的蔡家泽决定出去闯一闯，他借了30元路费，离开了家乡。

"大老板"分股给员工

蔡家泽踏上了南下的绿皮火车，来到了广西壮族自治区防城港市，在港区码头修铁路，当杂工，这一干就是2年，总算还清了家里的债务。

凭着踏实肯干、善于钻研的个性，蔡家泽在工友中逐渐有了号召力，渐渐地，蔡家泽觉得，不能这样一辈子打工。他主动找到项目负责人说："我想承包一点事情来做，保证做得大家都满意！"负责人看着他一脸诚恳，同意了他的请求。

蔡家泽带着10多个工友，勤勤恳恳地干了起来。那是他人生中包下的第一个工程——修筑6公里的铁路堡坎。"大家做踏实点，不要赶工，质量必须过硬！"一个月后，承包方对蔡家泽的项目质量非常认可，并把后期码头维护也交给了蔡家泽来做。而这人生中第一笔承包金800元，蔡家泽主动和工友们均分了。

"视质量为生命，把工人当兄弟。"蔡家泽的工程渐渐做大了，工人也越来越多。"1993年参加柳州机场建设，1996年修建钦州高速路，2000年，承建'十万大山'沿边公路……"蔡家泽累积了上亿元资产。他渐渐觉得，不能自己一人当老板，要让兄弟们一起富起来。

蔡家泽把股权放了出去，手下的技术骨干、老工友积极性空前高涨，公司发展也更加大踏步，工程越接越多。蔡家泽从不搞"独裁"，愿意听、听得进技术骨干们的分析，也把得住当年老工友的倔强性子。

蔡家泽 打拼30多年回乡再创业

投资上亿元助推家乡产业提档升级

2011 年，蔡家泽回老家，又来到了儿时捡柴、玩耍的石笋山，得知有人正在开发石笋山，搞观光农业，他的心里有了目标。"我也想把石笋山做好，让重庆乃至全国的人，都知道它的存在。"他花了上千万元收购了石笋山开发项目，请来专业团队，将其提档升级。

"还是那句老话，要致富，先修路。"2013 年，蔡家泽投资 3000 万元硬化、拓宽出山的 35 公里道路；2014 年，又耗资 500 万元，硬化了 10 公里道路。老百姓的路好走了，石笋山也一步步"走"到了大家眼前。按着山头老城墙遗迹，石笋山修起了新的长城，上面插满了五星红旗。玻璃廊桥安好了，玻璃酒店正在建设中，蹦极、速滑、攀岩等新奇项目，也在进一步选址。四星级标准的接待酒店，已开门营业……常年青峦叠翠、云雾缭绕的石笋山，立刻有了更多的人气。

除了常规意义上的景区建设，蔡家泽还在石笋山做起了现代农业产业链，养梅花鹿、养猪，种植各种有机水果，加工各种农产品，当地村民不出家乡，就可以打工挣钱。蔡家泽说："以后石笋山出名了，大家都来玩，他们就可以开农家乐了，不出家门，自己当老板。"

蔡家泽为石笋山的建设投入了上亿元，他常常打趣地说，等石笋山景区整体成型了，他就回到石笋山，"在这里养老"，在山林中呼吸新鲜空气，在孔雀湖边逛一逛，就像儿时一样。

认准了目标就要努力去争取。

施廷懋

重庆渝中人。中国女子跳水队运动员，荣获 2016 年里约热内卢奥运会跳水女子双人三米板比赛、女子单人三米板两枚金牌。2015 年、2016 年连续荣膺国际游泳联合会最佳女子跳水运动员。

施廷懋：三米板上磨砺出奥运冠军

□ 张珺　吴星翰

2016 年 12 月 5 日上午，在加拿大温莎市举行的国际游泳联合会年度最佳运动员颁奖典礼上，重庆籍女子跳水运动员施廷懋荣膺最佳女子跳水运动员，成为继吴敏霞之后第二位蝉联该奖项的中国运动员。

"很幸运，我第一次参加奥运会就收获了两块金牌。但奖牌和荣誉不仅属于我，更属于中国跳水队这个光荣的集体！"站在颁奖台上，一身休闲装的施廷懋微笑着用英文致辞。

获两枚奥运金牌，连续两年荣膺国际游泳联合会最佳女子跳水运动员……25 岁这一年，施廷懋迎来了运动生涯中最辉煌的时刻。

里约奥运会上梦想成真

"我是第一次参加奥运会，压力和紧张肯定是有的。"说起 2016 年夏天的里约奥运之旅，施廷懋至今觉得有些不可思议，"奥运会和其他国际赛事真不一样，对手还是那些对手，但给人的感觉完全变了。"

里约奥运跳水决赛在室外举行，这让施廷懋有些焦虑，"怕刮风，因为跳水动作的精确性可能受到影响。"赛前，她给重庆市运动技术学院水上系主任周玉生发短信："有些不适应，风有点大。"周玉生回复："不要怕，积极调整心态，尽力做好动作，和吴敏霞配合好。"

第一场决赛是女子双人三米板项目。比赛在当地时间 8 月 7 日下午举行，上午施廷懋和吴敏霞在房间休息。施廷懋回忆说，当时还是担心赛场风太大会影响动作，越想越紧张。

她戴上耳机听音乐，"那个时候其实是听不进去的，只不过是强迫自己转移注意力而已。"

上了赛场，施廷懋一直提醒自己：不要紧张，像平时训练一样就行了……一个动作接着一个动作，施廷懋调整好心态，和吴敏霞配合默契、一路领先，"越到后面越发紧张，因为我们知道，离金牌越来越近了。"最终，她们以345.60分夺得女子双人三米板冠军。

7天后，她凭借稳定的发挥，以406.05分夺得女子单人三米板金牌，从而成为集世界杯、世锦赛、奥运会冠军于一身的大满贯得主。

"这两块金牌是对我17年努力训练的回报，也是我们整个团队的功劳。"施廷懋说，成绩不属于她一个人，而是属于中国跳水队和她身后的重庆团队，"大家目标一致，各有分工又密切配合，才能实现奥运夺金的梦想。"

与跳水结下不解之缘

在施廷懋看来，跳水不像羽毛球等大众化体育项目那样普及，"它需要一个很长的时间去打基础，运动员自身要有天赋，但后天努力更为重要。"

施廷懋4岁时被体操教练相中，成为体操业余队一名小运动员。8岁时，由于当时重庆没有体操专业队，身材灵巧、性格外向的她被"分流"到重庆市运动技术学院跳水队。

"起初觉得跳水比体操好玩，因为可以游泳。"施廷懋笑着说，从跳下游泳池到学会游泳，她只用了10分钟。

真正开始练习跳水后，她内心的那份轻松和愉悦感消失了。"走上跳台就害怕，但还得硬着头皮往下跳，你不跳的话教练也会把你推下去。"施廷懋笑着回忆道，第一次上跳台跳水，她是脚先下去的。

因为要参加各种比赛，跳水运动员不可能只跳一些简单的动作，而需要不断学习新的技术动作；每一个高难度动作都需要不停地练习，重复成千上万次之后才可能熟练掌握。

2008年，施廷懋在福州获得全国锦标赛三米板铜牌，这是她人生中第一块全国大赛的奖牌。当时只有17岁的她在赛场上表现出的冷静，给重庆市运动技术学院水上系主任周玉生留下了深刻印象。

外表柔弱但内心"强大"，加上入水技术不错，她具备成长为一名顶尖跳水运动员的潜质。周玉生找到施廷懋的教练刘犇，提出接下来要重点培养施廷懋。

攻克"107B"成顶尖运动员

周玉生和刘犇分析了施廷懋当时的技术动作，发现她的整套动作难度系数较低，随即决定将其中低难度的动作107C（向前翻腾3周半抱膝）改成女子三米板的顶级动作107B（向前翻腾3周半屈体）。

施廷懋身体的力量相对来说要差一些。鉴于此，刘犇为她制订了严格的训练计划。有时候练得多了，吃饭时她连筷子都拿不稳。

有一段时间，施廷懋老是找不着状态。刘犇有些生气，把三米板上的107B动作"搬"到一米板上，让她接着跳。"三米都跳不过来，一米该怎么跳呀！"施廷懋觉得害怕，却还是默默地练习，好几次因为动作失败重重地摔在水面上，她也是毫无怨言。

训练强度大的时候，往往是一个动作就要接连跳三四个小时。"她这种坚韧不拔的精神，让人感动！"每当回忆起这些细节，刘犇总是十分感慨。

经过两年的艰苦训练，从2012年开始，施廷懋在大赛中频繁选择跳107B高难度动作。她的表现有目共睹，最终得以入选国家跳水队。

国家队的平台，给了施廷懋进一步表现自己的机会：从2012年入选国家队到里约奥运会前，她在世锦赛、世界杯等多次国际大赛中都取得了优异的成绩。

"正是因为107B这个动作的稳定发挥，我才能在里约奥运会上夺金。"施廷懋说。

重庆"辣妹子"有个温暖的家

施廷懋有个温暖的家。她在外训练期间给家里打电话，每一次通话，父母都要再三叮嘱她"训练时注意安全"。这次里约奥运会，因为怕打扰女儿，父母甚至没主动给她发过一条短信。

施廷懋结束里约奥运会的征程回到重庆后，父母在家做了一桌丰盛、可口的菜：水煮肉片、糖醋排骨……都是她最爱吃的。

"许多人说我是典型的重庆辣妹子，有韧性、不轻易服输，认准目标之后总愿意倾尽全力去为之努力。"施廷懋说。

继郭晶晶和吴敏霞之后成为中国跳水队第3位"大满贯"得主的施廷懋，已经实现了跳水运动生涯的重要目标。但她没有就此止步。

"生活改变，我不会改变。"她给自己定下一个"小"目标："我肯定会参加东京奥运会，甚至走得更远。"

施廷懋　三米板上磨砺出奥运冠军

希望能够通过自己的努力，搭建重庆与乌干达的桥梁，在非洲打造出更多的重庆名片。

陈帆

重庆渝北人。1994 年从学校毕业后，他进入了南岸区国税局工作。后辞职在乌干达建立起非洲唯一的一家摩托车轮胎生产工厂，逐步构建起一个庞大的"轮胎王国"。

陈帆：在非洲打造"轮胎王国"

□ 李锦成

在陈帆看来，人生就是一场旅行，只有不断前进和努力，才能在有限的年华里领略最美丽的风景。在重庆渝北区长大的陈帆，几乎从没停下自己的脚步。为了闯出一片更广阔的天地，他放弃了国内优越的生活和工作，只身前往非洲闯荡。陈帆凭着坚韧的毅力和努力，渡过了一个又一个难关。最终，在乌干达建立起非洲唯一的一家摩托车轮胎生产厂，逐步构建起一个庞大的"轮胎王国"。

从重庆到乌干达

陈帆不安于现状，一直梦想着出去闯一番事业。不到一年时间，他就辞掉了让许多人羡慕的工作，前往广州，成为了一名医药行业的业务员。

每天工作时间超过 10 个小时，利用每一点时间学习相关知识，不耻下问、虚心向别人请教……就这样，不到 10 年时间，陈帆就成为了该行业的资深代表，也积累起了百万元资产。

30 来岁就拥有这样的成绩，在亲戚朋友看来，陈帆已经事业有成了。然而，陈帆又作出了一个决定，那就是，到更广阔的天地去闯一闯。

2004 年，经朋友的介绍，陈帆来到了有着"东非明珠"之称的乌干达，他发现，当地的摩托车非常多，大多产自中国或印度，而当地摩托车产业链条却非常薄弱，不仅摩托车靠进口，日常需求量非常大的摩托车配件也几乎全是依靠进口，而摩托车配件的生产，恰好又是重庆的强项。

从乌干达回来后，陈帆几乎没有犹豫，就开始着手进入非洲市场。通过朋友的介绍，陈帆花费了 20 万元在九龙坡的老顶坡摩配市场，买了整整一个集装箱的配件运往乌干达销售。

然而，万事开头难，在这个"人生地不熟"地方，不论是语言还是当地的消费理念，对于陈帆来说都是那么的陌生。20 万元的配件不能一直放在仓库，来时的"雄心"不能就此消磨。在沉寂了一个星期后，陈帆带着销售人员白天跑市场熟悉当地的民风民俗，晚上学习英语、研究政策，两个月后，原本体重近 100 公斤的陈帆，瘦了差不多 15 公斤，但结果却让他很兴奋，他赚了整整 10 万元。

就这样，摩托车配件为陈帆打开了闯荡非洲的"第一扇门"，从摩托车轮胎到坐垫，从摩托车大灯到发动机配件，摩托车上的数百个零部件，都成为陈帆的贸易产品。到了 2012 年，陈帆的摩托车配件贸易量已占据了乌干达全国的 50%。

打造"轮胎王国"

成功永远都不是一蹴而就的，总会伴随着阻碍和挑战。或许是陈帆的成功让更多人注意到这个机遇。2012 年起，来自世界各地的摩托车配件商家开始进入乌干达市场。供给商的增多导致陈帆的摩托车配件贸易利润大幅下滑。面对越来越多的竞争对手，陈帆依然坚信这个行业有着不错的前景。

在陈帆看来，如果在降低成本的同时又能够提高产品质量，那么自己绝对能够成为乌干达摩配行业的"领军人"。本地化生产，这个想法第一次在陈帆脑海里呈现。为了冲出重围，陈帆将目光转向了需求量庞大，技术难度相对较低的摩托车轮胎上，并作出了一个大胆的决定——自己生产摩托车轮胎。

"最开始，我认为自己很有优势，生产轮胎是'小菜一碟'。"陈帆说，那时，他本来就和国内的轮胎生产商有合作关系，技术应该不成问题，而且，自己也有庞大的销售网络，只要生产出来，很快就能铺货销售。

"成功的道路如果一帆风顺，或许也就少了许多乐趣。"陈帆回忆当时的情况，在计划好了一切方案和销售方式后，让他没有想到的是，因为触及当地轮胎商的利益，导致从国内引进技术并达成合作贸易的想法落空，这让陈帆一度陷入尴尬的局面。他开始"曲线救国"。经过努力，陈帆说服了当地一些商人，不仅共同出资建设工厂，更是各司其职，利用合伙人的人脉与国内达成技术合作。

2013 年，位于乌干达穆科诺的摩托车轮胎生产厂正式开建。然而，2014 年，由于一位合伙人的突然撤资，使正在建设的工厂陷入停顿状态。这又是一次致命的打击，但陈帆再次挺了过来。

"那段时间因为资金断层，工厂建设只能停工，为了节约成本，看守工厂的员工几乎都放走了。"陈帆说，有时候他就住在工厂里，一是可以看守工厂，二是在这里可以不断提醒自己不能放弃。2014 年 9 月，陈帆成功从银行贷款 400 万美金，工厂建设重新启动。2015 年 4 月，这个非洲唯一的摩托车轮胎生产厂正式投产，成为了当地众多媒体的新闻头条。

陈帆深知这一切来之不易，在建设期间，为了使工厂建成后就能如期投产，陈帆跑遍了国内的几乎所有轮胎厂，高薪聘请了一大批技术人员，并培训了数百名当地工人。他把产品质量和品牌放在了最重要的位置，不仅一开始就创立了"CC"品牌，还严格把控轮胎生产的每一个细节，大到轮胎橡胶的配方，小到生产过程中预热、过滤、加磺、挤出……每一个环节。

不到一年时间，"CC"品牌摩托车轮胎就占据了乌干达 93%、肯尼亚和坦桑尼亚 30% 的市场份额，年产值超过 500 万美金。其轮胎型号和花纹也达到 80 余种，几乎覆盖了当地所需的所有摩托车轮胎型号，成为了当地名副其实的"轮胎王国"，其摩托车内胎生产标准还成为了乌干达摩托车内胎生产的国家标准。

从初来非洲到现在步上正轨，陈帆的成功绝非偶然。"一个人干事业，就犹如逆水行舟，不进则退。"如今，轮胎厂有了稳定效益，陈帆也有了新的目标。

"我打算再投资建设一个润滑油厂和一个毛毯厂。"陈帆说，润滑油是摩托车和汽车的必需品，拥有非常好的市场前景，当地却没有类似的工厂，大部分依靠进口；而毛毯是当地人生活中的必需品，但他发现当地生产的毛毯质量不好，而进口毛毯价格较高，因此，只要他能生产出"物美价廉"的产品，就一定能占领市场。

目前，这两个工厂的建设已经提上日程，工厂建设的前期准备已基本完成。可以预见，未来，它们将成为陈帆人生旅途上的另一道美景。

陈帆　在非洲打造『轮胎王国』

希望与重庆合作

　　夜幕降临，劳累一天的陈帆回到家中，开始准备晚饭。"在非洲也能吃上重庆的泡菜真是有口福。"说着，陈帆从橱柜下搬出了一个泡菜坛子。

　　"咱们重庆人，不论走到哪里，辣椒和泡菜是不能缺少的两样东西。"不仅这个泡菜坛是从重庆空运过来的，陈帆家里还存有很多从重庆带来的火锅底料。

　　对于家乡，陈帆有着特别的感情。"我在非洲能够打拼出现在的成就，正是因为重庆得天独厚的摩托车制造经验。"陈帆说，以前因为乌干达的工厂事情多，回国的时间比较少，现在一切走上正轨，回去的时间也多了。

　　"我现在回重庆，除了拜访家里的亲戚，更多的是想在重庆找到合作伙伴。"在陈帆看来，重庆有很多可以出口的好东西，如果能够有效利用一定会有不错的前景。

　　"我算是来乌干达比较早的重庆人了，希望能够通过自己的努力，搭建重庆与乌干达的桥梁，在非洲打造出更多的重庆名片。"陈帆笑着说道。

我希望尽力为家乡做点小事。

杨一中

重庆铜梁人。早年他辗转云南、缅甸之间做建筑、木材生意。2002 年后，他开始经营砖厂、修路，每年收入上千万元。

杨一中："砖王"捐 500 万元为家乡修路

□ 蒋赢

有了钱之后你会干什么？问题抛给不同的人，或许答案也不相同：买车买房、环游世界、做公益事业……在重庆人杨一中眼里，有钱之后，只是生活更忙碌了，却没有更多的物质享受。他依然坚持俭朴的作风，不过，做起好事来他却慷慨大方，他捐资 500 万元为家乡修路、建桥。

邻家的"杨叔"

杨一中五十出头，身材纤瘦，皮肤黝黑。他的浅色衬衣扎在黑色西裤里面，脚穿一双黑色皮鞋，这身装扮在当地很常见，一点都没有老板的架子。他常常笑容满面，更像邻居家的"杨叔"，不像一个身价过亿的"杨老板"。

在工厂门口摆了几张凳子，搓着手，杨一中就聊了起来。杨一中是铜梁平滩镇人，凭借吃苦耐劳、踏实肯干的品质，他辗转云南、缅甸之间做建筑、木材生意。到 1993 年，他积累了上百万元资产。2002 年后，他开始经营砖厂、修路，每年收入上千万元。

据杨一中介绍，仅竜浪红砖厂，就吸引了附近佤族、傣族、拉祜族的 80 余名村民在此打工，人均月收入 5000 元以上。周围七八个乡镇新农村建设所用的红砖，70% 都是由杨一中提供的，堪称当地"砖王"。2011 年开始，他还带动铜梁老乡在云南种植香蕉 2 万亩、芒果 1000 亩，"我爷爷是村委会主任，我爸爸也当过生产队长，我带动老乡是理所应当的事！"

生活俭朴，工作勤劳

　　杨一中始终让人感受到的是"父辈般的优秀品质"，生活俭朴、工作勤劳。他在砖厂的卧室和普通农房没有任何区别，没有地板砖，写字台上随意放着各种生活用品，床上挂着蚊帐，凉席下的毯子好几层，颜色各异。由于砖厂灰大尘多，整个房间也蒙着一层淡淡的灰。

　　看到他的卧室如此简朴，也许很多人会认为他在其他地方有很好的住处，只是这里来得少，住得少。杨一中的表弟、帮他开车的陈明，却给出了否定的答案。陈明说，杨一中的房子基本都不怎么装修，生活十分简朴，其他方面也基本如此。

　　"以前不管去多远，他都是自己开车，司机都没有一个。"陈明说，近几年杨一中生意太忙了，电话经常接个不停，根本没法专心开车，"出于安全考虑，这才喊找来当司机，顺便帮他管理点其他业务。"

　　杨一中的另一个司机，当地小伙子小廖也说，杨一中对"生活品质"确实不太在乎，很多没杨一中生意做得大的老板，都是住豪宅、坐豪车了，但杨一中对这些都没啥兴趣。"以前有生意抵款抵给他几套别墅，大家都劝他装修后搬进去，好歹有个'根据地'，但他没兴趣，甚至很长一段时间连别墅的具体位置都不清楚。"小廖还说，杨一中辗转各地经常赶路，有时候买一袋馍馍，或者一袋苹果，就能应付一天。

　　从另一面说，杨一中也是"聪明、辛劳"的。他的两位司机介绍，杨一中有个习惯，就是基本不存电话号码。"每天起码四五十个电话，什么人、什么事，回拨过去，他都很清楚。"杨一中目前经营着 4 个砖厂，还有数个建筑工地，"但没有秘书，没有助手，基本就靠他自己"。

为家乡做实事

　　杨一中为老家修路、建桥，一口气就捐了 500 万元，还亲力亲为，现场施工、监工。"我就是修修路、建建桥，让老家的人方便点。"为家乡做实事的经过他也没有多说，就淡淡说了句："这没什么的！"

　　原来，杨一中从小居住的铜梁平滩镇华光村，老老少少的村民们，只能靠一条 3 米宽的机耕道进出，途中还有一条 2 米多宽的河道，过河的桥是搭在水面上的木板桥。2011 年末，杨一中决定为老家修路建桥，他动用自己的挖掘机、推土机，将宽 3 米的机耕道改造成了宽 7 米、长 2.3 公里的草油路，把木板桥也改造成了长 13 米、宽 7 米的坚固水泥桥。

　　除了修路事迹，杨一中一再表示自己"没有什么故事"，就是个普通在外地打工的重庆人。杨一中的司机小廖吐露，其实杨一中还暗中资助着一些贫困学生。或许对于杨一中而言，慷慨解囊、雪中送炭就够了，其他事情，不愿多讲，也不太重要，就跟生活中的"吃穿住"一样，"没什么！"

　　杨一中每天都很忙，偶尔闲暇时，他喜欢约上几个老乡，玩玩扑克娱乐。他也期待着，等自己退休了，回到重庆老家，没事就在自己修的草油路边，和老乡一起玩扑克、散步。

作为医生，心怀大爱才能获得职业的幸福感、荣誉感、神圣感。

袁钟

重庆万州人。在黑龙江中医药大学获得医学博士学位，曾任中国协和医科大学出版社社长，发表过诸多论文和论著。

袁钟：编写了《中医辞海》的学者

□ 平索茜

作为国内知名的医学人文大家，袁钟的研究涉猎广泛，而且有独到的见解，他以文化视角看医学，以传统道德谈医学。

说到家乡，袁钟显得格外亲切："我是万州人，家住长江边。在外多年一直保留着重庆人的饮食习惯，爱吃火锅，喜欢吃小面，还能说一口地道的万州话。"

奋发努力考上大学

1975 年，袁钟考上了北京理工学院，这本是一件值得庆贺的事，但他却因为家庭出身问题失去了读大学的资格。这年 9 月，成绩不错的他被推荐到当时的万县市中医中专学校学习中医，袁钟和他的妻子也因此结缘。

毕业后，袁钟留校当了老师。"我一门心思想考大学，那时的政策规定中专毕业后必须工作两年才能考大学，但可以直接考研。"袁钟下定决心直接考研，于是专门到成都中学进修学习。

1985 年，袁钟考上了黑龙江中医药学院医学史专业。一南一北，路途迢迢。"当时上学要到北京转火车，因为没钱，只能跟着同学偷偷上火车。没座位，我就躺在凳子下面睡觉，早上起来头发全湿了，再抬头一看，原来是小孩拉尿了。北京出站没票出不来，我们就顺着铁路走，走十几公里，从丰台走出去，反正火车能出去我就能出去。"

读书的时候家里穷，常常吃不饱饭，只能"望梅止渴"。"如果实在是饿了，我会找一本川菜菜谱，同学们坐在一块，我来朗诵菜谱。"靠着同学的接济，袁钟在中医学院度过了六年求学生涯。

成功离不开妻子的支持

"20 世纪 80 年代的研究生并不多，刚毕业时，我认为回到家乡也能找一份不错的工作。妻子一个人在老家生活过得很苦，我也很想回家。但教授希望我继续考博。"袁钟写信告诉妻子，不打算考博了，很想回家。没想到妻子的回复却是让他继续读博。在妻子的支持下，袁钟一直读到博士毕业。袁钟表示，自己能有今天，离不开妻子在身后默默地付出和支持。

1991 年，袁钟在众多机会中选择去北京的中国协和医科大学出版社当编辑。学中医出身的他对中西医之间的比较有着独到的见解。那时候，为了弘扬中医，袁钟和同事们一起编写《中医辞海》，由于经费短缺，他还曾咬牙自掏腰包。

袁钟从一名编辑做到了中国协和医科大学出版社社长，同时兼任中国医学科学院院长助理、中国协和医科大学校长助理等职务。他说，不论是行医，还是编写医书，仅有钻研精神和技术还不够，最需要的还是责任感和奉献精神。

弘扬医德医风

袁钟说："在协和医科大学的时候，我不仅要编书，还要给学生讲课，学校当时开了一门医学伦理课让我来讲。"退休以后，他将更多的时间用于弘扬医德医风，还经常受邀到各大医院以及高校开讲座。

这几年，袁钟到各地演讲呼吁医德医风。怎样做一名有人文情怀的医者？他说："首先谈沟通的技巧；其次要谈价值观。"

袁钟通过大量鲜活的社会现象，以文化视角看医学，以传统道德谈医学，揭示文化与医学之间的内在关联，阐述一个良知医者应有的修养。谈到做一名"与文化相适应的医生"时，他认为应包括两个层面——人文的心灵和科学的头脑。"作为医生,心怀大爱才能获得职业的幸福感、荣誉感、神圣感。"

一场讲座结束,袁钟经常收到学生的短信,内容多为听讲座后的心得感悟。袁钟说:"课堂里 1000 个人中,只要有一个人愿意当好医生,我就值了。"

希望为重庆的医学事业出力

说到家乡,袁钟感慨万分,"当年从万州到朝天门,我扛着行李往上爬。很多人当初也是从这里走出重庆,到远方去追寻理想。"

离开重庆 30 年,袁钟依然能说一口地道的家乡话。他说,口音不是不能改,但他就是不想改,这是一种家乡情结。在饮食上,他从来没有改变重庆人爱吃辣的习惯。

"一方水土养一方人。"在袁钟看来,重庆人秉承着山与水的气质,聪慧、讲义气。袁钟说,"我最喜欢老家的黄桷树。没有土,它也可以扎根于石缝中生长,并且长成绿荫,为人们遮阴造福。这如同重庆人的秉性,有着吃苦耐劳、甘于奉献的精神。"

这几年,袁钟一有时间就会回重庆看望年老的母亲,给家乡的医生们开讲座,聊聊医患关系,讲讲医德医风。"重庆是我的根,我希望为重庆的医学事业出力。"

一步一个脚印，扎实走好每一步。

袁心玥

重庆人。13 岁进入八一排球队，2013 年被郎平选入国家队。2014 年被评为中央电视台体坛风云人物最佳新人奖，2015 年获得亚锦赛冠军、世界杯冠军等荣誉，2016 年出征里约奥运会，荣膺里约奥运会女排冠军。

袁心玥：要做中国女排的捍卫者

□ 张亦筑

里约奥运会，中国女排夺冠，时隔 12 年重回奥运之巅，也让袁心玥成为重庆直辖以来首个三大球项目奥运金牌得主。1996 年出生的袁心玥身高 1.99 米，是中国女排的"第一高度"。可爱的圆脸配上利落短发，外号"小苹果"的她在赛场上充满力量的动作和霸气的呼喊，给人留下深刻印象。

身高让她开始排球生涯

在离开重庆之前，袁心玥就读于人民小学。除了日常学习，爱运动的她还是学校田径队的一员。接触排球，源于她的母亲。

"从幼儿园开始，就和妈妈一起玩排球。"袁心玥的母亲周波曾经是四川女排的队员，当时是求精中学的排球教练。"读小学的时候，学校和妈妈的学校挨得近，放学后去找妈妈，经常看到她在教学生打排球。"那时候，袁心玥就开始接触排球，但真正喜欢上这项运动，还是在进入八一排球队之后。

其实，袁心玥从小成绩优秀，母亲周波对她最大的希望就是好好读书，考一所好大学。为了女儿的前途，周波曾无数次调整袁心玥的人生规划。直到做骨龄测试，预测女儿的身高将超过 1.9 米，全家才决定送她去打排球。

2009 年，13 岁的袁心玥独自来到北京。在八一排球队期间，她时常会想家。每当这个时候，家人的电话总能给她安慰。"那时运动生涯刚起步，遇到一些困难。有时候特别想回重庆，多亏了爸妈在电话中鼓励我、安慰我，让我坚持下去。"袁心玥说。

虽然从没经历过集体生活，但袁心玥很快就适应了新环境。"我小时候胆子特别大，对新鲜事物很好奇，一下就喜欢上了这里。"袁心玥说，排球队里的生活让她改掉了娇惯的毛病，学会更好地融入团队。

说起成为运动员后最大的困惑，袁心玥笑言还是身高。"2012—2013年，身高长得特别快，自己都有点觉得不可思议。"袁心玥说，因为个子太高，出门逛街总会引发围观，"如果别人是100%的回头率，那我得有200%吧。"

不过，也正是身高成为袁心玥天生的优势。2013年，中国女排主教练郎平慧眼选中1.99米的袁心玥，她连跳三级，从国少队升至国家队，随后被国际排球联合会评为世界十大新星之一。2014年，袁心玥在世锦赛一战成名，当年被评为中央电视台体坛风云人物最佳新人，2015年获得亚锦赛冠军、世界杯冠军等荣誉，成为国家队主力。

郎平的信任给了她力量

2016年7月18日，里约奥运会中国体育代表团成立，袁心玥的名字出现在中国女排的出征名单上。

回忆自己的奥运征程，有着"小苹果"外号的袁心玥露出笑容。为了奥运，她特地剪了短发，希望自己"跳得更高"。利索的短发配上高挑的身材，让她在网前十分显眼。

除了"小苹果"，粉丝们也爱称袁心玥为"海豚音啦啦队女王"。无论是在拦网，扣球，还是队友有出色发挥时，那一声声呐喊都是对队伍最有力的助威。连郎平也很喜欢她在场上的气势，称她的发球、拦网极其出色，高点的快攻也很有威胁。

除了尝试更多的进攻手法，从小组赛到决赛，袁心玥还不断调整自己的心理状态。"奥运其实拼的就是心态。再强的队伍，状态不好就会变成弱队。弱队心理状态调整好了，也能成为一支强队。"袁心玥说，开始自己的心态不是很好，技术发挥不稳定，有时紧张得连睡觉都在想动作。随着比赛的进行，她逐渐找到了状态。

奥运小组赛中国女排B小组第四垫底出线，不得不面对巴西队这个强大的对手。袁心玥说，对阵巴西队的比赛是这次里约奥运中最不容易的。赛前，教练组根据对手的战术打法为每个队员安排了应对方法，"巴西队员的弹跳非常好，但是我的身高也是优势，所以郎指导让我多去拦网。"袁心玥说。

赢下巴西队后，整个队伍的紧张气氛得到释放，大家对后面的比赛有了信心。正是有了技术加信心的双重保险，郎平带领着不放弃、不服输的女排姑娘们奋力拼搏，在时隔12年之后重返奥运之巅，成为2016年中国人最美好的回忆之一。

"参加里约奥运的这批队员非常年轻，有两位'95后'，很多都是第一次参加奥运会，是郎指导给了我们机会。"回顾那段日子，袁心玥最感谢的人就是郎平，"2013年是郎指导发掘了我，也很信任我，从她身上能学到很多东西。"

"在训练场上，她该严格的时候还是很严格，但有时候我们情绪出不来，她也会和我们开玩笑，帮助我们放松。"袁心玥说，郎平经常熬夜到凌晨两三点还在看录像，为的就是第二天更好地给队员们讲解战术。

在她心中，郎平在场上是教练，场下就像妈妈一样，细心照顾每位队员的生活。"她一生都在追求梦想，也帮助我们实现梦想，向奥运会奖牌以及更好的自己发起冲击。"

对于未来，袁心玥希望能一步一个脚印，扎实走好每一步。她希望自己越来越强，从冲击者变成捍卫者，从小队员慢慢成长为能承担起责任的队员，成为中国女排的中坚力量。

念念不忘家乡情

场上是霸气十足的"女王"，私底下的袁心玥更符合她"小苹果"的外号。和多数年轻女生一样，她爱逛街，最大的烦恼是买不到合适的裤子；她爱美，她也会追星，笑称"长得帅的"都喜欢。

虽离家多年，但乡音难忘，袁心玥仍然能说一口流利的重庆话。13岁离家，让她对家有着深深的眷念。"小时候住在南岸区，每天上学、放学都会路过大礼堂，那是我最熟悉的地方。"袁心玥感叹，如今重庆越来越

繁华，好多地方特别漂亮。每次回家，她都要到处走走看看，感受家乡的变化。

多年在外生活，并没有让她忘记故乡的味道。提起重庆美食，袁心玥一下打开了话匣子。小面、火锅、串串、酸辣粉，袁心玥说她最喜欢的就是重庆美食："我印象里的酸辣粉就是又辣又麻吃起来又爽，一边吃还要一边擦汗，上面飘着红油，撒点葱花和香菜，放几颗黄豆，看到就想起了家乡。"

一个人不掌握自己的母语，那么不管他在外面有多大成就，都像一棵无根的草，虚无缥缈地活在这个世界。

陈薇

重庆九龙坡人。1990 年远赴德国，后进入斯图加特大学担任讲师，并创办斯图加特汉语学校。兼任斯图加特中华文化协会会长、全德中文学校联合总会副会长等职，德国巴符州侨领。

陈薇：在德国创办公益性中文学校

□ 林楠

26 年前，为了家庭团圆而不得已远赴德国时，陈薇坦言："心里极不情愿！我是当老师的，语言不通，还能干什么？"

26 年后，陈薇不仅是德国斯图加特大学的讲师，还是德国知名中文学校斯图加特汉语学校的校长。是什么成就了陈薇的跨国"教育梦"？

2016 年 9 月 17 日，斯图加特汉语学校新学期开学第一天，400 名不同年龄段的学生赶来报名。

面对很多人的疑惑，忙碌间隙，陈薇略作沉思道："我想，是爱与坚持吧！"

汉语是我们中国文化的根

陈薇和丈夫董明是重庆建筑学院建筑力学专业 77 级的同学。大学毕业后，陈薇到后勤工程学院当教师；董明则进入重庆大学任教，并于 20 世纪 80 年代中期赴德国攻读博士，之后留德从事汽车研发工作。

为了和丈夫团聚，1990 年，陈薇远赴德国。一年后，他们 4 岁的儿子也到了德国。

"在国内我是大学老师，到了异国他乡，语言不通，什么都干不了，很痛苦。"回忆过往，陈薇说，到了德国，首先要学德语。掌握基本口语后，她开始从事制图之类的简单工作。

为了提升德语水平，工作一段时间后，陈薇又三次回到学校"充电"，每次差不多学习半年。凭着一股重庆人的拼劲，陈薇从普通的制图员，到信息技术公司翻译，最后如愿获聘成为斯图加特大学的中文讲师。

斯图加特是德国四大工业城市之一，当年这里的华人不多。孩子从国内来到自己身边后，陈薇很快就发现一个问题：找不到一个可以让孩子系统地学习中文的地方。

陈薇决定自己教儿子中文，但几年后问题凸显：孩子在家学中文没语言环境、没学习动力。

"无论走到哪里，汉语都是我们中国文化的根。"正是为了这个最纯粹的信念，作为斯图加特中国学联的理事之一，她有了开办中文班的愿望。

1997年10月，陈薇在斯图加特大学借了一间教室，开办了一个中文班。这便是斯图加特汉语学校的前身，开班第一年，招收了13个学生，其中包括陈薇的儿子。

从中文班到德国知名中文学校

在陈薇之前，斯图加特也有人曾尝试开办中文班，但都没有成功。其中原因，一方面是没有办学经费，另一方面则是不同年龄段的学生需求不一，众口难调。

面对办学的种种矛盾，陈薇决定一开始就从规范化入手。汉语班只在周六开课，陈薇聘请了一位老师负责授课，自己则专职管理，处理包括租借教室、组织教材、与家长沟通等各种疑难问题。

最初的中文班有13名学生，其中年龄最小的5岁，最大的10岁。老师将学生分为两个小班分别授课。

一年后，这个中文班发展成为斯图加特汉语学校，教学班也增加到了3个。作为一所公益学校，该校不以盈利为目的。学校规模扩大了，但陈薇也面临最头疼的问题——斯图加特大学没有办法提供更多的教室。

经与政府以及教会等多方协商，当地一所学校愿意周末借出教室。陈薇说："最初和这个学校合作得很好，但后来学校不愿意再借教室给我们！"经过沟通，她发现这一结果的出现和自己工作不到位有关。"德国人非常严谨，你来时这个地方是什么样子，离开时一定要恢复原貌，包括黑板擦干净、卫生间的垃圾也要带走。但当时我们缺乏经验，很多地方做得不够好。"

后来，陈薇在摸索中逐渐学会了如何与德国学校打交道、如何展示自己的强项，赢得了德国人的信赖与尊重。

在协调好外部事务的同时，陈薇进一步加强了对汉语学校内部事务的管理。19年来，每个周末上课，她必定到场，与家长沟通，亲力亲为处理各种办学事务。

在陈薇的感召下，汉语学校逐渐红火起来，学生和老师人数增加了好几倍。而且，在她的带动和影响下，当地一批华人主动报名，成为学校的义工。比如，学校有义务管账的会计，有义务为学生提供服务的图书管理员，在春节联欢晚会上家长们争相为学校筹款义卖……

如今，已成为德国知名汉语学校的斯图加特汉语学校开设了分校，有17个不同程度的汉语班，并设有武术、中国绘画、舞蹈、美术、儿童合唱、瑜伽等文化班。全校师生400多人，其中教职员工42人。2011年学校被授予"海外华文示范学校"称号，2015年陈薇被推选为全德中文学校联合总会副会长。

他乡办学不容易，但这些年来，陈薇从没有想过放弃。"既然做了就要做到底！当下能人多，但是像我这样能坚持下来且不计得失的却不多！"陈薇感慨地表示。

热心公益不忘重庆

2016年11月28日晚，中国驻法兰克福总领馆举办"名誉领保联络员"续聘仪式，总领事向25名受聘人员颁发了聘书。陈薇便是受聘人员之一。

"'名誉领保联络员'主要是在领事保护的预防和应急处理方面协助当事人和总领馆做工作，比如在第一时间了解案情、探望伤员等。"陈薇解释说，这需要非常熟悉当地的情况，拥有丰富人脉资源。

借助中文学校的平台，陈薇与许多学生家长建立了联系。快人快语、办事风风火火、热心公益的陈薇还成为巴符州侨领之一，经常参与主办各类中德文化交流活动和商贸接洽。

"不管身在何方，重庆都是我的故乡，我的根在那里。"她说，离家越久，思乡之情越浓。

"我们热爱自己的故乡，热爱并认同自己的文化，而汉语则是我们文化的根。"陈薇说，一个人如果不学好自己的母语，那么不管他在外面有多大的成就，都像一棵无根的草，虚无缥缈地活在这个世界。

美，不仅仅是一种表象，还是一种可挖掘的资源潜力。

苏璞

重庆丰都人。18 岁前往北京读书，2008 年开始尝试网络销售，后与 4 名女性朋友共同成立了北京心动弘毅科技有限公司。2015 年完成公司的股份制改革和在新三板上市。

苏璞：爱美小女生变成"霸道"女总裁

□ 林楠

　　和所有女孩一样，苏璞从小就爱美。和别人不一样的是，苏璞把对美的追求当成了事业来做。离开丰都只身闯荡北京，短短 8 年时间，她从打工妹变为创业者，再变为投资人，如今已经成为一家电商企业的首席运营官，专门从事国外轻奢品牌的引进、管理、包装和渠道销售。

从小就喜欢自己设计衣服

　　在北京西长安街上的一座写字楼里，苏璞蔚蓝色的办公室时尚气息十足。室内正中的墙上是一张奥黛丽·赫本的经典照片，一侧的玻璃柜里陈列着精美的腕表，柜子上方摆着一座小雕塑，一位身着红色鱼尾晚礼服的优雅女性。

　　端坐在办公桌前靓丽的苏璞——过肩长发，空气刘海搭配蓬蓬裙，看起来像个小姑娘。苏璞人如其名，璞玉一般散发着由内而外的美。她说："美，不仅仅是一种表象，还是一种可挖掘的资源潜力。"探寻她一路而来的美丽轨迹，不难发现，她在追求美的过程中，除了与生俱来的敏锐视角以外，更是敢想敢做，浑身充满着重庆女孩身上那种果敢和执着。

　　"小学时，我就很臭美，父母买的衣服总是不喜欢穿，因为不想和别人撞衫。"1981 年，苏璞出生在重庆丰都的一个书香世家，受父母影响，她从小就热爱艺术，是个特别爱美的姑娘，"我不喜欢随波逐流，对美有着自己的看法。"

　　20 世纪 80 年代末到 90 年代初，丰都市面上的服装款式比较单一，不能满足爱美的苏璞。"小姨在北京工作，每年回家过年都会带一些时尚、新潮的衣服给我。"苏璞说，每当看着这些漂亮的衣服，她就特别兴奋，喜欢比照着衣服的样子画图，激发了她对服装设计的兴趣。"既然市面上的衣服不喜欢，为什么不让裁缝给我做呢？"从小学五年级起，苏璞就开始自己设计衣服，再把图纸拿到裁缝铺，让师傅比照着做。

怀揣着对时尚的追求，1999 年，18 岁的苏璞离开丰都老家，前往北京读大学。来到北京后，苏璞认识了很多留学生，一些外国同学穿戴漂亮的时装、饰品，令她羡慕不已。从那时起，苏璞就开始关注国外的服饰品牌。"当年进口衣服很贵，作为学生只能望尘莫及，国内网上购物才刚起步，更别说海淘了。"当时，苏璞的想法很单纯，毕业后一定要努力工作，早日买到那些漂亮衣服。

就是这个单纯的想法，让她在此后的几年里愈发笃定自己的事业追求，一跃成为数十个国际品牌的代理商。

卖了房子独自扛下公司拓展业务

2003 年前后，苏璞在实习过程中接触到早期的邮购商品行业。当时，国内的网购刚开始起步，邮购项目也算是创新之举。由于点子多、销售业绩好，企业负责人将购物画册设计以及商品推介的项目交给她独立完成，她不负所望，项目顺利完成。

"既然邮购方式可行，为什么不尝试在网上销售海外国际品牌呢？"有一些积累之后，2008 年，苏璞开始尝试网络销售。

当时，在北京一处一居室的出租屋里，苏璞和 4 名女性朋友共同成立了北京心动弘毅科技有限公司（北京励思信息技术股份有限公司前身），她和其中一人是公司股东，主要通过网络销售服饰、箱包等国际时尚用品。由于业务量增长的速度超出预期，苏璞提出公司需要注资拓展业务。

"我建议我们一人再追加 100 万元投资，但另一合伙人觉得这么做有点孤注一掷。"苏璞说，当时自己铁了心要把公司业务拓展开，"就算她做不了，我也一定要做。"苏璞卖掉了房子，不够再找亲戚朋友借钱，从搭档手上把那 50% 的股份全部买了过来，一个人扛下了公司扩大规模的项目。

2010 年，为了让公司能与国际品牌建立更深入的合作，占得市场先机，苏璞决定正面和国际品牌打交道。"说实话，一个女人要在商海立足，必须加倍付出努力。"苏璞说，为了拿下一个国际轻奢品牌的代理权，她多次飞到几个国家洽谈合作；为了打造一款独有的品牌手表，她数次飞往凡·高博物馆、香港钟表协会，终于拿到独家代理权。

一位老员工回忆起公司起步的那段时光，不禁泛起点点泪光："公司从一间小小工作室发展到现在的规模，最初全公司才 5 个人，现在已经有 100 多人了，在上海、杭州都设有分支机构。苏总为此付出很多，没有她的付出，也就没有公司的现在。"

加入家乡"春蕾"计划

拥有多个时尚品牌在手的苏璞从未有过安于现状的想法。2011 年，她开始对公司引进的品牌重新进行市场定位和形象塑造，除了通过互联网渠道，还拓展到电视购物频道、微信电商等平台进行销售。2015 年，她再度发力，只用了 7 个月时间就完成了公司的股份制改革和在新三板上市。

那时，苏璞已经是两个孩子的妈妈了，"我平时喜欢把孩子打扮得时尚得体，但在国内买国际品牌童装，价格很不划算。"苏璞认为，童装要新潮、时尚，但也要买得实惠、买得省心。

商业嗅觉敏锐的她迅速把眼光投向童装市场，2016 年，她正式进军童装领域。年初，她得知一个曾经占领国内童装市场 70% 份额的龙头企业突然倒闭了，"我是上午知道此事，下午就飞去上海，找到这家童装企业的总公司洽谈合作。"苏璞在第一时间做了两件事：一是找到几个国际品牌的总经理，详细洽谈各品牌的收购计划；二是找到各品牌旗舰店的负责人，开出原有工资 1.5 倍的薪酬，留住现有电子商务团队。

接下来的一个多月时间里，苏璞每天加班加点开会洽谈，有时一直开会到半夜。终于，她成功拿下了品牌代理权。"如今想起来，还挺对不起小伙伴们。"回想起自己那段时间的"硬汉"作风，苏璞有点不好意思，"我把他们'折磨'得快崩溃了。"

虽然在工作上像汉子，但一提到家乡，苏璞马上就柔软起来。她说，丰都县城虽小，但自己很喜欢那种小城的氛围，整个城里的人几乎都互相认识，走在街上，随时可以和街边的人聊天，很有人情味。

　　从几年前开始，苏璞加入了丰都的"春蕾计划"，通过实地考察，定向资助了4名贫困家庭的孩子，帮助他们完成学业。最近，苏璞还收到了一个孩子写给她的信，这封来自家乡的信，让她的心暖暖的，也更坚定了她回报家乡、回报社会的决心。

无数人从中国经济的快速发展中获益，我们这些身在海外的
中国人同样如此！

张焕平

重庆沙坪坝人。曾任职于德国德累斯顿银行、普华永道、杜雷格国际管理等国际
咨询公司。2004 年创立德国欧亚咨询公司，亲自操盘完成了数个上亿欧元的中
欧跨国并购。

张焕平：中德企业并购的推动者之一

□ 戴娟

2016 年 9 月 9 日，一则消息在国内资本界引起轰动：“复星集团宣布正式完成对德国 H&A 私人银行股权收购交割，成功收购其 99.91% 的权益。”

在欧洲第二大金融中心法兰克福 Skyper 大厦一间办公室里，复星集团此次并购独家顾问、德国欧亚咨询公司董事总经理张焕平说：“这是中国企业第一次控股收购德国银行。”12 年前，当张焕平放弃在知名金融机构的稳定职位决定自己创业时并没有想到，帮助中国企业并购德国企业会成为自己的“金饭碗”。

多次在大学生模拟炒股赛中夺冠

20 世纪 80 年代中期，张焕平还在重庆七中读高中时，父母到了德国。

1988 年，19 岁的张焕平前往德国，来到父母身边，进入科隆大学经济信息专业就读。虽说家境殷实，但他更希望用自己的双手创造想要的生活。“在科隆大学读本科和硕士研究生的那些年，我在当地中餐馆送过外卖、当过厨师，在报馆开过叉车，在宝马、奔驰公司当过装配工，前后打了 30 多份工。”历数过往，张焕平将这段岁月比作在海外的“上山下乡”。

“最辛苦的工作当属在报馆开叉车，上班时间从晚上 22 点到次日凌晨 4 点，我干了一年多。”张焕平说，这段艰苦岁月磨炼了他的意志。

张焕平除了用体力挣钱，还用“脑子”挣钱。在餐馆打工时，张焕平发现，餐馆的收款机系统贵且出单不方便。几经琢磨，他开发出一套应用程序，替代专业系统。"当时一台收银机的专业系统需要 6000 马克,我开发的这套系统只卖 3000 马克,还有一半的利润。"张焕平自豪地说,这套系统受到餐馆的好评,很快就卖出几十套。

他在投资方面的天赋也开始显露。20 世纪 90 年代中期,德国储蓄银行每年都要举行大学生股票模拟投资比赛。每次比赛,张焕平都要借二三十个同学的学生证报名参赛。

"我通常选风险最高的股票进行操作,一般三四个月账户资金就会增加一倍。"回忆过往,张焕平笑着说,高风险意味着高回报,参加了几年模拟炒股,他拿了三四次"全德炒股冠军",最风光的一年在前四名中包揽三席。

拥抱中国经济发展带来的机遇

大学毕业后,张焕平在德国三大银行之一的德累斯顿银行开始其投行生涯,之后在普华永道、杜雷格国际管理等国际知名金融机构从事金融方面战略咨询顾问工作。这些从业经历,让他对德国客户有了深入了解。

2000 年前后,"嗅"到商机的张焕平,开始把帮助德国资本投资中国作为主要方向,"那时中国基金公司规模比较小,对投资者来说是很好的机会。"

2004 年,张焕平放弃高薪,开始自己创业,创办名为"德国欧亚咨询公司"(以下简称"欧亚咨询公司")的公司。

"刚开始,公司的主业依然是帮助德国企业到中国投资。"张焕平说,但随着中国经济的快速发展,没几年,主业就变成帮助中国企业投资德国了。

迄今,欧亚咨询公司已经多次帮助中国公司成功并购德国企业,宁波均胜投资集团收购德国汽车部件供应商普瑞即是其中一例。

拿起身边一块电器操作模板,张焕平介绍说,这是普瑞生产的中控面板,而普瑞是宝马配套企业,掌握领先的核心技术。在他看来,均胜对普瑞的收购,当属近年来中企收购德企中最成功的案例。

并购成功的背后,是一波三折。均胜投资集团从 2007 年就开始向普瑞发起合资邀请,但当时普瑞对中国企业抛出的"橄榄枝"颇为不屑,以均胜企业规模小为由拒绝了。

"德国作为世界老牌制造强国，一些企业较为骄傲。但这些年来中国企业实力总体上越来越强，在国际化运作方面也愈加成熟，德国企业的态度开始转变了。"张焕平说。

成中德企业并购最重要的推动者之一

作为均胜投资集团独家买方并购顾问的张焕平，从中多次"撮合"，促成均胜与普瑞的高层管理人员互访，增进了相互间的了解。

随后欧洲发生金融危机，普瑞越发看重中国市场。双方最终达成合作意向，并于 2011 年正式交割。

借助此次并购，5 年来，均胜投资集团从一家地方民营汽配企业成长为中国汽车电子本土品牌的领军企业，其销售额和公司市值增长均超过 20 倍，还实现了在欧洲、美洲、亚洲的全球布局。

随着"中国制造 2025"行动纲领的推进，中国企业加快了海外并购的步伐，德国也因其闻名世界的制造业而成为中国企业海外投资的最佳目的地之一。在中国徐工集团并购德国混凝土设备巨头施维英、中国化肥行业最大的海外并购案——金正大集团并购德国康朴公司、复星集团并购德国 H&A 私人银行等多个中德企业并购案例中，都有着张焕平的身影。

欧亚咨询已经成为中德并购领域最重要的推动者之一。如今，该公司在北京、上海、广州也开设了分支机构，为有意进军欧洲的中国企业提供咨询服务。

"没有中国经济的快速发展，就没有今天的跨国并购。"张焕平说，"无数人从中国经济的快速发展中获益，我们这些身在海外的中国人同样如此！"

对家乡的眷恋永远不会改变

德国的冬天有些冷。张焕平说，闲暇之际，他喜欢到当地植物园的温室逛一逛，"那里有栀子花、茉莉花，散发出让人感到亲切的'重庆香气'！"

张焕平难以忘怀的不仅是花香。说重庆话、吃火锅，乃至敢闯敢拼的劲，都透露着他的"重庆基因"。"我在重庆出生、长大，熟悉那里的一切，无论走多远，对家乡的眷恋永远也不会改变！"张焕平感慨道。

张焕平多次满怀深情地说起自己的高中班主任邓老师："邓老师像慈母一般，时刻关注着学生的进步和成长。再过三年邓老师就80岁了，我跟邓老师说过，到时肯定回国和同学们一起为她祝寿。"

张焕平说："我最大的梦想，是推动欧亚咨询公司发展成为一家国际知名投资银行，为包括重庆企业在内的中国企业进入欧洲、走向世界出力。"

做人就要有目标，我的人生目标就是着眼现实、把握未来，只有一步步地走来，一点点地实现目标才是我最大的快乐。

奚玲珑

重庆潼南人。1995年入伍兰州军区，2008年转业后，投身环境影响评价行业。2012年，奚玲珑成立了甘肃弘达环保工程技术有限公司，注册资金1200万元。

奚玲珑：老兵兰州开环保公司跻身行业前列

□ 谢鹏飞

奚玲珑出生于重庆潼南区涪江河畔的一个小山村，16岁那年离开家乡，来到千里之外的兰州当兵。军旅岁月磨砺了他的意志，这段经历成为他人生的一笔重要财富。从军15年后转业，原本可以拥有一份稳定的工作，他却放弃"铁饭碗"，进军环保评价行业。凭借着重庆人肯干勤干、吃苦耐劳的精神，他从业务员升级为部门经理，索性加入创业大军，成立环保工程技术公司，现在拥有5个分公司，跻身当地业内前列。

听故事决定报名参军

奚玲珑自幼家境贫寒，但他从小有个武术梦想，从潼南双江中学初中毕业后，考上了湖南省体育运动学校。

可接到录取通知书，知道要交9000元学费时，奚玲珑犯了难。家里条件有限，为了不给父母增加负担，年仅十几岁的他产生了当保安自己赚钱凑学费的想法。

"当时想得十分简单，心想当保安一个月可以赚300元，三年便可以把学费赚出来。"于是，奚玲珑离开家乡，只身前往成都投奔小姨，打算通过人力中介找一份保安的工作。可是工作并不是那么好找，直到两三个月后，他才发现了一个学厨师的广告。想到当厨师收入也不错，于是他找父亲要了300元，去成都大酒店培训学校参加厨师培训。

在学厨师的过程中，奚玲珑有幸认识到一个叫梅一敏的学员，经常听他讲述部队里的故事，这让奚玲珑对部队充满好奇和憧憬。几个月的厨师培训班结业后，奚玲珑回到家乡，决定报名参军入伍。

肯干、肯吃苦升至副营职

经过层层筛选，1995 年，奚玲珑从 70 多个人中脱颖而出，踏上前往兰州军区的火车，开始了军旅生涯。

新兵入伍，令人最难忘的莫过于新兵连的三个月。"现在想想是真的辛苦，但重庆人肯吃苦，咬咬牙就坚持下来了。"在那期间，奚玲珑和 30 多个新兵一起，被分配到大山里守仓库。那是一段艰苦的岁月，冬天气温低至零下十几摄氏度，寒风凛冽，手脚冻得生疮。遇到下雨，雨水钻进脖子，一直冰透到心里。

因为学过厨师，后来，奚玲珑被分配到炊事班做帮厨。几个月后，由于表现突出，1996 年，奚玲珑被部队推荐去青海学汽车驾驶。

学习生涯，最辛苦的莫过于修西宁市八一路的那段时间，不仅要开车，还要自己装卸货。一天下来，经常手上磨破了皮，但是肯干、肯吃苦的他还是坚持了下来。经过 11 个月从理论到实践的培训，他勤学苦练，熟练掌握了驾驶技术。

结束培训后，回到部队，奚玲珑回到炊事班。但他有自己的打算，好不容易学会了驾驶，可不能把这身本领丢了。

在做好炊事班工作的同时，他利用业余时间勤练驾驶技术，学习汽车保养技术。兰州冬天寒冷，为了给汽车做好保养，经常双手冻得通红，但仍天天坚持。这些努力被老班长看在眼里，考虑到他技术扎实，冬天过后，奚玲珑成功调入小车班。

起初开生活车，很脏很累，但奚玲珑从未有过怨言，把这些经历当作是对自己的磨炼，不断鞭策自己。后来，得到老班长的赏识，他开上了大车。后来，兰州军区装备部领导选司机，他从 53 人中脱颖而出，成功入围，为兰州军区办公室开车。

到了新岗位之后，他没丢下每天擦车、洗车的习惯。做事勤快，加上驾驶技术过硬，他得到首长认可，成为部长的司机，这一干就是 9 年。奚玲珑凭借自身不断努力，干到副营职。

逐梦他乡重庆人
Chongqing Flyers

转业跻身行业前列不忘家乡

2008 年，因为成家立业，奚玲珑转业留在兰州。当时，正赶上兰州公招警察，他顺利通过招聘，成为一名警察。两三个月后，他决定辞职，自己去打拼，后经叔叔介绍，他选择投身环保评价行业。

刚刚步入环保评价行业的他，从业务员做起。"刚开始什么也不懂，但我一直坚信，好记性不如烂笔头。"每天，奚玲珑都会随身带一个包，装一个本子，坚持每天参加评审会，记下专家提到的专业知识，然后一遍遍地回顾，加班加点地记。

只要有项目，不管多远，他都去现场查看。回来还有不懂的，就查资料，几年下来，几乎走遍了兰州城区的每一个角落。就是凭借着坚持学习、敢干勤干的精神，他逐渐从业务员做到部门经理。

为了让事业得到进一步发展，2012 年，奚玲珑成立了甘肃弘达环保工程技术有限公司，注册资金 1200 万元，员工 70 人，主要从事环保、环保评价工作。公司致力于打造甘肃省环保工程咨询服务平台形成一站式咨询服务链。

"做人就要有目标，我的人生目标就是着眼现实，掌握未来，只有一步步地走来，一点点地实现目标，才是我最大的快乐。"奚玲珑说，做环保就是做良心，能有现在的成绩，靠的是重庆人敢干、肯干的精神。在外漂泊多年，他时时关注家乡变化，在他眼里，无论走多远，重庆才是他的根。

假如有机会，我非常愿意为家乡发展贡献出一份薄力，让家乡人远离老年性痴呆症。

周晓华

重庆永川人。现为美国华盛顿大学公共卫生学院生物统计学系教授，美国国家老年研究协调中心副主任暨统计学家，美国联邦政府退伍军人事务部西雅图医院生物统计研究室主任暨研究员。

周晓华：从永川走出去的华盛顿大学教授

□ 肖子琦

周晓华的身份很多，但在这些身份中，他最难以舍弃的一个身份是：重庆人。异国逐梦 30 余年，在做研究的同时，周晓华一直心系家乡发展。他正研究关于老年性痴呆症的课题，还想把优秀养老项目带回重庆，造福家乡人民。

踌躇满志奔赴异国进修

周晓华 1980 年从永川中学毕业后，考入了四川大学数学系。选择数学专业，周晓华没有过多犹豫，因为这是他的强项。高中时期，他就获得过永川地区数学竞赛一等奖。

这是他学术之路的第一个重要选择。四年扎实的专业学习，打下了深厚的理学功底，这让他后来研究生物统计学更加得心应手。

1984 年，周晓华毕业留校任教，但他并不满足于此。本科时，他就梦想着出国留学。1985 年，他争取到四川大学公派出国进修的机会。

当时，包括多伦多大学在内的多所加拿大学校向他发出了邀请，最终，周晓华选中了加拿大卡尔加里大学，攻读统计学硕士。原因很简单，这所学校提供的资助经费最高，每月有 900 加元，这对于当时的周晓华而言，能减轻一大笔经济负担。

周晓华踌躇满志地来到异国他乡，没想到刚下飞机就傻眼了。没人来接，完全陌生的环境，连电话往哪里打都不知道。

幸好长途飞行中与邻座一位加拿大老太太搭过话，算是结识了第一个外国朋友。在老太太的热心指导下，他打通了学校的电话。可当天是星期天，学校没人接电话。老太太再次伸出援手，帮忙叫到了一辆出租车，周晓华终于到了学校。可下车后，周晓华不知道该怎么走，好不容易看到校园里有个中国人，上前询问得知学校里有个华人组织，急忙赶去，才解决了当天的吃住问题。

进军生物统计研究领域

1987 年，周晓华硕士毕业后，又到美国俄亥俄州立大学攻读博士。毕业后，他作出了学术之路的第二个重要选择。"当时因为找工作的事情发愁，正好哈佛在招生物统计学博士后，但研究方向与我的研究方向有出入。我很纠结是否换研究方向，最终，我还是选择了新领域。"

说起自己的选择，周晓华从未后悔过，他把这一切看作人生激励："我常对年轻学者说，不要认为你研究什么就要一条路走到底。你看，我即使读到博士后，仍愿意尝试新的研究领域，并且在这条研究之路上走了这么远。所以，合不合适，在没有尝试之前不要轻易下结论。"

生物统计研究是一个非常专业的领域，但它与生活息息相关。周晓华说，大数据分析的重要性已日益显现。比如谷歌就在建立流感预测系统，当网上搜索感冒这个关键词的人多了，就表明感冒可能正在流行。这有赖于统计分析，有人甚至提出，21 世纪是统计的世纪。包括生物统计在内的统计学科，就是要把本身不会说话的数据，通过科学的系统分析，得出趋势性的结论。

但这种统计分析一定要设计周密科学，才会得出准确有效的结论，从而有益于社会，否则就有可能闹笑话，甚至造成恐慌。

周晓华说，20 世纪四五十年代，美国小儿麻痹症流行。有人通过统计发现，那几年天气比较炎热，冰淇淋销量大增，于是得出这样的结论："是因为吃冰淇淋所致，所以不要吃冰淇淋了。"

"之所以得出这样可笑的结论，原因就在于没有调节混杂因素，单把冰淇淋销量增加作为小儿麻痹症流行的原因。"周晓华说，其实天气因素会导致很多后果，科学的生物统计系统就要有效调节混杂因素，从中寻找出真正的"元凶"。

在海外漂泊多年，周晓华不仅在所研究的领域中成果丰硕，还出版了《在诊断中医学中的统计方法》等学术著作，带出了 10 个博士后、6 个博士、6 个硕士。目前，他正带着 1 个博士后、4 个博士。

愿尽薄力帮助重庆发展健康管理数据科学

在外漂泊多年，周晓华对于家乡重庆的感情有增无减。时至今日，他依然怀念儿时在永川吃过的豆花饭和豆豉。

由于研究工作繁忙，他最近一次回重庆已是七年前。当时，他还回了一趟永川，看见家乡的变化非常高兴："我少年时特别喜欢在永川的街上散步，那个时候没有自行车，从学校返家时就走着回去，沿途的风光我至今难忘。而现在的重庆，比那时更美。"

不光对老家的风土人情，对重庆的发展周晓华也很关心。身为美国国家老年研究协调中心副主任暨统计学家，他正在研究关于老年性痴呆症的课题，经过长期跟踪和数据采集，准备研究其治疗预防方案。周晓华说，现在准备与国内高校合作，将此项目在全国推广开来。

在他看来，重庆应该致力发展高科技、健康管理、数据科学。"假如有机会，我非常愿意为家乡发展献力，让家乡人远离老年性痴呆症。"周晓华说。针对老年群体，他还在考虑回国，尤其是回重庆考察养老机构，希望能将国外好的养老项目带回家乡。

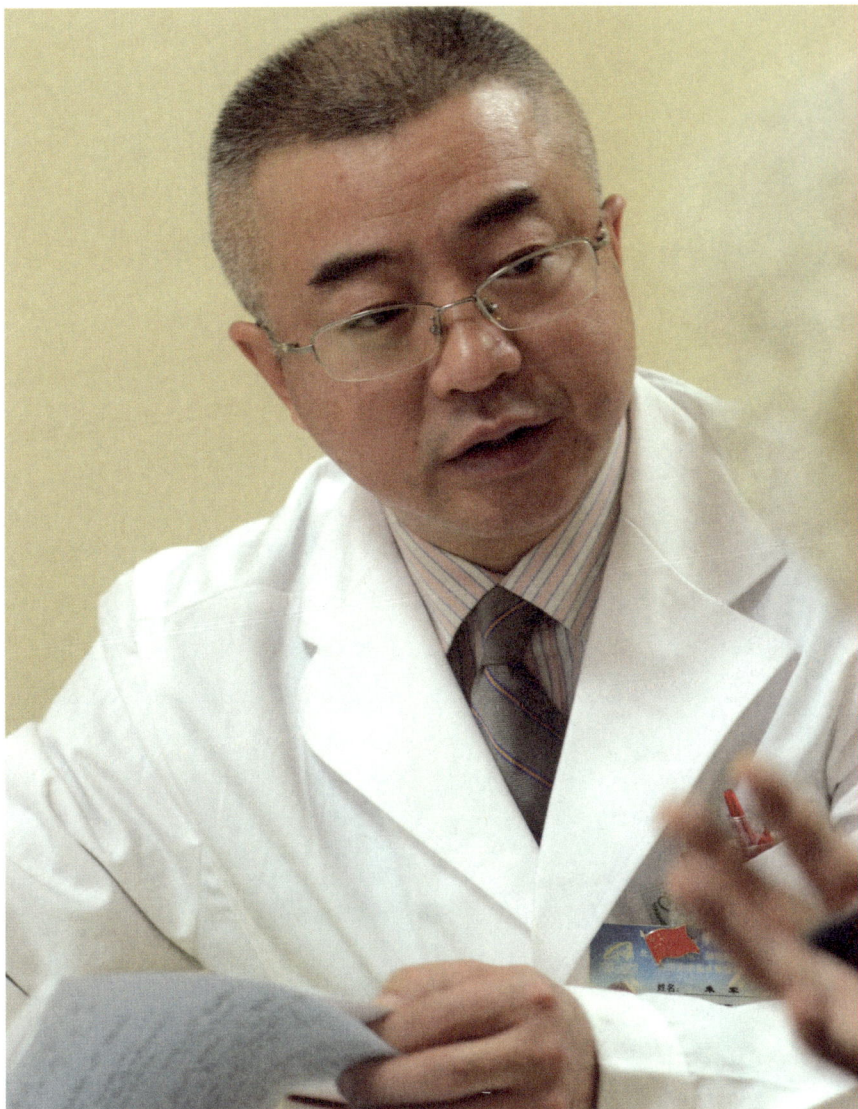

病人及其家属每一句表示感谢的话语，都像颁发给我的勋章一样，让我感到骄傲与温暖。

朱军

重庆沙坪坝人。北京大学肿瘤医院肿瘤内科主任、淋巴瘤科主任，博士生导师。

朱军：医者仁心"救救淋巴瘤"

□ 汤艳娟

"肿瘤"是一个令许多人闻之色变的词汇。但北京大学肿瘤医院淋巴瘤科主任医师朱军接诊病人时，和病人之间的互动充满了人情味。朱医生的话不多，他的专业精神、对患者发自内心的关怀，却在与患者的交流中自然流露出来，让一个个原本忐忑不安的患者逐渐放松下来，意识到淋巴瘤并不是想象中那么可怕……

从事淋巴瘤临床诊断与治疗18年来，朱军一直深爱着自己的职业，为此，他甚至将自己办公室的门牌号定为"99086"（意为"救救淋巴瘤"）。他说："医者贵有仁心，当你时刻体恤病人遭受疾病折磨的痛苦、面临生命危险时的悲伤，以及病人对于尊重和同情的渴望，这是医务工作者应有之义。"

与临床医学结缘

1979年填报高考志愿时，考虑到父母正面临较大的经济压力，朱军选择了学费、生活费全免的重点军校——第三军医大学，从此和医学结下不解之缘。

就读第三军医大学期间，他学习努力，成绩优异。进入医学临床见习、实习阶段后，他迅速确定了自己"以临床为出发点"的发展方向，只要有时间就"泡"在住院部和病人交流，或者与主治医师交流临床心得。

由于学业优异，朱军大学毕业后被分配到北京解放军301医院工作。任职于301医院的10多年里，他迅速成长起来，从住院医生到主治医生，从普通内科医生到血液专科医生，后来又成为一名从事造血干细胞移植的医生。

1994年，朱军获得了留学以色列希伯莱大学的机会，为期3年。留学期间，主要从事有关器官移植的免疫耐受研究，临床经验日渐丰富，科研水平得到很大提升。

1998 年转业后，他选择进入国内最早独立成立淋巴肿瘤科的医院——北京大学肿瘤医院，在那里开始了淋巴肿瘤领域的临床研究。

主动与患者"聊天"

"恶性淋巴瘤不同于其他许多癌症，它是治愈率最高的肿瘤之一。"朱军说，但遗憾的是目前仍有很多人对淋巴瘤缺乏认知。

朱军在门诊中经常发现，淋巴瘤患者心理压力巨大，而事实上他们的疾病远没有到难以治疗的地步。因此，在对患者进行治疗的同时，他还经常对患者进行"心理上的安慰和治疗"。"一些患者还未确诊，就急急忙忙给自己贴上'淋巴瘤患者'的标签，内心恐惧不安，很多时候加剧了病情。"

有一次，身患淋巴瘤且已在老家接受了三次化疗的老刘，在儿女陪同下进京找朱军看病。"您看我这头发都掉了不少,以前很浓密的。能不能不化疗了？太难受！"老人摘下帽子诉苦。朱军风趣地对老人说："头发少了，但肿瘤'包包'小了，打个平手！"

在消除老人的过度焦虑情绪后，朱军给出了一道"选择题"："如果现在停止化疗，原先的'包包'也许不会再出现，但也许还会长起来。倘若我是你，会坚持做完 4 个疗程的化疗，难受也就一个多星期了，另外还可用点中药以减轻化疗的副作用。坚持就是胜利，怎么选择？您好好想想。"

原本不打算继续接受化疗的老人，在听了他这一席话后很快作出决定："我听医生的，继续接受化疗！"

朱军经常主动与患者"聊天"，倾听他们的诉说，用通俗易懂的语言为他们讲解疾病的相关知识，"这样的交流有利于帮助患者放下思想包袱。更重要的是，通过叙述与聆听、描述与解释这样一种良性互动，双方信息对称了、关系融洽了，患者对于医生的信任也就有了更为坚实的基础。"

因此，很多病人及其家属视朱军为可以信赖的朋友。

而朱军总是十分珍惜这种信任。他说："病人及其家属每一句表示感谢的话语，都像颁发给我的勋章一样，让我感到骄傲与温暖。"

朱军 医者仁心『救救淋巴瘤』

患者5年生存率大幅提高

在北京大学肿瘤医院任职的18年时间里，朱军主要从事恶性淋巴瘤规范化诊断和个体化综合治疗。

其间，他积极改良、创新治疗方案，并率领团队参加国内和国际新药临床试验，开展造血干细胞移植、生物免疫及细胞治疗，建立了淋巴瘤患者组织及血清标本库，促进了学科和科室的快速发展。

"有时候，淋巴细胞尚处在量变、质变过程中，采取过急治疗，效果不见得就好。所以，应该通过检查尽早发现相关病情，但化疗或放疗的进行不一定是越早越好。"朱军认为，过去对恶性肿瘤治疗的传统理解就是放疗、化疗和手术，但实际上有一部分淋巴瘤，我们可以知道它们的变化并通过一些办法来调理。

每年收治淋巴瘤新病患数量从最初的两三百人，到现在超过700人；患者人均住院时间从五六十天，缩短到现在的四五天；所收治淋巴瘤患者的5年生存率，近20年间提高了25%左右……在朱军的带领下，如今，北京大学肿瘤医院淋巴瘤科已成为全国最具有影响力的淋巴肿瘤专科之一。

回忆起这些年来自己逐梦过程中的一段段经历，朱军感慨地表示："能够见证并参与中华民族医疗事业的改革与崛起无疑是幸运的，我们这代医生赶上了一个好时代。未来，我将不忘初心，努力提高医术，全心全意为患者服务。"

吃亏是福，多做点事心里踏实。

丁玉勇

重庆潼南人。2005 年到漠北重镇包头开餐馆。现在，他在包头已有五家餐饮店，他所经营的主打川菜口味的"筷品家"，已成为包头年轻人最喜爱的快餐店之一。

丁玉勇：重庆小伙要当包头快餐大王

□ 周晓雪

家境贫寒，少年丧父，15岁的丁玉勇不得不辍学，扛起养家的重担。面对命运的残酷，他没有退缩。做事勤快，肯"吃亏"，打拼20多年，他从泥水匠变身为包头快餐的领衔者。丁玉勇觉得，是重庆人身上那股勤劳、坚韧、不服输的劲头支撑他走到今天。他常用亲身经历鼓励年轻的重庆老乡，再小的事也要做好，不断拼搏，才能实现梦想。

辍学打工扛起养家重担

丁玉勇出生于重庆潼南区太和镇一个偏远山村，比起同龄人，他更早地尝到生活的艰辛。

"从小家里特别穷，修房子时父亲突发脑溢血去世了，一家人的生活没了着落。"父亲的突然离世，不但给这个家带来不可磨灭的伤痛，也改变了丁玉勇的命运。那一年，丁玉勇只有15岁。辍学后，他在工地上找了一份泥水匠的活，用瘦弱的肩膀扛起养家的重担。

在叔叔伯伯们的眼里，丁玉勇从小就是个勤快、懂事的孩子。"潼南修供销大楼的时候，他跟着去拉水泥，他挺着那么瘦弱的身体，一次次地把50公斤重的水泥往楼上扛，肩都磨破了，就为了挣点钱，这孩子的命苦得很。"二叔提起那段往事，忍不住抹眼泪。

在工地干了两三年，听老乡说北京机会多，丁玉勇背着简单的行李，跟随老乡一起北上。学历低，没有工作经验，他找了几天工作，频频碰壁。一天，一位在饭店上班的老乡告诉他，自己工作的饭店正好缺个洗碗的工人，丁玉勇听说后一口答应了。

比起日晒雨淋的建筑工地，能在饭店干活，对丁玉勇而言是莫大的幸运。"每天要工作十几个小时，虽然时间长，但是跟在工地干活比，一点都不累。"

干了一段时间，丁玉勇发现，厨师工资更高。不到20岁的丁玉勇第一次有了清晰的梦想，他下定决心，一定要学好手艺，当个优秀的厨师。

因为没有炒菜的经验，开始师傅不让他做。于是，白天上班时，丁玉勇就仔细观察师傅做菜的每一道工序，牢牢记在心里。下班后，在被窝里打着台灯，用萝卜练习雕刻。凭借勤奋和坚韧，他逐渐赢得了师傅和老板的信赖，他觉得，离梦想更近了一步。

他的"傻"让他享了福

2005年，在老乡的介绍下，丁玉勇来到漠北重镇包头打拼，仍是进饭店当厨师。炒完菜后，他常常会看看别人需不需要帮忙，洗肥肠、疏通下水道这种别人嫌苦嫌脏的活，他挽起袖子就干。

"别人都说'你看那个傻子，什么活都干'，我却觉得吃亏是福，多做点事心里踏实。"一直"吃亏"的丁玉勇，终于享到了福，老板觉得他做事勤快、不计较得失，决定把饭店全权交给他经营。从厨师变成小老板，这是丁玉勇之前想都不敢想的事。他给自己树立了第二个梦想，一定要经营好这家店。

为了拓宽销售渠道，丁玉勇想出送菜上门的办法。顾客可以电话下单，只点一个菜，也会送上门，还免费送米饭。这一做法受到不少顾客的青睐，店里的订单源源不断，丁玉勇觉得这个思路不错，索性做起了快餐。

那时候，包头还没有外卖这项服务，丁玉勇成了包头第一个做外卖的人。他曾在一个星期内，将外卖销量做到13万份。提起成功的秘诀，丁玉勇笑了笑："其实做菜就跟做人一样，经济实惠，实实在在。"不论是创新菜品还是核定价格，他都会站在消费者的角度，看看这钱花得值不值。

用亲身经历鼓励家乡年轻人追梦

12月的内蒙古包头，气温低至 −20℃。街上少有行人，但在万达广场旁的"筷品家"快餐店内，每天都人气十足。不少逛商场的市民、写字楼的白领一出门就直奔这家快餐店，很多人都已经成了这里的老顾客。

"店里和外卖结合，每天总共能卖出去 1000 多份。"丁玉勇介绍说。开业四年，主打川菜口味的筷品家已经成为包头年轻人最喜爱的快餐店之一，一天的总营业额能达到一万多元。

万达筷品家是丁玉勇在包头的五家餐饮店之一，"我想多开几个连锁店，做成规模。"他打算把生意做到包头每一个繁华街区，做成包头最大的快餐连锁企业。

丁玉勇说，当初只身离家北上，到如今所拥有的一切，除了对梦想的坚持，还离不开乡情和亲情。是重庆老乡将他引入餐饮行业，创业初期，是兄弟和老丈人千里迢迢从老家潼南赶到包头，帮他打点店面。

近几年，生意渐渐稳定，丁玉勇也有时间常回家看看。"每次计划回家待十天半个月，但时间总是不够，一回去我就到处找好吃的菜品，学习借鉴，想把正宗的重庆美食带给更多人。"

走到今天，丁玉勇觉得，他靠的是重庆人身上那股勤劳、坚韧、不服输的劲头。现在，每逢店里来了重庆籍的年轻员工，丁玉勇总会鼓励他们。"我会对他们说，踏踏实实存点钱，实实在在地做点事，不管这件事有多小，都要把它做好。"丁玉勇还把自己的经历分享给年轻员工，鼓励他们不断拼搏，朝梦想前进，一步一步走向远方。

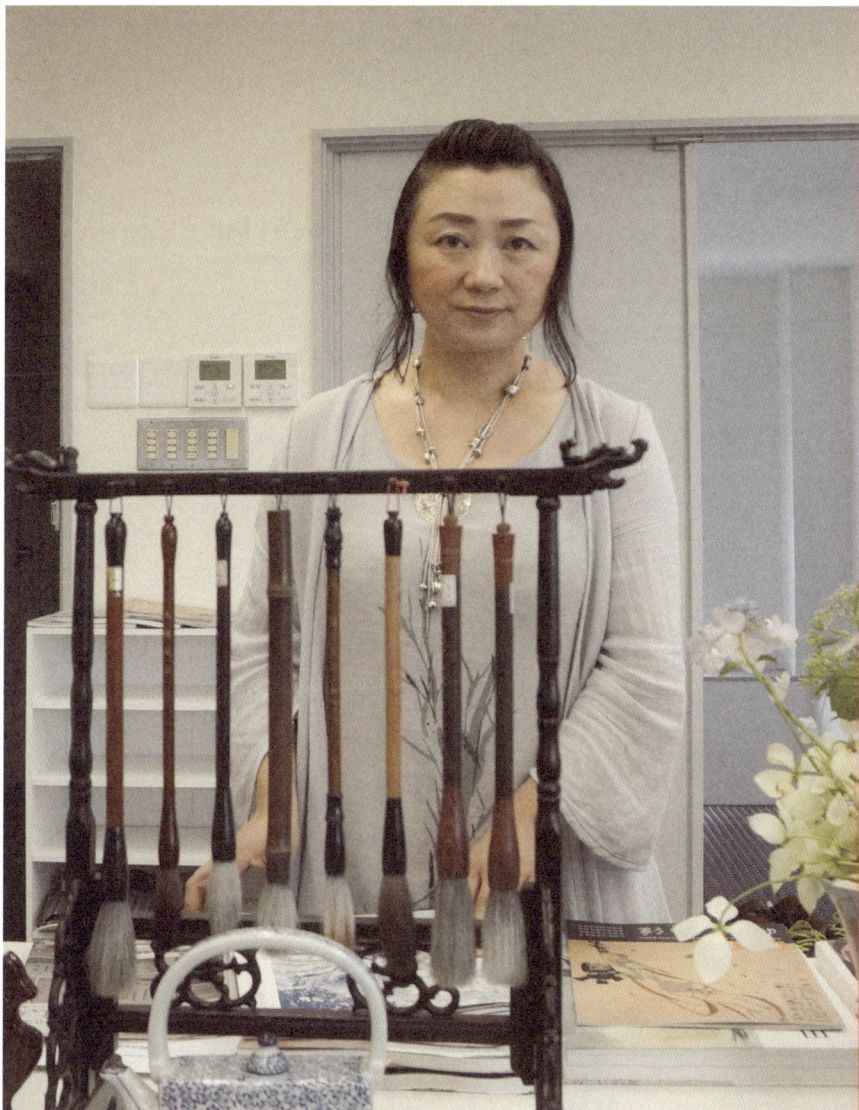

除了绘画，我的另一个人生目标，就是为中日两国文化交流，奉献自己的力量。

曾勤

重庆渝中人。1992 年留学日本。探求中国水墨画和日本岩彩画的结合，形成了独有的画风，在日本多次开办画展。现任"中日现代墨画会"的会长，日本美术家联盟会员。

曾勤：将画展办到东京银座

□ 周盈

从高考失利，重新报考四川美术学院服装设计专业，大二退学远赴日本学习美术，再到教授日本学生中国水墨画，在东京银座鸠居堂举办个人画展……绘画之路就像她人生的一个缩影，一波三折。现在，曾勤以"中日现代墨画会"为平台，不仅仅绘画创作，更积极投身于中日两国文化交流。

"意外"走上绘画之路

来到曾勤位于日本群马县高崎市的住处时，她正在给屋前庭院里的花浇水，在这个不大的庭院中，却栽满了上百种花。

"我很喜欢画花，我觉得即使是小到肉眼看不到的生物，都有灵魂和生命。"曾勤说，"所谓'万物皆有灵'，我觉得人类要对世上万物有一种博爱精神，珍惜它们的生命。"

曾勤出生于一个绘画世家，她的父亲是当代著名国画大师曾令富。在她童年的记忆里，当时家中常常会有许多画家出现，而父亲也从曾勤懂事起，就开始培养她绘画。

或许是从小看了太多的画，接触了太多画家，最初曾勤并不想成为一名画家。步入高中后，进入叛逆期，曾勤排斥画画的情绪也越来越强烈。"因为母亲是一名语文教师，我也挺爱读书，所以我当时还挺想往文学方面发展。"

1987年高考，曾勤发挥失常，成绩不理想，内心受到打击，心里想着可能命运还是让她走上绘画这条路。

在那之后，曾勤报名参加四川美术学院考前培训班，虽然从小跟着父亲学习绘画，但曾勤一直把它当成兴趣爱好，并未进行过系统的学习。从文化转到艺术，这对于曾勤来说，相当于重新开始。

经过刻苦学习，两年后，曾勤顺利考入四川美术学院，学习服装设计专业。"20世纪80年代末90年代初，国内刚刚兴起服装设计，非常热门，当时不少学习美术的人都报考这个专业，希望能够成为服装设计师。"

向日本学生传授中国水墨画

考上这个让人羡慕的专业，曾勤接下来的人生仿佛已经可以按部就班地进行了，然而，谁也没想到，在川美念到大二的曾勤，毅然决定退学，远赴日本学习美术。

"在大学的时候，了解到日本在美术设计方面有很多先进的技术，所以很想出去学习一点不一样的东西。"曾勤说。

1992年1月，曾勤来到日本，在群马县的语言学校学习了两年语言，之后进入高崎短期艺术大学，学习装潢设计。

"我在四川美术学院时，各种绘画技艺都学。到了日本，又有缘跟着日本画巨匠片冈球子的弟子新公子老师学习岩彩画。"曾勤说，"我在国内学习过工笔重彩，而日本岩彩画与之相似，其色彩斑斓，综合东西方绘画样式于一体，让我非常着迷。"

日本画的绘画工具都是由天然的石头打磨而成，这引起了曾勤极大的兴趣，她四处收集石头制作的绘画材料。曾勤说，直到现在，她都很少去买首饰，她更愿意把钱画在这些绘画材料上。

毕业后，曾勤选择了留校工作，学校负责人来找她，希望她能给小学六年级的学生上中国水墨画课。向日本学生教授中国水墨画，这是曾勤一直以来的梦想，曾勤想都没想，一口答应了下来。

"学生寄来的感谢信，都积累了厚厚一叠。每一封充满了感谢的信，都让我感觉这项事业值得用心、用时间去追求。"曾勤说。

在东京银座举办画展的首个外国人

在曾勤来到日本后不久，妹妹曾黎也辞去了银行的工作，来到日本留学。曾黎从小研习中国著名画蝶大师万钟先生的蝴蝶画，笔下的蝴蝶堪称一绝。

1995 年，曾勤、曾黎姐妹俩在高崎市的"高崎车站画廊"，为父亲曾令富举办了一次画展。这也是父亲从艺多年，首次在海外举办画展。

2004 年，父女三人将画展放到了规格更高的东京银座鸠居堂。外国人举办画展，这也开了鸠居堂的先例。而令曾勤激动的是，此次画展还分别展出了她和妹妹曾黎的两幅画作。"我做梦都想不到，在我 37 岁的时候，就能够在鸠居堂展出自己的画作。"

2015 年，同样是在东京银座鸠居堂，曾勤终于迎来了她人生中的首次个展。

决定举办个展后，曾勤深感压力巨大，心想着一定不能丢中国人的脸。个展画作的创作过程也比以往更加辛苦，有时候没有灵感了，曾勤就去旅游，去海边潜水，以此来缓解压力。

那次个展的主题是《一花一世界，一树一菩提》。曾勤说："我的画展，就是想传达出一种博爱情怀和空灵境界，只有相互尊敬，世界才会和平。"

后来，曾勤、曾黎两姐妹在高崎市成立了"中日现代墨画会"，协会旨在通过教授日本学生水墨画创作，推动现代水墨画在日本的普及，促进中日两国民间文化交流。2015 年 8 月，协会在东京美术馆举办了以会员作品为主的"中日现代墨画会展"；平时，协会不定期举办写生研修旅行，中日文化交流会等活动。

曾黎说："除了绘画，我的另一个人生目标，就是为中日两国文化交流，奉献自己的力量。"

虽然身处朝鲜半岛 22 年，但从来没有断绝与家乡的联系。家乡重庆的发展，是我一直牵挂的事。

黄德

重庆万州人。大学赴朝鲜留学，毕业后进入中国银行，1997 年被派往首尔分行，现任中国银行首尔分行行长。

黄德：重庆人在韩国当银行行长

□ 杨野 季科宇 赵香妹

韩国首尔市钟路区清溪川路，中国银行首尔分行的办公大楼坐落在闹市中心。银行的领军人物，中国银行首尔分行的行长叫黄德，一个地道的重庆万州人。他从大学开始至今，与朝鲜半岛"纠缠半生"。"我现在有两个家乡，一个是生我养我的中国，另一个就是朝鲜半岛。"

万州小伙子留学朝鲜

黄德说赴朝鲜求学，是改变他人生的关键一步。

1987 年，中国与朝鲜有一个文化交流协定，两国相互公派留学生。正上高三的黄德报了名，他很想走出去看看外面的世界。

事隔多年，黄德依然记得 1987 年 9 月 23 日。从这天开始，他与朝鲜半岛结下了不解之缘。

当年，他与其他留学生抵达平壤市，就读于平壤建设建材大学建筑学城市规划专业。初到朝鲜，语言关是摆在他面前的一大难题。黄德回忆，因不会朝鲜语，买日用品都很困难。课堂上，老师讲课也听不大懂。不过，班上的朝鲜同学很热情，要买东西，他们就当翻译。"朝鲜人的热情、友好，让我很快渡过了难关。"

后来，黄德居然还能熟练地用朝鲜话参加演讲比赛、辩论赛，并成功竞选为朝鲜中国留学生联合会主席。黄德学的是建筑学城市规划专业，但他对金融贸易更感兴趣，所以，从大三开始，便开始了这方面的专业准备。

求学很苦，黄德也想家。

"想家就写信，给父母、给弟弟妹妹、给同学……"那时没有网络，一封书信往来大概要一个月。黄德说，每周二是最期盼和幸福的日子，下午收信、晚上写信，整个教室、寝室都是静悄悄的，"仿佛那一刻回到了家乡、回到了父母身边。"

有了家人和祖国的支持，黄德安心留在朝鲜学习，度过了5年的学习时光。

赴韩国工作成为分行行长

1992年，黄德大学毕业了，这一年，中韩建交。也是这一年，中国银行在韩国设立代表处。

"当时，会韩语的人才并不多。"黄德依据自己的语言与专业优势，主动向中国银行递交了求职申请。随后，黄德顺利成为中国银行招募的72名海外人才之一。在北京，黄德从出口贸易做起，半年后就可以独立开展工作了。

1997年3月，黄德被派往中国银行首尔分行。黄德天生就是学习型人才，当时，金融危机爆发，诉讼纠纷不少。这倒逼黄德走进了韩国高丽大学学习法律专业，最终取得了硕士学位。

在韩国11年，黄德从代科长、科长、副部长、部长，做到了二级副行长。2008年，黄德调回国内。工作之余，他又参加了清华大学工商管理硕士（MBA）的学习。

2010年底，黄德走马上任中国银行首尔分行行长。"相比5年前，分行资产提高了10倍，利润达到了1亿美元。"首尔分行综合管理部负责人卫鑫称，在黄德的带领下，这几年是首尔分行飞速发展的阶段。

黄德很谦虚，他认为取得这些成绩，缘于祖国的日益强大。

逢人就说"重庆值得你去投资"

"我家人还在重庆，我工作又忙，所以回重庆的时间不多。"2015
年6月23日，北京现代重庆分公司在两江新区鱼复工业园举行奠基仪式，
黄德也回到了重庆。

在韩国，中国银行与现代汽车有很好的合作关系。黄德说，自己是重
庆人，又长期生活、工作在韩国。他愿意为两者的合作做一些服务工作。
黄德说，现代汽车带去的应该是一个完整的产业链，一大批的汽车配套企
业。在韩国，在不同的场合，黄德都会随时推介家乡重庆，他的推介语第
一句话就是："你们应该去重庆发展！"随时随地推介重庆，黄德常说："因
为重庆值得你们去投资发展。"

努力做好韩企来渝桥梁

重庆优势，黄德张口便来：一是近年来，重庆经济发展在国内增速领先，
运行态势很好；二是重庆战略地位凸显，既是西部大开发的主战场，又连
接中东、南亚等地区，有发达、完备的港口、铁路、航空、物流等基础设施；
三是中新项目落户重庆，新加坡的选择是最有说服力的理由。

重庆的发展，成了黄德放不下的牵挂。现在，随现代汽车一起前来的
大批汽车配套企业落户两江新区、南岸、铜梁等地。黄德还推荐了两家韩
国企业落户长寿、江津。

"我在推荐过程中，还为双方提供咨询服务。"黄德说，他既要向国
内同行分析韩国企业的金融需求特点，又要向韩国企业介绍国内金融的服
务规则。"中韩经贸往来频繁，我希望通过我的引导，为家乡重庆争取更
多的韩资企业投资入驻。"

干什么，就要努力喜欢上什么！

谷舰艇

重庆梁平人。高中毕业后到昆明打工，又辗转到北京、广西等地。2004 年到腾冲从事餐饮管理工作，2005 年被公司派往滇缅抗战博物馆工作，任副馆长。现从事普洱茶项目，是"谷瑜茶业"的创始人。

谷舰艇：在腾冲收获了"故事"和"茶"

□ 蒋赢

谷舰艇在云南腾冲滇缅抗战博物馆工作期间，醉心研究滇缅抗战历史，曾走访 108 位远征军抗战老兵，积累了宝贵的一手资料。公司后来又派他去发展普洱茶项目，他每天品七八十种茶。如果你去腾冲旅游，不妨在热海路找找这位老乡的"谷瑜茶业体验馆"，其他地方"有酒有故事"，这里有历史故事，还有茶……

农家小伙子奋斗到餐饮管理层

谷舰艇出生在梁平县回龙镇一个普通的农村家庭，家里一共三兄妹，谷舰艇是大哥。高中毕业的谷舰艇为了生活，决定外出打工，本来打算去广东，"我先从老家来到主城，在重庆火车站却没有买到去广州的火车票，有个老乡叫我去昆明，于是就去了昆明。"没想到，这一去，他便和昆明结下了不解之缘。

下了火车，很多同行的老乡都选择了去建筑工地，而谷舰艇并没有跟随他们，他直接坐摩托车来到昆明市中心，因为他希望在城里工作。

第一次来昆明，他在医院做杂工、去饭店当服务员。后来他辗转到了北京、广西等地打工，但是云南依然吸引着他。谷舰艇说，自己更喜欢四季如春的昆明。

2001 年，谷舰艇再次来到昆明，并且有了在昆明扎根的想法。他沉下心来工作，从柏联广场美食城的服务员，做到了领班、主管、部长。2003 年开始，便负责整个美食城的管理工作。2004 年，公司把他从昆明调到了腾冲，在和顺古镇从事餐饮管理工作。

谷舰艇做事踏实、任劳任怨，只要是上级安排的事情，他都竭尽全力完成，并且努力把事情做得出色，"我来自农村，能吃苦，懂得珍惜每一个机会！"

两次职业转变换来两项"热爱"

2005 年 4 月，谷舰艇被公司派往滇缅抗战博物馆工作，任副馆长。滇缅抗战博物馆位于云南省腾冲市和顺古镇内，是我国第一个民间出资建设、以民间收藏、以抗战为主题的博物馆。"当时，博物馆有 6000 多件文物和 1000 幅老照片，其中不乏珍品、绝品。"谷舰艇说，在筹备数个月后，博物馆终于在 2005 年 7 月正式开馆，博物馆展区分为《山河破碎》《悲壮远征》《沦陷岁月》《剑扫烽烟》《日月重光》五个部分，通过大量老照片、纪录片、史实资料、油画、连环画等，和馆藏文物一起，真实再现了那段历史。

"我负责管理接待工作。"随着工作逐渐开展，谷舰艇被滇缅抗战那段铁血悲壮的岁月深深震撼，中国远征军、美国盟军、爱国华侨和滇西各族人民团结一心，谱写出的爱国主义和国际主义的史诗，让谷舰艇久久不能平静。

"既然在这里工作，就要更多地去了解这段历史，有游客问到，才能更清晰、更系统地讲解。"工作之余，他常常自发地向当地收藏家、农民作家了解那段历史，成为了博物馆的高级讲解员。

崔永元做口述历史节目《我的抗战》，谷舰艇跟随节目组的两位摄影师，深入云南昆明、大理、保山等城市和偏远农村，全程走访了 108 位抗战老兵。"笔记就有满满几大叠。"谷舰艇说，透过历史，他深感今日和平生活来之不易。多位党和国家领导人、国外政要、社会名流参观滇缅抗战博物馆，都是谷舰艇负责全程讲解。

第二次职业转变，发生在 2007 年底，那时候，云南普洱茶火遍全国，谷舰艇所在的公司派他去中缅交界处的景迈山发展普洱茶项目。

"我不喝茶，怎么做得好这个项目？"三十岁的谷舰艇自己纳闷了。

很快，他想通了，不是喜欢什么就去干什么，而是干什么就要喜欢上什么。

　　他下定决心，既然要做茶，就要去钻研。从哪里开始呢？最简单的就是"喝茶"。饭桌上，很多人喝酒，谷舰艇就开始喝茶。中午，别人午睡了，谷舰艇也烧上一壶开水，看书、喝茶；晚上，别人睡觉了，他还是看书、喝茶……

　　最多的时候，谷舰艇每天要喝上 80 种不同的茶，光茶水就超过 5 公斤，他还招聘了 5 名茶学专业的学生，互相学习、研究。渐渐地，谷舰艇成了"茶痴"，每天都要喝茶，每年都要屯茶。

　　2011 年，谷舰艇换了工作，但对茶的热爱，却有增无减，渐渐地，他萌发了自己做茶的想法，初制、精制、压饼他都会。多年的餐饮管理工作，也让他积累了广泛的人脉，无论在工作还是生活中，大家都愿意相信这个勤劳、踏实的重庆人。谷舰艇当时断定，普洱茶虽然"疯狂已过"，但依然有市场。

创办谷瑜茶业做小众品牌

　　几经筹备，2014 年，谷舰艇和同样爱茶的老婆、几个朋友一起，创立了"谷瑜茶业"。谷舰艇说，"谷瑜"是他与老婆的姓名各取一个字，也是"谷雨"的谐音，明代许次纾在《茶疏》中谈到采茶时节时说："清明太早，立夏太迟，谷雨时节，其时适中。"谷瑜同谷雨，谷雨时节采的茶是一年之中最好的茶。同时，他自己是重庆（渝）人，心里还是挂念着老家。谷舰艇暂时只想把自己的茶做成小众品牌，"让人喜欢喝、放心喝，性价比高。"

　　"做茶，原料是基础，加工是关键，存放是升华……"坐在自己一手打造的"谷瑜茶业体验馆"里，谷舰艇终于能过上自己向往已久的"慢生活"。店门口，崔永元亲笔题赠的"吃茶去"映入眼帘，有客人来了，他会沏上自己生产的谷瑜茶，向客人娓娓道来普洱茶的前世今生，觉得客人投缘，他和客人能聊上一下午的滇缅抗战历史，让来腾冲的人，深刻感受中华民族的不屈精神。

每个人都应有自己不懈追求的奋斗目标，我用心规划人生，证明自己的价值。

杨泽涛

研究生毕业后来到重庆参加工作，与妻子定居重庆。从对重庆一无所知，到爱上重庆这座城，杨泽涛将重庆当作自己的家。如今，他是重庆外建集团利比里亚公司副总经理。

杨泽涛：怀揣着重庆情感在非洲打拼

□ 李锦成

他机缘巧合下来到重庆并爱上这座城市。在他心中，自己已经是重庆人。作为重庆外建集团海外市场的一员，常年在非洲工作把这个 1.8 米的汉子磨炼得越发沉稳和刚毅，他就是杨泽涛。

一个人爱上一座城

因为一次意外，父母不幸去世，从小杨泽涛由姨父、姨母抚养，所以他对家的温暖，有着更强烈的渴望。

2007 年，杨泽涛从郑州大学水电工程学院研究生毕业后，为了实现自己的价值，并找到一份自己满意的工作，辗转多个城市求职，但始终没有得到他人的认可和赏识。这让他心中有了几分忧虑。

一次偶然的机会，在朋友的介绍下，杨泽涛来到了重庆。一到重庆，他就喜欢上了这座城市，并从此结下了深厚的缘分。

"在重庆，我与妻子一道进入了重庆外建集团，在这里，我不仅实现了自己的人生价值，更找到了家的感觉。"杨泽涛说，可能是因为自己的性格属于比较豪爽的类型，在重庆能够找到很多契合点。

在重庆，杨泽涛最喜欢的事就是和朋友找一家烧烤摊，一边喝啤酒，一边高谈阔论。"我很喜欢重庆的美食，麻辣鲜香真的很美味。"杨泽涛笑着说。

如今，杨泽涛已经是重庆外建利比里亚公司副总经理，长期在海外工作生活的他，一回国就直飞重庆，因为在他心里重庆能够给他一种家的温暖。重庆成为杨泽涛唯一牵挂的地方。"我和我妻子是在重庆完婚的，现在把姨父、姨母也接到了重庆定居。"杨泽涛说。

有计划的人生不会偏航

2008 年，重庆外建派他到非洲拓展业务，雄心万丈的杨泽涛为自己制订了人生中的第一个五年计划。

"首先，我在国外工作，英语要熟练；第二，我要拿到驾照；第三，我要评上副高（职称），第四，我当然想要一个孩子。"杨泽涛说自己是很有规划的人，只有定好目标才不会迷失，勇往直前。

刚到利比里亚的时候，年轻的杨泽涛只是一个小小的技术人员，然而他凭着自己所学为公司的"Via Town"桥项目提供了关键性的作用。

因为，当时利比里亚刚经历了内战，整个国家满目疮痍，"Via Town"桥在当时的战火中被炸毁，遗留下的部分也已经残破不堪。"我们要对旧桥进行修复，旧桥梁的承重梁还在，因此，施工需要在这个基础上展开。"杨泽涛说，承重梁的最大承重数值是至关重要的数据，然而因为战乱，数据已经丢失。面对难题，杨泽涛自告奋勇担起了担子。实地考察、查阅资料、计算公式，杨泽涛最终零误差计算出了承重量。

对于自己的目标，杨泽涛从没有忘记，他踏实肯干，在工地上挥洒汗水，2012 年，由基层业务员晋升为利比里亚公司的副总经理。他说，这一切不光是来自于个人的奋斗，更重要的是机遇。

"是重庆给我提供了这样一个平台，是重庆外建给我提供了这样一个机会，我才能在非洲施展我的才华。"杨泽涛说，如今自己的第一个五年计划已经全部完成了，接下来他又有新的计划和目标。"我希望以后能够再拓展 5 个国家的项目，同时能够完成一个 5 亿美金的项目。"

杨泽涛夫妻还在利比里亚有了自己的第一个孩子。他们给孩子取名"杨霏"，"霏"与"非"谐音，意思是"这孩子出生于非洲"。

帮助重庆的孤儿院

　　杨泽涛常说，自己的人生因为外建变得充实，因为重庆变得温暖。经过多年的打拼，杨泽涛事业有成，如今他每次回到重庆都会漫步在滨江路上看着重庆的夜景，琢磨着自己的未来。

　　"我最想的一件事，就是以后有机会为重庆作贡献。"杨泽涛说由于自己从小没有父母，尤其觉得家的重要性，所以现在他回重庆都会去孤儿院做义工，也会匿名给这些孩子捐钱。

　　"我是2007年第一次到重庆，当时感觉街上美女很多，但是很少见到外国人。但是这几年我每次回国，回到重庆的时候，感觉到城市越来越繁华，大街上外国人也越来越多，相信重庆今后会越来越国际化，越来越开放！"杨泽涛说，尽管在重庆生活了多年，但现在每次回重庆都感觉到了一个新的城市。

别人是笨鸟先飞，我也是一只笨鸟，但我一直在飞！

何蓉

重庆人。1994 年考入西南政法大学学习法律，毕业后先后进入重庆市贸促会和重庆市百君律师事务所工作。2005 年赴德国攻读法学硕士、博士学位，如今是德国 Help Pesch 律师事务所中国法律顾问。

何蓉：助推中德经济合作

□ 戴娟

"都说笨鸟先飞，而我这只笨鸟是一直在飞！"2016 年 9 月的一天，在德国北威州埃森市一栋三层楼内，何蓉这样评价自己。

"人生中最重要的，是要做自己喜欢的事情！"凝神望着透过百叶窗照进办公室的一缕缕阳光，何蓉将这些年的逐梦故事娓娓道来。

放弃"铁饭碗"成专职律师

何蓉，从小就是比较听话、懂事的孩子。1994 年，她进入西南政法学院（现西南政法大学）学习法律。"做令人尊敬的法律人"这一信念，当年如同一粒种子，播撒于何蓉心中。

大学毕业后，何蓉到中国国际贸易促进委员会重庆市委员会（简称：重庆市贸促会）工作，端上了"铁饭碗"。"如果说西南政法大学的法学教育为我以后的职业规划和发展奠定了基础，那么在重庆市贸促会的工作经历则为我打开了另一扇窗，让我看到了外面的精彩世界！"何蓉说，重庆市贸促会每年都要举办不少诸如组织企业到国外参展之类的对外交流活动，正是在重庆市贸促会工作期间，她有了"出去看看"的想法。

外表文静的何蓉，开始"不安分"起来。2001 年，通过国家司法考试的她不顾父母反对，毅然辞职，进入重庆百君律师事务所，成为一名专职律师。

作为一名刚入律师事务所工作的年轻律师，她没有底薪、没有明确的专业方向，工作十分辛苦，但何蓉没有觉得累。

在百君律师事务所工作期间，何蓉独立完成了不少案子。至今令她颇有成就感的案例之一，是受托为一家大型国有建筑企业向房地产公司催收一笔金额较大的建筑工程款。在启动整个诉讼程序前，她对房地产公司的财产状况进行了详细调查，克服种种困难找到其隐藏的财产，因而得以及时申请诉前财产保全。最终保证了在执行阶段，法院将房地产公司拖欠的财产执行到位。

何蓉说，那时加班是常态，似乎每天都在接案子、办案子。但何蓉并不觉得累。"我想只要是做自己真正感兴趣的事，再辛苦也没关系！"

写博士论文体验"德式严谨"

经过几年的打拼，何蓉成为百君律师事务所业绩突出的年轻律师，但她依旧想出去闯一闯。经认真分析，她决定到德国留学。

2004 年，何蓉利用周末时间到四川外国语大学语言班学习德语。"刚接触德语，我便对这门语言产生了强烈的兴趣。"接着，她再次辞职，到北京学习德语。

何蓉通过了 DSH 考试（德国大学入学资格语言考试），并收到了德国几所大学的录取通知书。最终她选择了全德国际法排名第一的帕绍大学，成为著名的中国当代法学家孟文理教授的硕士研究生。

语言仍是学习中最大的障碍。最初，何蓉甚至听不懂老师授课。为此，课余时间她几乎都在图书馆，阅读很多介绍德国法律的中文书籍，再对比阅读德文书籍。通过大量的阅读和积累，终于攻克了"语言关"。

何蓉以优异的成绩硕士毕业，随后进入德国 HelfPesch 律师事务所实习了一段时间。

回国后，何蓉尝试着参与与德国相关的涉外法律服务项目。实践中，她深感自己对德国法律的了解和研究还停留在书本上，专业能力欠缺、知识储备也不够，于是萌生了再赴德国求学的念头。

再赴德国，何蓉成为孟文理教授的博士生，研究方向是中国和德国不动产抵押制度比较。

她用了三年半时间来撰写论文，其间耗费大量的心血。论文需要对中德不动产抵押制度作详细而深入的比较，为此，诸多中国相关法律规定条文必须用德语表达出来。为了用词更加精准，何蓉和导师沟通了无数次，一遍又一遍地讨论、推敲、修改。从事论文撰写的最后一年里，何蓉常常早上 8 点到图书馆，到晚上 23 点 45 分才离开。

　　德国人以严谨出名。导师对论文的指导和修改，令何蓉深切感受到了这一点。何蓉说，德国人对博士论文的要求非常严格，比如，论文在转述

他人观点时必须标明出处，否则就会被认定为抄袭。她的整篇论文有上千个脚注，教授会对每一个的脚注名、页码、日期等信息一一核对。

"教授不能容忍论文有任何错误、疏漏。"何蓉说，即便是论文中引用的网上链接，教授也会打开看，有时因为网络原因打不开，他会要求重新找一个有效链接放上去。

令何蓉感到骄傲和欣慰的是，经过几年的努力，她的博士论文获得了优异的成绩。答辩结束后，孟文理教授表示，四年多时间来他目睹了何蓉对德语的驾驭能力、对德国法律专业知识驾驭能力的提升，"论文有很高的专业水准"。

顺利拿到博士学位的何蓉并不认为自己是"学霸"。在她看来，最重要的是找到了自己喜欢的东西，"在努力追逐梦想的过程中，再苦再难，也乐在其中"。

愿为中德经济合作"搭桥"

2015年2月，何蓉正式加盟 HelfPesch 律师事务所，成为该律所唯一一名中国人，主要负责与中国相关的法律事务。律师楼门口的律师名牌上，何蓉的英文名赫然在目。

一年多时间来，何蓉负责或参与的法律事务中，大约有70%是为中国客户服务，其余30%是帮助德国客户到中国投资。靠着勤奋、严谨、努力和认真，何蓉赢得了德国同事们的普遍认可。

让何蓉感到亲切的是，HelfPesch 律师事务所所在的埃森市，距离重庆友好城市杜塞尔多夫只有30公里，距离"渝新欧"终点站杜伊斯堡也只有15分钟车程，"'渝新欧'开通后，越来越多的德国人开始关注重庆。未来，'渝新欧'也必将吸引更多重庆投资者来到欧洲。"

当好一名法律"服务生"，为包括重庆企业在内的中国企业搭建与德国乃至欧洲间的经济合作之桥，是何蓉最初的梦想。如今，这一梦想正慢慢变成现实。

"我是笨鸟，我一直在努力地飞！总有飞到目的地的一天！"何蓉笑着说。

永远对新事物充满好奇心。

郝舫

重庆黔江人。16 岁考入大学，20 多岁进入传媒业，任职星空卫视总监期间，打造的国内首档脱口秀《星空不夜城》获得亚洲电视大奖银奖。他在传媒行业摸爬滚打近 30 年，现为乐视网总制片人。

郝舫：另类读书人爱摇滚、推网剧

□ 林楠

30 多年的职业生涯里，郝舫不停地在纸媒、电视媒体和网络媒体间转换。他既是家中藏书过万册的读书人，也是走在风口浪尖上的摇滚乐评人，更是不断求新的网络热剧缔造者。

希望可以无休无止地看书

郝舫出生在重庆黔江，才华在童年时代便有所展露。三年级时，他写了一篇作文，校长看了，觉得这个年龄的孩子不可能写出这样的文章。"他要考我，当场出了一个题目让我写，我写了交给他，他相信了。"郝舫回忆，小时候常有这样的事，大人给他出题目，写出来就给他水果糖吃。

能写出那么多同龄人无法驾驭的文章，这跟他从小爱看书不无关系。因为工作原因，父亲能接触到很多书。那时候，几家人公用一间厕所，他偷偷拿走父亲的书，藏进厕所的一块木板里面，躲在厕所悄悄看。小学期间，他就能给隔壁的小伙伴讲《红楼梦》。

后来，郝舫接触到很多黔江县城和主城的文学青年。"他们从城市来，不仅手上的书多，知识也比周围人丰富，我一天到晚就缠着他们。"郝舫回忆，年少时，自己有两种朋友，一种是听他讲故事的小伙伴，一种就是有书的大人。

在大人们眼里，这个爱看书的小孩会成大器。他们总会问郝舫长大了有什么梦想，郝舫说："小时候梦想很多，现在起码我实现了一个，那就是可以随心所欲地买自己想看的书，可以无休无止地看书，现在我家里的书已经超过一万册。"

与摇滚结缘

1980 年，年仅 16 岁的郝舫以高分考上四川大学哲学系。从黔江坐汽车到彭水，乘船到主城，再坐火车去成都。求学路上，主城是他的必经之地，短暂的停留给年少的郝舫留下深刻印象。

"当时给《大学生》杂志投稿，写的就是我每次放假和开学途经重庆主城的故事。"回忆往昔，郝舫笑道，"我当时写过'在重庆见过那么多美女，没有一个是我的女朋友。'文章发表后，收到好多读者的来信。"

大学毕业后，郝舫到武汉大学任教三年。对知识的渴求让他再次踏上求学之路，1987 年，郝舫考上人民大学研究生。读研期间，他接触到很多音乐人。那时候，国内摇滚乐刚刚起步，郝舫写了很多这方面的文字。"崔健、汪峰还在艰苦奋斗的时候，我记录了很多他们做摇滚的事情。"摇滚不是郝舫的职业，但成为他最大的爱好。

研究生毕业后，郝舫进入中国教育报社工作。这期间，他先后撰写了《伤花怒放——摇滚的被缚与抗争》《灿烂涅槃——柯特·科本的一生》等 4 本著作，至今，这些书在业内依然有着举足轻重的地位。

1999 年，出于对音乐的爱好和对更广阔天地的追求，郝舫离开了工作近十年的中国教育报社，进入 MTV 中国网。这份工作让他接触到更多文学人才和音乐人才，这让郝舫有了新的打算。

2004 年，他成为《滚石》杂志中文版的主编。在郝舫看来，《滚石》不是新闻类杂志，而是思想类杂志。"在美国，它代表年轻人最叛逆的那类思想。"这本杂志曾经在国内红极一时，成为那个时期文艺青年的标配，后来却渐渐没落。

谈到《滚石》，郝舫至今仍觉遗憾。他认为，这本杂志是特立独行的，其受众人群并非主流人群，而是对社会有不一样看法的人。"我当时也想借助这个平台，发掘一大批有思想、有才华的年轻人。"

郝舫说，摇滚乐也不是国内的主流音乐类型，也许它并不符合国内市场。"如果这本杂志不叫《滚石》，我可以顺应一切市场化的要求，但它叫《滚石》，我就会有坚持。"

出任乐视网总制作人不忘重庆

"每个项目从立项、策划、预算、拍摄，到人员管理、后期、审片、上线、销售，所有环节我都要负责，都要参与进去。"出任星空卫视总监，郝舫打造了国内首档脱口秀《星空不夜城》，获得亚洲电视大奖银奖。此外，他打造的《人小鬼大》《拍案惊奇30分》《桑兰2008》《听你安排》等数十个栏目都成为业内精品，取得了很高的收视率。

郝舫选择乐视的时候，它刚刚上市。2011年，乐视董事长贾跃亭主动邀约郝舫，希望他能出任总制作人一职。到乐视后，郝舫做了两件开创性的事情。

首先是打造了互联网综艺节目《我为校花狂》《可以说的秘密》等，其制作标准和电视节目一样，有灯光、有音效，还有优秀的后期制作。

其次，他打造了网络剧《东北往事》《女人帮·妞儿》等。"我那时意识到，很多年轻人不怎么看电视。那时提出来，很多人觉得是夸大其词。"在外企工作的经验给了郝舫很多帮助，其中最重要的一点就是注重市场调查。"积累了很多数据，就发现了这个。"

不断发现新鲜事物，不断创造新鲜节目，是郝舫一直秉承的观念。"永远对新事物充满好奇心。"这是郝舫对自己的评价，在他看来，视频网站是点播行为，当时乐视提出的口号就是做电视台做不了的。

在传媒行业摸爬滚打近30年，办杂志、开网站、做电视，如今又回到网络，成为乐视总制片人，郝舫拥有了成功的事业。但无论多忙，每年他总会回家乡两三次。

家乡的绿豆粉是他最难以忘怀的味道。"每次朋友圈有人发绿豆粉，我都看得直流口水。"他曾经多次带着合作方去过黔江，"现在这帮人经常连我都不告诉，周末订张机票，就去黔江吃绿豆粉、吃鸡杂。"

"做过那么多节目，写过那么多作品，重庆才是梦想真正开始的地方。"郝舫说，回望家乡，不但有求学的少年时光，还有情怀与关注，无论身在哪里，自己的根永远在重庆。

这一生最骄傲的事情就是来到坦桑尼亚，用我们自己国家的
农业技术帮助这里的人。

王骞

重庆人，高级农业师。2010 年被派往非洲研发种植优质水稻，成立农业示范中
心，他结合非洲当地特点运用新的水稻技术，将非洲每亩田产量 190 公斤提高
到 400 公斤。

王骞：在非洲"搞出"了个粮食基地

□ 李锦成

"民以食为天"，这个"食"之根本在于大米，随着袁隆平的杂交水稻技术的广泛运用，越来越多的地区解决了粮食问题。然而，作为我国友好国家的坦桑尼亚，至今仍然存在缺粮的问题。王骞通过多年的努力和坚持，不仅解决了坦桑尼亚的粮食问题，更是为祖国争了光。

非洲开拓荒土初尝失败

王骞是土生土长的重庆人，由于从小生活在农村，所以对于农业有着特殊的情感。如何运用专业技术和创新思维发展农业生产，一直是王骞念念不忘的事，考上西南大学选修的专业和农业有关，毕业后也选择了农业相关的工作。在重庆的那几年，已经是高级农业师的王骞为了研究，经常穿着雨靴在田里弯着腰查看水稻的生长情况。

2010 年，王骞被派往非洲，他的使命就是带着中国的水稻技术在非洲的土地上种出优质的水稻，解决当地人的粮食问题，并选育出新的水稻品种。

初到坦桑尼亚，王骞站在正在建设的示范中心门口愣住了。"我以为过去后就是直接做实验，但是过去一看，示范中心还没建好，我们也要参与建设。"王骞说，在田里工作的人吃苦倒不怕，然而，让他们这样的实验人员去联络政府，督促工程还真的比较为难。

为了能够尽快开展实验工作，王骞带着团队在参与建设的同时，在示范中心旁开拓了一块土地，开始了他们的水稻实验。"当时很多设备不完善，我就带着团队在田里，用手一行一行地整理。"王骞笑着说。种植水稻需要看天，为了赶在雨季到来前种植完，王骞他们经常熬夜在田里整理水稻。

2011年4月，示范中心移交，第一批水稻在王骞团队的细心呵护下也算是看到了希望。一切都按着好的方向在发展，然而，仿佛事情总是需要一些波折才能体现它的价值。

每天一早，王骞第一件事就是到试验田查看水稻状况。然而，有一天，王骞站在试验田前整个人都愣了。"试验田里的水稻不仅全部都死了，而且还被鸟儿吃了。"王骞说，当时自己整个人都几乎崩溃了，那么多努力都白费了。

然而，在短暂的失落后，王骞带领团队开始查找原因。"坦桑尼亚的土壤和重庆完全不一样，而且这边的野生动物很多，这些都会影响水稻的生长。"

把水稻推广出去

"下雨一团糟，天晴一把刀。"王骞说这是他们总结坦桑尼亚土质的一句话。非洲只有雨季和旱季之分，雨季的时候几乎是一连几个月瓢泼大雨，一到旱季几乎就滴雨不下。

经过比对和分析，王骞发现当地土壤里缺少"锌"这种元素。"我重新设计了试验田格局图，并在土壤里加了'锌'这种元素。"

王骞说，经过这次调整，重新种植的水稻成功了。"产量相对坦桑尼亚的本地水稻增长了一倍。"

"有了这次的成功，我们就一边继续研发，一边着手推广这种新技术。"王骞说，当地人种水稻一般都是撒在土里就不管了，而且是属于"旱稻"，那样会非常影响产量。

让王骞团队想不到的是，以为可以很顺利的推广，却遇到了阻碍。"当地人完全不相信我们的新品种，而且觉得那样种植会很麻烦。"为了解决这个窘境，王骞团队只好挨家挨户上门解释宣传。

"我觉得我们最终是用行动赢得了当地居民的信任。"王骞说，因为示范中心的所有专家都是亲自在田里做实验，经常会有当地居民在田边围观。后来，王骞才知道，原来当地居民认为专家都是坐在办公室里喝咖啡的。有一家人一直不愿意采用新技术，王骞就免费提供种子，还帮忙种植。

通过王骞团队的坚持和热情，新的水稻技术在当地广泛运用起来。大米产量从以前每亩田 190 公斤，提升到 400 公斤。巨大的改变也让王骞赢得了当地人的爱戴，"有时候走在街上，当地居民会很兴奋地用中文'你好'给我打招呼。"王骞说，非洲人民是很单纯的，你对他们好，他们就会很热情地待你。

将引进更多农业技术

现在，示范中心不仅有了水稻的成功，六盘移栽（玉米）技术、香蕉、蛋鸡都在示范中心开始了新一轮的研究。"其实，非洲有着很多优势，在这里待久了你会发现它的魅力。"王骞说，在坦桑尼亚这么多年，已经爱上了这片朴实的土地。

"现在，我经常重庆和坦桑尼亚两头跑。"王骞说，示范中心如今成了坦桑尼亚的重点支持项目，所以，他们希望把更多的农业技术输出去，造福当地居民的同时，利用非洲的天然优势培育出更多的新品种。

为了梦想，再苦也要坚持。

张缘睿

重庆渝中人。北京舞蹈学院芭蕾舞专业毕业后到日本发展，曾获"神户全国古典芭蕾舞大赛"第三名。2004 年在全日本最高级别的芭蕾舞比赛中拿到了冠军。

张缘睿：获得日本芭蕾舞最高奖桂冠

□ 周盈

张缘睿从小学习舞蹈，后通过竞争激烈的考试，考入北京舞蹈学院学习芭蕾舞。2002 年，张缘睿去了日本。多次参加比赛，拿到了日本芭蕾舞最高奖桂冠。现在，张缘睿把更多精力放在了教学上，他希望能与家乡重庆在舞蹈艺术上有所交流。

因为表姐走上学舞之路

读到小学五年级时，张缘睿在重庆艺术学校学习民间舞。说起学舞的原因，不得不提张缘睿的表姐。

"小时候，我在表姐家长大，一直跟着表姐玩，后来表姐考上北京舞蹈学院，离开重庆去了北京。"张缘睿说，他当时还小，很想跟着表姐一起去北京，家人逗他说，你要跟姐姐去，就去学舞蹈吧。于是他就真的去学了，"为了追随姐姐的步伐，就走上了这条'不归路'。"

张缘睿 9 岁时第一次登台表演舞蹈，当时正值重庆市歌舞团成立一周年，他上去跳了一曲《拉网小调》，后来作为代陪生，进了歌舞团当了一名小演员。"第一次登台的感觉特别棒，台下的观众看着你跳舞，为你鼓掌、呐喊，我很享受这种感觉。"张缘睿回忆道。

对于一个不满十岁的孩子来说，在重庆艺术学校学舞蹈，是异常辛苦的。那时，张缘睿每天很早就起床练习舞蹈基本功，一周只能回一次家。尽管如此，但他从来没有想过放弃，咬牙坚持了下来。本来最开始只是因为表姐才去学习舞蹈，到后来他是真的爱上了舞蹈。

在艺术学校学习的第二年，张缘睿从同学那里得知北京舞蹈学院在成都招生，于是就前去应考。"当时心想，终于有机会到北京去找表姐了。"

当时竞争很激烈，仅成都一个考点就有两三千人报名，而最终不到100人能通过考试进入北京舞蹈学院。经过初试、复试后，张缘睿成功入选，在经过几个月的忐忑等待后，终于收到了录取通知书。此时妈妈舍不得他，一再让他考虑清楚是否要去北京，因为半年才能回家一次，而张缘睿坚定地说要去。

梦想成为优秀的舞蹈演员

1995 年，13 岁的张缘睿只身前往北京求学，开学后，却意外地发现被学校分到了芭蕾舞专业。

"之前在重庆学的是民间舞，开学时，我去民间舞教室找不到我的名字，一下就愣了。"张缘睿说，"别说学习芭蕾舞了，在那之前，芭蕾舞表演总共也就看过两次。"

虽然内心有些担忧，不确定自己是否能学好芭蕾舞，但既然来了，就没有回头路，只能硬着头皮往下走。在芭蕾舞方面，张缘睿算是从头开始。

刚进校时，主导老师把大家集中在一个排练厅的走廊，走廊上方有一个牌匾，写着"舞蹈家摇篮"。主导老师问大家，学习舞蹈的目的是什么，其他同学都回答希望成为一名出色的舞蹈家，只有张缘睿不敢那么说，他说，希望当一个好的舞蹈演员。

张缘睿进校时，表姐已经毕业，在中国歌舞剧院工作，会经常来看望他，给他打气。"芭蕾舞的学习虽然比民间舞要简单一些，但是每天都要重复相同的动作，相比而言非常枯燥。"尽管如此，为了自己的舞蹈梦，张缘睿一直坚持着。

毕业后，张缘睿没有马上参加工作，当时表姐已经去日本发展，他偶然去日本散心，正好遇上了日本大阪的"神户全国古典芭蕾舞大赛"，这是日本芭蕾舞领域最权威的比赛。

抱着玩一下的心态，张缘睿报名参加了这个比赛，结果获得了第三名。

当时男子组只有他一个中国人。这给了他信心和勇气，也产生了到日本发展的想法。

回国后，张缘睿去广州舞蹈团工作了一年。进团后，他偶然遇到一名老前辈，他经常向这位老师请教，后来才知道，这位老前辈是中国芭蕾舞的元老级人物。在老师那里，他看到了平时极少能看到的舞蹈资料，受到了很多启发，终身受益。

夺得芭蕾舞最高级别比赛冠军

2002 年，张缘睿再次来到日本，进了表姐夫开办的"田中俊行芭蕾舞团"。当时表演不多，天天排练，早上出门晚上回家，每天过着两点一线的生活，一年几乎没有休息过一天。直到有一天，他向姐夫提出想休息一天，当时，姐夫听了很着急。张缘睿笑着说："我这样辛苦地训练，就是为在日本踢馆作准备。"

第二年，张缘睿参加了大阪全日本芭蕾舞比赛，拿到了第一名，后来，他不断去踢馆，先后在东京、名古屋、神户都拿过第一名。当时，他心里一直憋着股劲，就是当年只得了"神户全国古典芭蕾舞大赛"第三名。一定要再去参加比赛！

2004 年，张缘睿终于在这个全日本最高级别的芭蕾舞比赛中拿到了冠军。因为经常参加比赛并获奖，张缘睿在业内的知名度渐渐提升，不少学校以及东京的演出团体纷纷找上门，邀请他去演出。

如今，张缘睿开始转向了教学领域，开始招收学生，传授芭蕾舞。他带出来的学生频频获奖，很多学生去了俄罗斯、巴黎、新西兰等，遍布世界各地。

在他教的业余班上，也有一些中国学生在学习。而在他心中，一直希望能与家乡重庆在舞蹈艺术上有所交流。

适者生存，吃苦耐劳，时刻准备好，不断创新，不要被社会淘汰。

朱卫东

重庆开州人。1991年大学毕业后成为满洲里设计院最年轻的建筑设计师之一。他参与并主持了满洲里市政府大楼、公交大厦、旺泉市场等当地地标性建筑的设计施工。现在他瞄准了"互联网+"产业，进军电子商务和金融文化领域。

朱卫东：设计了满洲里市政府办公楼

□ 周晓雪

素有"东亚之窗"美誉的满洲里，风格别致的建筑吸引了不少游客。作为满洲里设计院最年轻的建筑设计师之一，也是满洲里被确认为首批沿边开放城市后的第一批建设者，朱卫东在这座城市留下了不少建筑作品。为了让漂泊在外的重庆人有个家，他还和几位企业家发起成立了满洲里西南商会。家乡是朱卫东始终的牵挂，他说，不管在外面事业干得多大，最终还是要落叶归根。

满洲里开放后的首批建设者

作为拥有百年历史的口岸名城，满洲里随处可见风格别致的建筑。俄罗斯式、巴洛克式、哥特式、法国古典主义、意大利文艺复兴等建筑风格交融，让城市的每一个角落都充满着浓郁的异国风情。

"这栋楼就是原来的满洲里市政府，由一家宾馆改造而成，政府收购了以后，变成了市政府办公楼。"朱卫东望着自己设计的大楼，往事点滴涌上心头。"这些石材是我专门去泉州采购回来的。"作为一名建筑设计者，他最自豪的事情莫过于把自己的作品留在了这座城市里，"在2000年，市政府大楼是满洲里最具标志性的建筑。"

朱卫东回忆，10岁那年，他跟随在黑龙江建设兵团工作的父母来到东北。"刚到东北的时候特别不习惯，太冷了。原先在老家不穿棉裤，现在都得穿上，全身上下捂得严严实实的，只留两个眼睛出来。"

不仅不适应气候，语言也成了困扰朱卫东的难题。"刚过去的时候普通话也不会说，平翘舌不分，老师讲课也听不懂。"骨子里带着重庆人那股不服输的劲，朱卫东一心想着要快速适应东北的生活。后来，普通话练好了，成绩也提上去了。

由于喜欢建筑行业，1988 年，朱卫东考进哈尔滨工程大学（原哈尔滨船舶工程学院），在工业与应用建筑专业学习深造。

1991 年大学毕业，朱卫东只身来到内蒙古，成为满洲里设计院最年轻的建筑设计师之一，也是满洲里被国家确定为首批沿边开放城市后的第一批建设者。

骨子里带着敢闯敢拼的重庆性格

为了让丈夫更专心地投入工作，朱卫东的妻子也申请调到了满洲里建筑勘察设计研究院，两人在这里扎了根。一年后，沿边口岸开放，满洲里城市建设急剧提速，朱卫东和同事们迎来了机遇。

那个时候，电脑还没有普及，画图、建模、作分析等工序全都靠一双手。朱卫东回忆："年轻的时候有那种激情闯劲，画市政府大楼的时候，所有的参数计算都得手算，算完了手画，图纸都是这么来的。"

与现在图纸设计完了再施工的流程不同，那时候需要设计和施工同步进行，于是朱卫东和同事们通宵达旦地工作，生怕影响了施工进度。

此后的 10 多年，朱卫东参与并主持了满洲里市政府大楼、公交大厦、旺泉市场等当地地标性建筑的设计施工，创造了满洲里建筑行业的"五个第一"，还荣获了内蒙古建筑设计二等奖。

2005 年，满洲里设计院改制，保留独立董事身份的朱卫东选择了创业。团队先后在市中心、扎赉诺尔进行重点工程设计施工，成为当地有影响力的建筑商。朱卫东也陪伴着这座城市，一起成长了 20 多年。

步入中年，朱卫东并没有停下奋斗的脚步。满洲里的建筑行业趋于饱和，就在 2014 年末，他又瞄准了"互联网 +"产业，并渐渐把发展中心转向哈尔滨，进军电子商务和金融文化领域。

尽管离开故乡已有 30 多年，但朱卫东骨子里那种与生俱来的天性从来都没有改变："适者生存，吃苦耐劳，时刻准备好，不断创新，不要被社会淘汰，这可能就是我们重庆人的特点。"

成立商会希望给重庆老乡一个家

吃苦耐劳，敢闯敢干，这些优秀品质是所有在异乡打拼的重庆人最坚强的性格支撑。朱卫东说，以满洲里为例，沿边开放 20 多年，重庆人早已成为这里最活跃的建设力量之一。从基础设施建设，到设计、建材、旅游商贸、边贸等领域，都少不了重庆人的身影。有些领域中，重庆人甚至起到引领作用。

2008 年，朱卫东和蔡明福、王德雄等重庆企业家一起，以落户内蒙古呼伦贝尔地区的重庆企业为骨架，在创业同乡会的基础上，发起成立满洲里西南商会。他们希望通过努力，让那些在满洲里追逐梦想的重庆老乡找到一个家。"有兄弟姐妹在，远在他乡就不寂寞，大家可以喝喝茶，摆摆'龙门阵'，喝点小酒，资源共享，强强联合。"

走南闯北那么多年，他觉得最亲切的还是乡音："有时候回到开州，老乡招呼我'进来喝一口水吧''我给你煮碗醪糟'，特别亲切，觉得那里才是我的家。"

如今，朱卫东只要一有空就会回重庆。父母每年 12 月都会回到开州，待到来年 5 月再到满洲里避暑。"这些年重庆一年一个变化，变化非常大，从整体规划到产业布局、基础设施建设都在不断完善，带来很多商机。原来大家都跑到外面打工，现在很多都回去了。"

他说，家是永远的牵挂，不管在外面干得多大，最终还是要落叶归根。

朱卫东 设计了满洲里市政府办公楼

生命短暂，不能苟且，必须精彩。

安南

重庆渝中人。"人在旅途"户外俱乐部创始人，大理双廊"海之书馆"创始人，如今又在昆明投资了果果艺术精品酒店。

安南：洱海边的"职业玩家"

□ 蒋赢

　　我们今天要说的安南，不是联合国第七任秘书长，而是一个地地道道的重庆人。他退伍后留在云南发展，在云南户外圈，可谓无人不知、无人不晓。早在1997年，他就创建了云南影响力最大的"人在旅途"户外用品专卖店及"人在旅途"俱乐部。后来，他又在洱海边上开了一间名为"海之书馆"的客栈。一年里，安南要么在洱海边看书、玩音乐、发呆，要么就去骑行、自驾、翻越雪山……挑战一切不可能的事情。年过五旬的他，总说自己充满活力，他说，生命可以在任何地方结束，但过程一定要精彩。

在云南创立"人在旅途"户外品牌

　　安南，从小在重庆渝中区南纪门的长江边长大。1983年，他参军入伍，当时的中越边境摩擦频繁，安南作为野战工兵上了最前线，当时安南所在的班共12人，牺牲7人，重伤3人，安南的头顶被弹片划过，"子弹再稍微偏一点，我的生命就定格在了战场上。"战争的残酷让安南对生命有了更深的感悟，也让他更加热爱生活。

　　1984年年底，安南认识了妻子阿文，一个陪他一生，让他视为珍宝的女人。直到现在，安南也依然信心满满，自己娶的是"云南最美的女人。"阿文的父母也对安南格外照顾。安南和阿文结婚后留在昆明工作、生活。

　　在探险家金飞豹组织的"纪念抗战胜利50周年的中缅公路骑行活动"中，安南跟随队伍一起从昆明出发，骑行1100余公里，历时18天，到达缅甸畹町。从此之后，他便爱上户外运动，阿文也常常参与其中，非常支持他。

　　1997 年，夫妻俩商量后，在昆明开了"人在旅途"户外用品专卖店，并组织了同名户外运动俱乐部。安南主外，阿文主内，天性爱玩的安南和天性细致、做事认真的阿文成了完美搭档。"人在旅途"成了昆明的一块金字招牌，从 10 多平方米的小店，扩展到了 23 家分店的规模，引进众多国内外知名户外运动品牌。组织顾客出去玩、去哪里玩、怎么玩最开心，是安南的工作，也是他最喜欢做的事情。

洱海边搭建"海之书馆"

　　这一玩，又是 10 多年，安南的足迹遍布全球。

　　近些年来，电子商务的崛起，让"人在旅途"利润越来越薄。2015 年，安南和阿文决定变卖店铺，低价处理所有商品，"说难受肯定难受，但也就难受那一小会儿。"天性乐观的安南很快想通了，自己损失了金钱，但是收获了更多时间。二次创业，他由动转静，在洱海边的双廊玉玑岛，开了一间名为"海之书馆"的客栈。

　　说到和双廊的缘分，安南说，这也得益于自己"爱玩"。早在 1995 年，安南就第一次去了大理双廊，他被这个如世外桃源般的地方迷住了，在双廊还没发展成热门旅游地之前，安南就买下了一块空地，"当初也没想到双廊会那么受欢迎，只想着这里很美，我很喜欢。"

　　2008 年，安南在空地上搭建了一座名为"人在旅途"的书馆，完全是自己设计，起初他只把这里作为朋友小聚的场所。二次创业，安南将"人在旅途"提档升级，并改名为"海之书馆"，"海之书馆"也是双廊首批开门营业的客栈。走入书馆，彩云之南娇艳的阳光洒满大厅，巨大的落地窗外就是洱海，不远处青峦跌宕的则是苍山。你可以说，这个客栈有很多书，可以阅读、可以发呆；也可以说，这个书馆有客房，住下来，可以慢慢阅读、思考。总之，这里的 5 间房，吸引着不少旅客。文艺的安南还邀请朋友，在海之书馆不定期举办艺术展、音乐会、朗诵会，让这里更具艺术气息。

想回重庆建一座"江之书馆"

安南不喜欢别人说自己是商人、是老板,他把自己定义为"职业玩家",一生都在玩。现在的他,依然热爱户外运动,近年,他沿着怒江、独龙江徒步,两次尝试攀登珠穆朗玛峰。安南50岁生日是在登珠峰途中度过的。他给自己定下的近期目标是:2018年去俄罗斯看世界杯、去世界各地跑100场马拉松、翻越海拔超过7000米的穆斯塔格山……"生命可以在任何时候结束,但过程一定要精彩。"这句话对安南来说,绝对不是随便说说,他曾带着自己未成年的儿子一起翻越雪山。儿子高原反应严重,但父子俩依然勇往直前。安南觉得,"生命本该如此。"

安南喜欢一切新鲜事物,他热爱生活中的一切。美食的做法、对生活的感悟、对妻子浓浓的爱,都要在社交软件里展示一番。

"我属龙喜水,以前住长江边,现在住洱海边。"每每吃面,安南总会想起小时候在重庆下半城玩耍、在十八梯吃面的情景,"我想在重庆留下一座江之书馆,献给所有重庆人。"安南说,目前正和沙磁文化产业项目对接,"生活是多样的,但愿将来大家能来我的'江之书馆'坐一坐,阅读、发呆,或者和我聊聊天、吃吃我亲手制作的美食。安南觉得,重庆发展日新月异,都市人需要这样一种慢的、闲暇的生活状态调节自己。

后记 >>>

当梦想相遇

当《逐梦他乡重庆人》的书样拿到手里时，感觉到一种少有的沉甸甸。

这种物理意义上的沉甸甸，实则是文字背后隐含的精神的厚重。书里承载了100位重庆人逐梦的故事，这些故事打开了一扇窗，窗外是更多重庆人逐梦的旅程。那些义无反顾的背影，定格在每一条逐梦的路上，并不孤独。

毫无厘头地冒出一个日子：2015年3月10日。那是个属于初春的日子，参与"逐梦他乡重庆人"全媒体大型人物故事寻访的第一批记者出发，分赴四地，寻访在他乡逐梦的重庆人的精彩。

这是属于重庆人的精彩，也是"行进中国·精彩故事"中无法忽略的元素。无数个体的梦想和逐梦的旅程，编织一个共同的"中国梦"——也许，这才是《逐梦他乡重庆人》这套系列丛书最终的宗旨归属。

这100位重庆人的逐梦故事各有不同，或轰轰烈烈，或淡而不凡，或起伏跌宕。但无一例外，每一个故事都有无法复制的精彩，每一个故事里都交织着执着、坚韧、乐观、善良和包容。这些共性，穿插在互不相同的故事情节里，成为"逐梦他乡重庆人"全媒体大型人物故事寻访的主旨。

共性却不仅仅凝聚在那些寻访对象身上，也同样在那些寻访记者身上。"逐梦他乡重庆人"已在逐梦的路途越走越远，寻访他们的记者正在路上。

这一路，寻访记者也用重庆人逐梦的方式，去诠释重庆人的执着、坚韧、乐观、善良和包容的共性。在北京，他们奔波在迥异的寻访现场，为了尽量节省时间，往往在街边小店叫上一份炒饭应付自己的胃；在云南，连轴转的寻访让他们不得不昼夜奋战，一顿接一顿的方便面，让他们对这种人们再熟悉不过的食物刻骨铭心……

有一位寻访记者从湖南、湖北返回后，非常感慨："在湖南、湖北采访的那些异地创业的重庆老乡，没有一个'高大上'，没有谁是'白富美'，他们都是草根出身，凭着一股不服输的闯劲走出一条自己的路。我在寻访他们的故事中，也被他们的故事所感染、感动。作为这些故事的寻访者，我也是一个逐梦人，我们共同的梦想在异乡相遇。"

梦想在异乡相遇。这些文字简单而美丽，一如诗歌般感性而柔软。寻访者与被寻访者，他们身上都有一个共同的标签，逐梦——梦想不同，路途的精彩各异，但是他们都同样行进在逐梦的征途。

在《逐梦他乡重庆人》的背后，不同的人，不同的梦想，不同的逐梦故事，构成了"行进中国"中的"精彩故事"，构成了"重庆梦""中国梦"。

这正是编辑出版《逐梦他乡重庆人》系列丛书的要旨。

正因如此，我们无法忽略那两个叫"感谢"的汉字，与是否免俗无关。

感谢重庆市委宣传部、市政府新闻办，数年前就开始酝酿"逐梦他乡重庆人"全媒体大型人物故事寻访，做了大量卓有成效的前期工作，通过各种渠道收集整理在外逐梦的重庆人的信息，形成了完整的寻访线索。如果没有这个传递正能量的幕后工作，自然谈不上《逐梦他乡重庆人》系列丛书的出炉。

感谢所有在外逐梦的重庆人，你们的梦想，你们的追求，你们的精彩，更像是一堂精彩的人生课。阅读你们的故事，就是在阅读一种感动、一种感悟，也是在阅读挥不去的乡愁："当年，你带着梦想离开家乡闯荡外面的世界。现在，让我们来寻找你，把你的精彩带回故乡。"

感谢那些奔波在寻访路上的家乡记者们。寻访逐梦者、记录和传播他们逐梦故事的同时，你们也在逐梦，也在追逐另一种精彩。就像一位参与寻访的记者所说："我们感动于'逐梦他乡重庆人'的故事，我们也在用实际行动，构筑着自己的逐梦故事。"

又一次毫无悬念地佐证，"逐梦他乡重庆人"全媒体大型人物故事寻访，既是逐梦的记录，也是一次梦想和逐梦的相遇，如同这套厚重的《逐梦他乡重庆人》。

是为记。

2015 年 12 月 28 日　于重庆